Bankrechtliche Vereinigung –
Wissenschaftliche Gesellschaft für Bankrecht e.V.

Arbeiten und Materialien zum Bank- und Finanz-,
Börsen- und Kapitalmarktrecht

BrV

Band 2

Das neue Verbraucher-kreditgesetz

Erste Erfahrungen und Probleme

Herausgegeben

von

Walther Hadding
o. Professor
Universität Mainz

Klaus J. Hopt
o. Professor
Universität München

WERTPAPIER-MITTEILUNGEN
Frankfurt am Main

1991

Die Deutsche Bibliothek - CIP-Einheitsaufnahme

Das neue Verbraucherkreditgesetz: Erste Erfahrungen und Probleme / hrsg. von Walther Hadding; Klaus J. Hopt. - Frankfurt am Main: Wertpapier-Mitteilungen, 1991
(Arbeiten und Materialien zum Bank- und Finanz-, Börsen- und Kapitalmarktrecht; Bd. 2)
ISBN 3-921696-54-2
NE: Hadding, Walther [Hrsg.]; GT

Druck: Central-Druck Trost GmbH & Co., Heusenstamm

Printed in Germany

ISBN 3-921 696-54-2

Vorwort

Die Bankrechtliche Vereinigung – Wissenschaftliche Gesellschaft für Bankrecht e.V. hat auf ihrem ersten Bankrechtstag 1990 eine Abteilung dem Verbraucherkreditrecht gewidmet (zwischenzeitig erschienen als Band 1 dieser Schriftenreihe: Hadding, Hopt, Hrsg., Verbraucherkreditrecht, AGB-Gesetz und Kreditwirtschaft, 1991, 183 S.). Die Vorträge und Diskussionen dort standen unter dem Eindruck der EG-Richtlinie und ihrer Umsetzung in das deutsche Recht auf dem Hintergrund der Entwicklung des Verbraucherkreditrechts in der Rechtsprechung und ihrer Auswirkung auf die Kreditwirtschaft. Alsbald nach Erlaß des Verbraucherkreditgesetzes (VerbrKrG) vom 17. 12. 1990 war jedoch klar, daß dieses Gesetz selbst mit allzu heißer Nadel genäht worden war und die Kreditwirtschaft mit ganz erheblichen Unklarheiten, technischen Schwierigkeiten und teilweise sogar Ungereimtheiten des neuen Gesetzes zu kämpfen hat. Rufe nach einer Novellierung des zum 1. 1. 1991 in Kraft getretenen Gesetzes wurden laut. Auf Anregung der Praxis – Kreditwirtschaft und Verbraucherschützer – haben sich Vorstand und Kuratorium deshalb entschlossen, außerturnusgemäß zwischen den zweijährigen Bankrechtstagen kurzfristig eine zusätzliche spezielle Veranstaltung der Bankrechtlichen Vereinigung auf den 28. 6. 1991 nach Frankfurt anzuberaumen und Gelegenheit zu bieten, die vielen Probleme bei der Auslegung und der praktischen Umsetzung des VerbrKrG zu diskutieren. Das Echo war wie schon beim Bankrechtstag überwältigend. Bei über 200 Teilnehmern mußten rund weitere 100 Interessenten aus Raumgründen leider eine Absage erhalten.

Als Band 2 der Schriftenreihe der Bankrechtlichen Vereinigung machen wir hiermit unseren Mitgliedern und anderen Interessenten die Vorträge der Veranstaltung zum VerbrKrG zugänglich. Sie sind für den Druck teilweise ganz erheblich erweitert worden, außerdem haben wir weitere einschlägige Beiträge und einen Tagungsbericht aufgenommen. Wir hoffen, auf diese Weise zur Bewältigung der schwierigen theoretischen und praktischen Probleme mit dem neuen Gesetz, von denen viele mit großer Wahrscheinlichkeit vor die Gerichte kommen werden, in einem frühen Stadium einen Beitrag der Bankrechtlichen Vereinigung zu leisten. Frau wiss. Ass. Martina Deckert danken wir für die Vorbereitung und Überwachung der Drucklegung.

Mainz und München
im August 1991

Hadding, Hopt

Inhalt

Einführung und Überblick zum Verbraucherkreditgesetz

Professor Dr. Walther Hadding,
Direktor des Instituts für internationales Recht des Spar-, Giro- und Kreditwesens, Johannes Gutenberg-Universität Mainz

Inhaltsübersicht

Vor gerade einem Jahr haben wir uns im Rahmen des „Bankrechtstag 1990" auch mit dem Thema „Verbraucherkredit und Kreditwirtschaft" befaßt[1]. Wenig vorher hatte eine öffentliche Anhörung im Rechtsausschuß des Deutschen Bundestags zu dem „Entwurf eines Gesetzes über Verbraucherkredite, zur Änderung der Zivilprozeßordnung und anderer Gesetze" stattgefunden[2]. Inzwischen ist aus Rechtspolitik, die mit dem Gutachten Marschall von Biebersteins zur Reform des finanzierten Abzahlungskaufs bis in die siebziger Jahre zurückreichte[3], geltendes Recht geworden.

1 Vgl. *Hadding/Hopt* (Hrsg.), Verbraucherkreditrecht, AGB-Gesetz und Kreditwirtschaft, Bankrechtstag 1990 (Bankrechtliche Vereinigung - Wissenschaftliche Gesellschaft für Bankrecht e.V.: Arbeiten und Materialien zum Bank- und Finanz-, Börsen- und Kapitalmarktrecht, Band 1), Frankfurt a. M. 1991, S. 17-72.

2 Deutscher Bundestag, 11. Wahlperiode 1987, Stenographisches Protokoll der 86. Sitzung des Rechtsausschusses am 1. 6. 1990.

3 *Frhr. Marschall von Bieberstein*, Gutachten zur Reform des finanzierten Abzahlungskaufes. Untersuchungen von Möglichkeiten einer künftigen gesetzlichen Regelung des finanzierten Abzahlungskaufes und anderer Formen des Konsumentenkredits, 1978.

Das Verbraucherkreditgesetz (VerbrKrG) ist zuletzt vergleichsweise überstürzt verabschiedet worden und mit einer für die Kreditwirtschaft eigentlich unzumutbar kurzen Übergangsfrist am 1. 1. 1991 in Kraft getreten[4]. Nur die Änderungen der Zivilprozeßordnung werden erst am 1. 1. 1992 in Kraft treten[5]. Inzwischen ist man sich wohl in einem Punkt weithin einig, nämlich, daß dieses Gesetz - vor allem infolge der Änderungen und Ergänzungen, die der Entwurf der Bundesregierung[6] erst im Rechtsausschuß des Deutschen Bundestags erfahren hat - wahrscheinlich wieder einmal mehr Rechtsfragen aufwirft, als es löst.
Da vermutlich der Stand der Einarbeitung in das VerbrKrG bei den Teilnehmern unserer heutigen Veranstaltung unterschiedlich ist, soll es meine Aufgabe sein, den Zugang zur Einordnung der Fragen, die in den eigentlichen Vorträgen erörtert werden, durch einen möglichst knappen Überblick über das Gesetz zu erleichtern.

I. *Gestufter Anwendungsbereich des VerbrKrG*

Im Vordergrund stehen zunächst die Abgrenzungsprobleme zum Anwendungsbereich des VerbrKrG. Zum Anwendungsbereich des VerbrKrG muß man sich in erster Linie vor Augen halten, daß dieses Gesetz bewußt keinen einheitlichen Anwendungsbereich hat. Vielmehr hat der Gesetzgeber mit dem VerbrKrG einen Regelungskomplex geschaffen, der nur im Ausgangspunkt den gesamten Bereich des Verbraucherkredits, also sämtliche Erscheinungsformen, und zusätzlich einige ähnliche Tatbestände (in § 2) umfaßt. Die Vorschriften sind insgesamt im Hinblick auf Abweichungen zum Nachteil des Verbrauchers zwingend (§ 18 Satz 1). Außerdem wird die vollständige Erfassung aller Erscheinungsformen des Verbraucherkredits noch durch ein Umgehungsverbot abgesichert (§ 18 Satz 2). Aber dann sieht das VerbrKrG doch für einzelne Kreditarten abgestufte Regelungen vor, so daß sich eine unterschiedliche Regelungsdichte ergibt. Das war schon im Vorschlag einer EG-Richtlinie der Kommission zum Konsumentenkredit von 1979 vorgezeichnet[7] und entspricht der im Gutachten und in den Referaten zum 53. DJT 1980 vorgeschlagenen

4 Art. 10 Abs. 1 Satz 1 des Gesetzes über Verbraucherkredite, zur Änderung der Zivilprozeßordnung und anderer Gesetze vom 17. 12. 1990 (BGBl. I, S. 2840); abgedruckt unten Anhang. Vgl. auch *Huff,* WM 1990, 1988.

5 Art. 10 Abs. 2 VerbrKrG.

6 BT-Drucksache 11/5462 vom 25. 10. 1989; abgedr. auch bei *Seibert,* Handbuch zum Verbraucherkreditgesetz, Köln 1991, S. 107 ff.

7 Vorschlag für eine Richtlinie des Rates zur Angleichung der Rechts- und Verwaltungsvorschriften der Mitgliedstaaten über den Verbraucherkredit vom 7. 3. 1979 (Amtsblatt der EG v. 27. 3. 1979 Nr. C 80/4 = BT-Drucksache 8/2953 = BR-Drucksache 136/79).

„großen Lösung"[8]. Um die im konkreten Fall maßgeblichen Vorschriften des VerbrKrG zu ermitteln ist es mithin erforderlich, alsbald die spezifische Kreditart festzustellen. Man geht zweckmäßigerweise in der Reihenfolge nachfolgender Fragen vor:
(1) Handelt es sich um einen Kreditvertrag im Sinne des § 1 Abs. 2 (§§ 4–14) oder einen Kreditvermittlungsvertrag im Sinne des § 1 Abs. 3 (§§ 15–17)? Mit der Frage, ob ein Kreditvertrag vorliegt, wird zugleich die Frage nach den Beteiligten, also dem Kreditgeber und dem Verbraucher im Sinne von § 1 Abs. 1, gestellt.
(2) Ist der Kreditvertrag oder Kreditvermittlungsvertrag von der Anwendbarkeit des VerbrKrG überhaupt ausgenommen (§ 3 Abs. 1)?
- Gar nicht erfaßt werden sog. Kleinkredite mit einem Nettokreditbetrag oder Barzahlungspreis bis 400,- DM (Nr. 1);
- Existenzgründungskredite über 100 000,- DM (Nr. 2);
- entgeltliche Kredite in Form eines Zahlungsaufschubs von bis zu drei Monaten, z. B. insbesondere in aller Regel bei der bargeldlosen Zahlung mittels Universalkreditkarte (Nr. 3);
- Arbeitgeberkredite (Nr. 4).

(3) Handelt es sich um einen Kreditvertrag, der von der Anwendung des VerbrKrG teilweise ausgenommen ist (§ 3 Abs. 2)?
- Finanzierungsleasingverträge (Nr. 1);
- grundpfandrechtlich abzusichernde Kredite, sog. Realkredite (Nr. 2);
- beurkundete Kreditverträge mit bestimmtem Mindestinhalt (Nr. 3).

(4) Handelt es sich um Kreditverträge mit nur sehr eingeschränkter Anwendbarkeit des VerbrKrG?
- Vereinbarte oder geduldete Überziehungskredite (§ 5);
- Kreditverträge im Versandhandel (§ 8).

(5) Handelt es sich um einen Vertrag über die Lieferung in Teilleistungen oder wiederkehrenden Leistungen (§ 2)? Hier geht es um die Aufrechterhaltung von § 1c AbzG.

II. *Bedeutung der Einordnung des konkreten Kreditvertrages*

Der gekennzeichnete „Einstieg" in den abgestuften Anwendungsbereich des VerbrKrG ist für die Praxis von erheblicher Tragweite:

1. *§§ 4 und 6 VerbrKrG*

Die zutreffende Einordnung des konkreten Kreditvertrags ergibt eine erste besonders wichtige Weichenstellung. Es wird nämlich darüber ent-

8 *Hadding*, Welche Maßnahmen empfehlen sich zum Schutz des Verbrauchers auf dem Gebiet des Konsumentenkredits? Gutachten zum 53. DJT Berlin, München 1980, S. 88 ff., 246; *Hiddemann*, Sitzungsbericht K zum 53. DJT Berlin, München 1980, S. 15 ff., 30 f.; *F.J. Scholz*, ebenda, S. 43 ff.

schieden, ob §§ 4 und 6 VerbrKrG eingreifen. Sie regeln mit dem Gebot der Schriftform (§ 4 Abs. 1 Satz 1) und den erforderlichen Angaben (§ 4 Abs. 1 Satz 2) einerseits die Wirksamkeitsvoraussetzungen des Kreditvertrags und in § 6 andererseits die Rechtsfolgen, wenn den Anforderungen des § 4 nicht genügt worden ist. Von besonderem praktischen Gewicht ist hier das „Damoklesschwert" des § 6 Abs. 2 VerbrKrG. Soweit der Verbraucher das Darlehen empfängt oder den Kredit in Anspruch nimmt, ist der Kreditvertrag trotz eines Mangels nach § 4 Abs. 1 Satz 2 Nr. 1, also bei Fehlen von erforderlichen Angaben in Kreditverträgen im allgemeinen, „gültig" (§ 6 Abs. 2 Satz 1). Jedoch ermäßigt sich insbesondere der dem Kreditvertrag zugrunde gelegte Zinssatz auf den gesetzlichen Zinssatz von 4 v.H. (§ 6 Abs. 1 Satz 2). Bei anderen Mängeln, z. B. nicht angegebenen Kosten oder Sicherheiten, treten entsprechende nachteilige Rechtsfolgen für den Kreditgeber ein (§ 6 Abs. 1 Satz 3 bis Satz 5).
Die soeben gekennzeichneten §§ 4 und 6 VerbrKrG sind allerdings auf fünf dem VerbrKrG an sich unterfallende Tatbestände nicht anwendbar, nämlich

- hinsichtlich der erforderlichen Angaben auf Finanzierungsleasingverträge (nach Maßgabe des § 3 Abs. 2 Nr. 1);
- auf beurkundete Kreditverträge (nach Maßgabe des § 3 Abs. 2 Nr. 3);
- hinsichtlich der erforderlichen Angaben auf die Lieferung in Teilleistungen oder wiederkehrende Leistungen (§ 2);
- bei Überziehungskrediten (§ 5).
- bei Kreditverträgen im Versandhandel (§ 8 Abs. 1)

2. *Widerrufsrecht nach § 7 VerbrKrG*

Die zutreffende Einordnung des konkreten Kreditvertrags entscheidet ferner darüber, ob dem Verbraucher als Kreditnehmer das Widerrufsrecht nach § 7 VerbrKrG zusteht, über das er zuvor in bestimmter Weise zu belehren ist. Das Widerrufsrecht besteht wiederum nicht

- bei grundpfandrechtlich abzusichernden Krediten (§ 3 Abs. 2 Nr. 2);
- bei beurkundeten Kreditverträgen (nach Maßgabe des § 3 Abs. 2 Nr. 3);
- bei Überziehungskrediten (§ 7 Abs. 5)
- bei Kreditverträgen im Versandhandel (§ 8 Abs. 2).

III. *Verbundene Geschäfte im Sinne des § 9 VerbrKrG*

Das Widerrufsrecht des Verbrauchers erhält eine besondere Tragweite bei der Gruppe der finanzierten Rechtsgeschäfte, den sog. verbundenen

Geschäften im Sinne des § 9 VerbrKrG. Hier führt die Ausübung des Widerrufsrechts hinsichtlich des Kreditvertrags auch zur endgültigen Unwirksamkeit des finanzierten Geschäfts (§ 9 Abs. 2)[9]. Die verbundenen Geschäfte bilden auch sozusagen die „Wasserscheide" innerhalb des VerbrKrG zwischen den Vorschriften zum wirksamen Zustandekommen des Kreditvertrags und den Vorschriften, die sich mit Einwendungen und mit späteren, also sekundären Rechtsfolgen befassen.

IV. *Einwendungen des Verbrauchers*

Zu den Einwendungen des Verbrauchers als Kreditnehmer enthält des VerbrKrG folgende Regelungen: In § 9 Abs. 3 VerbrKrG ist erstmals der sog. Einwendungsdurchgriff geregelt, der für finanzierte Rechtsgeschäfte in der Rechtsprechung entwickelt worden ist[10].
In § 10 Abs. 1 VerbrKrG werden §§ 404, 406 BGB, die bei einer Abtretung dem Schuldner die Einwendungen und die Aufrechnung gegenüber dem neuen Gläubiger erhalten, für unabdingbar erklärt. In § 10 Abs. 2 ist das Wechsel- und Scheckverbot im Zusammenhang mit Verbraucherkrediten enthalten.

V. *Sekundäre Rechtsfolgen*

1. *Schuldnerverzug*

Unter den Vorschriften über sekundäre Rechtsfolgen, insbesondere bei Leistungsstörungen, steht die Regelung des Schuldnerverzugs in § 11 VerbrKrG im Vordergrund des Interesses. Nachdem die Kreditinstitute sich mit viel Aufwand auf die Rechtsprechung des Bundesgerichtshofs[11] zur komplizierten Berechnung des Verzugsschadens eingestellt haben, bietet das VerbrKrG nunmehr eine höchst erwünschte Erleichterung: Der Verzugsschaden ist sozusagen gesetzlich pauschaliert worden. Nach § 11 Abs. 1 kann als Verzugsschaden ein Zinsbetrag von 5 v.H. über dem jeweiligen Diskontsatz der Deutschen Bundesbank verlangt werden, wenn nicht im konkreten Fall ein höherer oder niedrigerer Schaden nachgewiesen wird.

---

9 Vgl. zu den verbundenen Geschäften näher *Emmerich*, unten S. 67; *Lieb*, unten S. 91; inzwischen ausführlich *Dauner-Lieb*, WM 1991, Sonderbeilage Nr. 6.

10 Vgl. dazu *Hadding*, aaO (Fn. 8), S. 315 ff.; *Staudinger/Hopt/Mülbert*, BGB, 12. Aufl., § 607 Rn. 354.

11 BGH, Urteil vom 28. 4. 1988, WM 1988, 929; dazu ausführlich *Bruchner*, ZHR 153 (1989), 101 ff.

2. *Abweichung von § 367 BGB*

Von beachtlicher Tragweite für die Praxis ist ferner die in § 11 Abs. 3 vorgesehene Abweichung von § 367 BGB: Zahlungen des Verbrauchers, die zur Tilgung der gesamten fälligen Schuld nicht ausreichen, werden
- zunächst auf die Kosten der Rechtsverfolgung,
- dann auf den übrigen geschuldeten Betrag (§ 11 Abs. 1)
- und zuletzt auf die Zinsen angerechnet, die - soweit sie als Verzugszinsen anfallen - auf einem gesonderten Konto zu verbuchen sind und nicht in ein Kontokorrent mit dem geschuldeten Betrag oder anderen Forderungen des Kreditgebers eingestellt werden dürfen (§ 11 Abs. 2 Satz 1).

3. *Kündigungsrecht*

Geregelt sind ferner in § 12 Abs. 1 Satz 1 VerbrKrG die Voraussetzungen, unter denen der Kreditgeber einen Teilzahlungskredit wegen Zahlungsverzugs des Verbrauchers vereinbarungsgemäß oder aus wichtigem Grund kündigen kann (sog. Gesamtfälligstellung). Erforderlich sind Ratenverzug und Nachfristsetzung. Die Vorschrift geht auf § 4 Abs. 2 AbzG zurück. Die Restschuldverminderung nach § 12 Abs. 2, also kraft Gesetzes, entspricht der bisherigen Praxis.

4. *Rücktrittsrecht*

Im übrigen soll für das Abzahlungsgeschäft neben der Kündigung (§ 12) wie bisher der Rücktritt des Kreditgebers möglich sein, der jedoch an die strengeren Voraussetzungen des § 12 Abs. 1 hinsichtlich der Kündigung gebunden ist (§ 13 VerbrKrG). Das Rücktrittsrecht wird als vertraglich oder gesetzlich gegebenes Gestaltungsrecht vorausgesetzt.

5. *Vorzeitige Erfüllung*

Für Kreditverträge, die Abzahlungsgeschäfte sind, gilt schließlich die Vorschrift in § 14 VerbrKrG über die Auswirkungen, wenn ein Verbraucher seine Verbindlichkeiten vorzeitig erfüllt. Wenn die ersten neun Monate der ursprünglich vorgesehenen Laufzeit vergangen sind, vermindert sich der Teilzahlungspreis kraft Gesetzes um die Zinsen und sonstigen laufzeitabhängigen Kosten, die bei staffelmäßiger Berechnung auf die Zeit nach der vorzeitigen Erfüllung entfallen.

Der Anwendungsbereich des Verbraucherkreditgesetzes, insbesondere im Hinblick auf die Entstehungsgeschichte des Gesetzes*

Regierungsdirektor Dr. Ulrich Seibert,
Bundesministerium der Justiz, Bonn

Inhaltsübersicht

Um den Anwendungsbereich des Verbraucherkreditgesetzes ist im Gesetzgebungsverfahren hart gerungen worden. Und zwar positiv wie negativ: So setzte sich z. B. der Landwirtschaftsausschuß des Deutschen Bundestages nachdrücklich dafür ein, daß Landwirte generell in den Schutzbereich des Gesetzes einbezogen werden[1]; ferner ist die Vorschrift über Lieferung in Teilleistungen etc. (§ 2 VerbrKrG) aufgrund der Forderun-

* Dem Aufsatz liegt die erweiterte und aktualisierte Fassung eines Vortrages vom 28. Juni 1991 vor der Bankrechtlichen Vereinigung in Frankfurt am Main zugrunde. Kurzfassung abgedruckt in WM 1991, 1445 ff.

1 Vgl. Bericht des Rechtsausschusses des Deutschen Bundestages - BT-Drucks. 11/8274; *Seibert,* Handbuch zum Verbraucherkreditgesetz, Köln 1991, S. 171.

gen des Bundesrates und von Verbraucherschützern aufgenommen worden – obwohl die Bestimmung mit dem Kreditvertragsrecht nichts zu tun hat und einen Fremdkörper im Gesetz bildet. Andere wieder waren bemüht, sich oder ihre Klientel von den „Segnungen" des Gesetzes zu verschonen: Die Notare waren mit § 3 Abs. 2 Nr. 3, die Arbeitgeber mit Absatz 1 Nr. 4 erfolgreich. Die folgenden Ausführungen behandeln daher den Anwendungsbereich des Verbraucherkreditgesetzes mit Blick auf die Entstehungsgeschichte des Gesetzes.

I. *Persönlicher Anwendungsbereich*

1. *Kreditgeber im Sinne des VerbrKrG*

Auf Kreditgeberseite hat das Gesetz[2] einen weiten Anwendungsbereich, der nicht auf Kreditinstitute beschränkt ist, sondern alle natürlichen oder juristischen Personen, die im Rahmen ihrer gewerblichen oder beruflichen Tätigkeit Kredite gewähren, erfaßt. Dies ist von der Richtlinie so vorgegeben (Artikel 1 Abs. 2b). Ausgenommen ist nur die Kreditvergabe in der Privatsphäre. Dem Gesetz unterfällt also auch das Arbeitgeberdarlehen. Das hat dem BDI Sorgen bereitet. Er befürchtete, daß die Vergabe solcher „nicht kommerziellen"[3] Kredite behindert würde. Für Arbeitgeberdarlehen wurde deshalb in § 3 Abs. 1 Nr. 4 die bereits erwähnte Ausnahme vorgesehen.

a) *Kreditinstitut*

Eine Beschränkung auf *Kreditinstitute* enthält nur § 5 VerbrKrG für Überziehungskredite auf laufenden Konten. Die amtliche Begründung des Regierungsentwurfs verweist für die Definition des Begriffs „Kreditinstitut" auf § 1 KWG[4]. Wegen dieser Regelung erscheint es fraglich, ob Universalkreditkartenemittenten das Privileg des § 5 in Anspruch nehmen können[5], wenn die Kreditkarte nicht nur als Zahlungsverkehrsmittel, sondern auch als Mittel zur Kreditschöpfung Verwendung finden soll. Vor allem aber versagt auch Artikel 2 Abs. 1 e der Richtlinie den Kreditkartenkonten das in Artikel 6 der Richtlinie geregelte Privileg für Überziehungskonten. Das ist bei richtlinienkonformer Auslegung des § 5

---

2 § 1 Abs. 1 VerbrKrG; abgedruckt unten im Anhang.
3 So die Formulierung der Erwägungsgründe der Verbraucherkreditrichtlinie vom 22. Dezember 1986 (87/102/EWG), im folgenden: VerbrKr-Rl.
4 Einzelbegründung zu Art. 1, § 4.
5 Vgl. ausführlich *Seibert*, DB 1991, 429, 430 mwN.

VerbrKrG zu beachten. Dies gilt freilich nicht, wenn die Monatssalden der Kreditkarte lediglich auf einem laufenden Konto im Sinne des § 5, das der Karteninhaber bei einem Kreditinstitut unterhält, belastet werden.

b) *Öffentlich geförderte Darlehen*

Das Merkmal des „gewerblichen" Handelns des Kreditgebers in § 1 Abs. 1 VerbrKrG hat in einem Randbereich zu „Absetzbewegungen" geführt. Nämlich bei den öffentlich geförderten Darlehen[6]. Erst in der Endphase des Gesetzgebungsverfahrens kam dieses Problem in die öffentliche Diskussion. Der Bundesrat hat es aufgegriffen und in einer Entschließung eine Prüfungsbitte an die Bundesregierung gerichtet[7]. Diese solle „bei nächster sich bietender Gelegenheit prüfen, ob solche Darlehensverträge ausdrücklich vom Anwendungsbereich des Gesetzes auszunehmen sind, die im Rahmen der Förderung des Wohnungswesens und des Städtebaus aufgrund öffentlich-rechtlicher Bewilligungsbescheide oder aufgrund von Zuwendungen aus öffentlichen Haushalten zu Zinsen abgeschlossen werden, die unter den marktüblichen Sätzen liegen". Das Bundesministerium der Justiz hat sich dazu zu der folgenden Interpretation durchgerungen: Die Kreditvergabe durch öffentlich-rechtliche Anstalten in Erfüllung öffentlicher Aufgaben (z.B. Wohnungs- und Städtebauförderungsdarlehen durch Landeskreditanstalten) stellt kein gewerbliches Handeln dar; das VerbrKrG ist mithin nicht anwendbar. So recht froh kann man mit dieser Lösung nicht werden. Klar ist, daß z. B. Sparkassen gewerblich handeln und unter das Gesetz fallen, auch wenn sie öffentlich geförderte Kredite weitergeben[8]. Im Ergebnis bleibt der Eindruck, daß sich die öffentliche Hand nicht vor den Anforderungen scheuen sollte, die sie der privaten Kreditwirtschaft auferlegt.

2. *Der Verbraucherbegriff des Gesetzes*

Das Gesetz geht von einem sehr weiten Verbraucherbegriff aus. Dazu etwas ganz Grundsätzliches: Verbraucher im Sinne des Gesetzes ist nicht nur der sozial schwache Konsument. Das Gesetz verwendet einen gewissermaßen „klassenlosen" Verbraucherbegriff. Geschützt ist der Verbraucher unabhängig von seinen Vermögensverhältnissen; der Verbraucherschutz dient auch nicht nur der tatsächlich oder typischerweise in ge-

---

6 S. dazu *Schoppmann*, Der langfristige Kredit 91, S. 142.
7 BR-Drucks. 833/1/90 vom 3. Dezember 1990.
8 Vgl. auch *Seibert*, Handbuch (Fn. 1) § 1 Rn. 1 (S. 18).

schäftlichen Dingen unerfahrenen Person, sondern ebenso dem Kaufmann, dem Freiberufler, dem Rechtsanwalt in seiner Privatsphäre[9]. Der Verbraucherschutz im Schuldrecht dient der Verwirklichung der Privatautonomie, d. h. der Behebung eines typischen Paritätsgefälles zu Lasten der privaten Letztverbraucher als Marktteilnehmer. Dieses Paritätsgefälle zum Nachteil der Verbraucher besteht in erster Linie in einem Informationsdefizit mangels ausreichender Markttransparenz[10]. Dies hat auch Auswirkungen auf den Begriff des Konsumentenschutzes insgesamt. Es kann im Kreditbereich nicht nur um Kreditnehmerschutz, sondern es muß auch um Anlegerschutz gehen. Dies führt allerdings über das Verbraucherkreditgesetz hinaus[11].

3. *Betragsmäßige Obergrenze*

Die Verbraucherkreditrichtlinie gibt diesen „klassenlosen" Verbraucherbegriff in solcher Konsequenz freilich nicht vor. Gemäß Artikel 2 Abs. 1 f) findet die Richtlinie nämlich keine Anwendung auf Kreditverträge über mehr als 20 000 ECU. Dies wurde vom VerbrKrG nicht aufgegriffen. Grund hierfür war die Fragwürdigkeit einer betragsmäßigen Obergrenze zur Unterscheidung von schutzwürdigen und nicht-schutzwürdigen Kreditnehmern. Ein Höchstbetrag von 20 000 ECU wäre für die Verhältnisse in der Bundesrepublik völlig unzureichend gewesen. Aber auch mit einer Obergrenze von 100 000 DM wäre nur der gewöhnliche Konsumentenkredit erfaßt worden. Da sich das Gesetz aber vorgenommen hat, gerade auch das Problem des „Umschuldungskarussells" anzugehen, wäre auch dieser Betrag unbefriedigend gewesen, da er nach einer oder mehreren Umschuldungen leicht überschritten werden kann[12]. Hier hätte es also zusätzlich einer Sonderregelung für Umschuldungen bedurft. Damit wären wieder zahlreiche Abgrenzungsprobleme erzeugt worden. Zudem hätte eine Höchstgrenzenregelung zu einer weiteren Zersplitterung des Kreditrechts geführt. Und zuletzt hätte sie im Widerspruch zu dem Anliegen des Bundesrates gestanden, die Realkredite mit in den Schutzbereich des Gesetzes aufzunehmen.

---

9 Einen ähnlich weiten Verbraucherbegriff verwendet die Richtlinie des Rates vom 13. Juni 1990 über Pauschalreisen (90/314/EWG) ABlEG Nr. L 158/59 und der Vorschlag für eine Richtlinie des Rates über mißbräuchliche Klauseln in Verbraucherverträgen (KOM [90] 322 endg. - SYN 285 vom 3. September 1990); krit. zu solchen Regelungen allg. *Scholz*, ZIP 1981, 1051, 1055.

10 Vgl. *Dauner/Lieb*, Verbraucherschutz durch Ausbildung eines Sonderprivatrechts für Verbraucher, Berlin 1983, S. 55 und passim; zur Verbraucherpolitik der Gemeinschaft zuletzt *Emmerich*, FLF 1991, 140, 144.

11 Dieses erweiterte Konsumentenschutzziel hat sich offenbar der europäische Verbraucherschutzverband (BEUC) zu eigen gemacht und er wird auch von deutschen Verbraucherschützern diskutiert: aufschlußreich *Castello*, VuR 1990, 64 f.

12 S. auch amtliche Begründung B, Artikel 1 zu § 2, abgedr. bei *Seibert*, Handbuch (Fn. 1), S. 127.

Nur an zwei Stellen ist dann doch noch eine Obergrenze in das Gesetz eingefügt worden: In § 6 Abs. 2 Satz 6 2. Halbsatz wird angeordnet, daß die Sanktion des § 6 für fehlende Angaben über Sicherheiten nicht bei Geldkrediten mit einem Nettokreditbetrag über 100 000 DM gilt. Daß das Gesetz hiermit ausdrücklich eine lex imperfecta schafft, mag auf den ersten Blick überraschen; es ist aber nur so verständlich, daß damit dem Wunsch der Kreditwirtschaft, eine generelle Obergrenze einzuführen, etwas entgegengekommen werden sollte. Das Bedürfnis für eine Obergrenze war nämlich u. a. mit hohen Privatkrediten begründet worden. Diese seien z. B. durch Wertpapierdepots mit schwankendem Tageswert gesichert. Deshalb bedürfe es einer flexiblen Handhabung der Sicherheiten. Insoweit hat das Gesetz die Sorgen der Kreditwirtschaft zu berücksichtigen versucht. Eine weitere Obergrenze von 100 000 DM findet sich in § 3 Abs. 1 Nr. 2 für Existenzgründungsdarlehen. Der gewerbliche Kleinkredit des Existenzgründers wird dadurch dem Konsumentenkredit gleichbehandelt, ohne ihm gleichgesetzt zu werden[13].

Damit bleibt für die Kreditwirtschaft freilich die teilweise unangenehme Konsequenz, daß auch der Privatkunde, der in großem Umfang Kredite für seine private Vermögensverwaltung aufnimmt, unter die Schutzvorschriften fällt. Auch der Privatkunde, der Kredite zur Finanzierung von Wertpapiergeschäften etc. in Anspruch nimmt, ist über alle Kreditbedingungen schriftlich zu informieren. Es ist zuzugeben, daß der damit verbundene „Papierkram“ mitunter für die Kreditinstitute mißlich ist und bei Großkunden sogar auf Unverständnis stößt.

4. *Effektenkredite*

Im Bereich der Kreditaufnahme für die Finanzierung von Wertpapiergeschäften besteht allerdings die Möglichkeit, dem Privatkunden auf seinem gemäß § 5 VerbrKrG privilegierten laufenden Konto größere Überziehungsrahmen zur Verfügung zu stellen, auf die der Kunde dann kurzfristig, auch per telefonischem Auftrag zugreifen kann. Zum Glück ist die höhenmäßige Begrenzung des Überziehungslimits auf das Dreifache der monatlichen Bezüge gestrichen worden. Dies war noch im Referentenentwurf zum VerbrKrG vorgesehen[14], ist aber dann wegen der einleuchtenden Kritik der kreditwirtschaftlichen Verbände geändert worden.

Als Dauerlösung kann dieser Weg aber nicht dienen. Hierzu hält das Gesetz die Möglichkeit bereit, solchen Kunden, zu denen ja in der Regel

13 Vgl. auch Bericht des Rechtsausschusses II, 2 zu Art. 1 § 1 – *Seibert*, Handbuch (Fn. 1), S. 173.

14 Referentenentwurf vom 10. Juni 1988, abgedruckt in ZIP 1988, 1215, und bei *Bülow*, Konsumentenkredit in der neueren höchstrichterlichen Rechtsprechung, 1989, S. 188.

eine laufende Geschäftsbeziehung besteht, einen revolving credit mit hohem Überziehungsrahmen einzuräumen. Dieses Effektenkreditkonto kann dann unbürokratisch belastet werden. Die Formerfordernisse des § 4 VerbrKrG gelten nämlich nur für das Grundgeschäft, also für den Abschluß des Rahmenkreditvertrags, nicht aber für die spätere einzelne Inanspruchnahme des Kreditrahmens. Dasselbe gilt für das Widerrufsrecht des § 7 VerbrKrG. Auch dieses Reurecht besteht nur nach der Begründung des Kreditvertrags, nicht nach der jeweiligen konkreten Kreditschöpfung[15]. Im Beispielsfall des Effektenkreditkontos dürfte dem Kreditgeber zu empfehlen sein, die Inanspruchnahme des Kreditrahmens (zumindest in größerem Umfang) erst nach Ablauf der Widerrufsfrist (§ 7 Abs. 1 VerbrKrG) zuzulassen. Die Sorgen der Kreditwirtschaft wegen des erweiterten Widerrufsrechts und des Einwendungsdurchgriffs nach § 9 VerbrKrG erscheinen unbegründet. § 9 des VerbrKrG ist hier nicht anwendbar. Kauft der Verbraucher bei seiner Hausbank Effekten zu Lasten seines Kreditkontos, so steht er nur einer Person gegenüber. Verkäufer und Kreditgeber sind identisch. § 9 VerbrKrG ist aber für eine Dreiecks-Konstellation gedacht; nämlich für den Fall des Auseinanderfallens von Kreditgeber und Verkäufer. Der Verbraucher soll in diesem Fall nicht schlechter stehen, als wenn er einer Person gegenüberstünde. Angesichts dessen erscheint es nicht möglich, Wohltaten des § 9 durch entsprechende Anwendung auf das 2-Personen-Verhältnis zurückzubeziehen. Es muß hier bei den allgemeinen Regeln bleiben[16].

II. *Existenzgründungsdarlehen*

In den ursprünglichen Entwürfen waren die Existenzgründer nicht erfaßt. Sie sind keine privaten Verbraucher. Der Bundesrat hat sich bei seiner Stellungnahme zu dem Entwurf jedoch weniger von dem Konzept eines klaren Verbraucherbegriffs, sondern mehr von politischen Überlegungen leiten lassen. Nach der Stellungnahme des Bundesrates sollte auch der Minderkaufmann und Kleingewerbetreibende - unabhängig von der Phase der Existenzgründung - erfaßt sein[17]. Die Bundesregierung hat dem insoweit nachgegeben, als nunmehr auch die Existenzgründungsdarlehen natürlicher Personen erfaßt werden. Dies allerdings gemäß § 3 Abs. 1 Nr. 2 VerbrKrG - wie bereits erwähnt - nur bis zu einer Höchstgrenze von

15 Siehe auch *Seibert*, Handbuch (Fn. 1), § 7 Rn. 3 (S. 50).

16 Bedingung, Einreden gem. § 273 BGB etc.; im Ergebnis ebenso *Dauner-Lieb*, WM 1991, Sonderbeilage 6, S. 18, die allerdings § 9 VerbrKrG auch im 2-Personen-Verhältnis für grds. anwendbar hält, beim Effektenkredit jedoch für eine teleologische Reduktion plädiert.

17 Abgedruckt in BT-Drucks. 11/5462 vom 25. Oktober 1989, auch bei *Seibert*, Handbuch (Fn. 1), S. 149.

100 000 DM Nettokreditbetrag. Diese in der Sache sicher verständliche Regelung ist freilich mit Abgrenzungsschwierigkeiten erkauft worden[18]. An dieser Stelle kann dies nicht vertieft erörtert werden. Nur soviel: Das Gesetz verwendet den Begriff „Existenzgründungsdarlehen" nicht, sondern umschreibt den zu regelnden Sachverhalt zum einen in § 1 Abs. 1 negativ und zum anderen in § 3 Abs. 1 Nr. 2 positiv. Nach § 1 Abs. 1 liegt ein Existenzgründungsdarlehen demnach nicht mehr vor, wenn die gewerbliche oder berufliche Tätigkeit *bereits ausgeübt* wird. Nach § 3 Abs. 1 Nr. 2 liegt - hier positiv definiert - ein Existenzgründungsdarlehen vor, wenn der Kredit für die Aufnahme einer gewerblichen oder selbständigen beruflichen Tätigkeit bestimmt ist. Beide Definitionen ergänzen sich also gegenseitig und sind zur Auslegung im Einzelfall heranzuziehen. In der Praxis wird dem Kreditgeber zu raten sein, in Zweifelsfällen besser einmal mehr als erforderlich die Abschlußvoraussetzungen des Gesetzes einzuhalten als einmal zuwenig. Dies hat keine Auswirkung auf die materielle Rechtslage. Es kann also später, wenn etwa über die Kündigungsvoraussetzungen gemäß § 12, die Verzugszinsregelungen gemäß § 11 oder auch die Sanktionen nach § 6 wegen einer Fehlangabe gestritten wird, die Anwendbarkeit des VerbrKrG immer noch in Frage gestellt werden.

III. *Sachlicher Anwendungsbereich*

Gegenüber dem AbzG ist der sachliche Anwendungsbereich des Gesetzes wesentlich erweitert: Nicht nur der Kauf (und die Drittfinanzierung) von beweglichen Sachen auf Raten, sondern im Grundsatz die gesamte Bandbreite des Privatkredits unterfällt dem VerbrKrG[19]. Das Gesetz spricht vom *entgeltlichen* Kredit und definiert diesen anhand der drei Erscheinungsformen: Darlehen, Zahlungsaufschub und sonstige Finanzierungshilfe. Es übernimmt damit die Formulierung der Richtlinie und versucht keine weitergehende Definition des Begriffs Kredit. Dieser wird bekanntlich auch in der Rechtswissenschaft und den Wirtschaftswissenschaften je nach Bedarf unterschiedlich verwendet[20]. Auch die Abgrenzung zwischen den drei Unterkategorien Darlehen, Zahlungsaufschub und Finanzierungshilfe kann im Einzelfall schwierig sein. Dies ist in der Regel aber unerheblich, da das Gesetz an die drei Formen fast durchweg die gleichen Rechtsfolgen knüpft. Lediglich die Ausnahmeregelung des § 3 Abs. 1 Nr. 3 über den kurzfristigen Kredit gilt nur für den Zahlungsaufschub. Ferner ist die Obliegenheit des Verbrauchers zur Rückzahlung im Fall des Widerrufs binnen zwei Wochen auf Darlehen beschränkt (§ 7). Ein

18 Dazu ausführlich den Beitrag von *Lwowski* im gleichen Band, S. 49.
19 Vgl. auch *Scholz*, DB 1991, 215.
20 S. *Seibert*, Handbuch (Fn. 1), § 1 Rn. 5 (S. 20).

Bedürfnis für diese Rückzahlungsobliegenheit wurde nur im Falle des Gelddarlehens gesehen, bei dem der Kreditgeber nicht vertragstypisch anderweitig gesichert ist (vor allem durch Eigentumsvorbehalt oder Sicherungsübereignung). Aus diesem Grunde findet § 7 Abs. 3 auch bei finanzierten Verträgen (verbundene Geschäfte) keine Anwendung[21]. Diese Einschränkungen sind also jeweils bewußt angeordnet, so daß etwa eine analoge Anwendung des § 7 Abs. 3 auf Leasingverträge nicht in Betracht kommt[22].

1. *Darlehen*

Auch wenn die Unterscheidung also ohne große Aussagekraft ist, wird man unter Darlehen im Sinne der §§ 607 ff BGB folgende Geschäfte fassen:
- Den Festbetragskredit, insbesondere in Verbindung mit einer Kapitallebensversicherung oder einem Bausparvertrag;
- den Ratenkredit, also den sogenannten persönlichen Kredit, das Anschaffungsdarlehen, den Teilzahlungskredit und insbesondere das finanzierte Abzahlungsgeschäft;
- das Annuitätendarlehen, das vor allem im Realkreditbereich Bedeutung hat;
- den Kontokorrentratenkredit, der auch als Vario-, Dispo-, Ideal-, Scheckkredit oder revolving credit bezeichnet wird.

2. *Zahlungsaufschub*

Unter die Kategorie Zahlungsaufschub wird man fassen können:
- Die entgeltliche Kaufpreisstundung; Entgelt braucht im übrigen in allen Fällen der Kreditgewährung im Sinne des Gesetzes nicht notwendig ein Zins zu sein, denkbar ist auch eine Bearbeitungsgebühr oder ein gegenüber dem Barzahlungspreis erhöhter Teilzahlungspreis (in dem ein Zins versteckt ist) etc.
- Typischster Fall des Zahlungsaufschubs ist der Warenkredit, das heißt der klassische Abzahlungskauf. Hierher gehören aber auch von Unternehmen kreditierte Dienst- und andere Leistungen (zum Beispiel der ratenfinanzierte Pauschalreisevertrag). Das Gesetz geht davon aus, daß der Konsum von Dienstleistungen gegenüber dem Konsum von Sachgütern erheblich an Bedeutung gewinnen wird und muß und folglich auch die diesbezüglichen Kredite. Diese Entwicklung nimmt das

---

21 S. *Seibert*, Handbuch (Fn. 1), § 7 Rn. 14 (S. 53) – § 9 Abs. 2 Satz 3.
22 So auch *Seifert*, Der langfristige Kredit 1991, S. 144, 145; *Zahn*, DB 1991, 687.

VerbrKrG vorweg, indem es den Dienstleistungskredit dem Warenkredit durchweg gleichstellt. Dies findet seinen ausdrücklichen Niederschlag in §§ 4 Abs. 1 Satz 2 Nr. 2, § 6 Abs. 3 Satz 1, § 7 Abs. 2 Satz 3, § 8 Abs. 1 Satz 1, § 9 Abs. 4, § 13 Abs. 1 und § 14 Satz 1. Eine Ausnahme macht nur § 2 (Lieferung in Teilleistungen oder wiederkehrenden Leistungen). Diese Vorschrift ist dem Abzahlungsgesetz entnommen, (systemwidrig) in das VerbrKrG eingestellt worden und bleibt auf Lieferungsverträge über (bewegliche) Sachen beschränkt.

Keine Fälle des Zahlungsaufschubs sind das Vereinbarungsdarlehen im Sinne des § 607 Abs. 2 BGB, die Tarifwahl bei Versicherungsverträgen, die Gewährung eines Skonto und die Tilgungsstreckung innerhalb eines laufenden Kreditvertrags, wenn die Sätze für die laufzeitabhängigen Kreditkosten nicht erhöht werden. So jedenfalls ausdrücklich die amtliche Begründung des Gesetzes[23]. Wird also bei einer Tilgungsstreckung der Zins nicht erhöht, fällt aber eine laufzeitunabhängige Bearbeitungsgebühr an, so ist dieser Vorgang nicht nach dem VerbrKrG als neuer Kreditvertrag zu behandeln, sondern nur als Änderung des Ausgangsvertrags.

3. *Sonstige Finanzierungshilfe*

Nun zur dritten Kategorie, der sonstigen Finanzierungshilfe. Die Richtlinie spricht von sonstiger *ähnlicher* Finanzierungshilfe und macht damit vielleicht noch deutlicher, daß nur eine Finanzierungshilfe mit Kreditgewährungscharakter gemeint ist[24]. Der Haftungs- oder Avalkredit unterfällt dem Gesetz also nicht. Darüber hinaus ist der Begriff unscharf. Jedenfalls sind als sonstige Finanzierungshilfe der Finanzierungsleasingvertrag und bestimmte Miet-Kauf-Verträge anzusehen. Der Regierungsentwurf hatte die Einbeziehung von Leasingverträgen nur in dem engen Umfang vorgesehen, in dem der BGH sie dem Abzahlungsgesetz unterworfen hatte[25]. Das war natürlich nicht besonders sinnvoll, da die Leasingpraxis diese Vertragsgestaltung kaum noch anwandte. Es machte auch deshalb keinen Sinn, weil das Finanzierungsleasing im Konsumentenbereich letztlich nichts anderes als die modische Alternative zum klassischen Abzahlungskauf ist[26]. Aufgrund der Kritik des Bundesrates[27] und des Ergebnisses des vom Rechtsausschuß des Deutschen Bundestages am

---

23 BT-Drucks. 11/5462 vom 25. Oktober 1989, abgedruckt bei *Seibert*, Handbuch (Fn. 1), S. 107, 125.

24 *Mülbert*, WM 1990, 1357, 1358.

25 Fn. 22.

26 *Dietz*, AcP 190, 235, 241.

27 Fn. 16, *Seibert*, Handbuch (Fn. 1), S. 150; weitere Kritik *Scholz*, MDR 1989, 1054, 1055; *Schmelz/Klute*, ZIP 1989, 1509, 1523; *Reinking/Bexen*, DAR 1990, 289, 291.

1. Juni 1990 abgehaltenen Hearings ist das Finanzierungsleasing in die Endfassung des Gesetzes dann insgesamt einbezogen worden. Für die Frage, ob eine Leasingvertragsgestaltung dem VerbrKrG unterfällt, kommt es also nicht mehr darauf an, ob die Sachsubstanz übertragen werden soll, sondern nur noch darauf, ob Vollamortisation angestrebt ist (was auch beim sog. Teilamortisationsvertrag in der Regel der Fall ist). Die vom BGH entwickelte Differenzierung innerhalb des Finanzierungsleasings ist also passé[28]. Nicht vom VerbrKrG erfaßt ist nur das Operating-Leasing, bei dem keine Vollamortisation geplant ist und den Mieter keine über die Zahlung des Mietzinses hinausgehenden Pflichten treffen.

4. *Ausnahmen*

In § 3 des VerbrKrG sind Kreditverträge aufgeführt, auf die das VerbrKrG ganz oder teilweise nicht anzuwenden ist. Gänzlich ausgenommen sind die Existenzgründungsdarlehen oberhalb 100 000 DM, bestimmte Arbeitgeberdarlehen und der kurzfristige Zahlungsaufschub, die alle bereits erwähnt wurden. Ferner Bagatellkredite unter 400 DM. Hinsichtlich einzelner Regelungen insbesondere bei den Pflichtangaben sind ausgenommen die Finanzierungsleasingverträge. Teilweise ausgenommen sind ferner grundpfandrechtlich abgesicherte Kredite.

IV. *Immobilienkredite*

Auf diese Realkredite soll im folgenden besonders und etwas ausführlicher eingegangen werden, da hier ernstzunehmende Probleme offenbar geworden sind. Zunächst einige Worte zur Historie der Einbeziehung der Realkredite in das Gesetz. Die Richtlinie[29] findet (nach Artikel 2 Abs. 1 a) keine Anwendung auf Kredite zum Erwerb von Immobilien oder zur Renovierung von Gebäuden. Ferner sind die wesentlichen, die Angabenerfordernisse enthaltenden Bestimmungen aufgrund des Artikels 2 Abs. 4 der Richtlinie bei grundpfandrechtlich gesicherten Krediten - soweit diese nicht schon unter die erstgenannte Ausnahmevorschrift fallen - nicht anwendbar.

1. *Die Stellungnahme des Bundesrates*

Dementsprechend hatte der Regierungsentwurf grundpfandrechtlich gesicherte Kredite gänzlich vom Verbraucherkreditgesetz ausgenommen.

---

28 *Seibert*, Handbuch (Fn. 1), § 3 Rn. 11, S. 28; *Seifert*, Der langfristige Kredit 1991, 144; *Schmid-Burgk/Schölermann*, BB 1991, 566.

29 Fn. 3.

Demgegenüber hielt der Bundesrat in seiner Stellungnahme zu dem Entwurf die Einbeziehung der Realkredite für geboten. Er formulierte unter anderem: „Die Information des Verbrauchers beispielsweise über die Zinsbelastung ist nach dem Schutzgedanken des Gesetzes gerade hier besonders wichtig.“[30] Die Bundesregierung hat dem in ihrer Gegenäußerung zugestimmt und im BT-Rechtsausschuß ist in den § 3 eine fast wörtlich dem Vorschlag des Bundesrates entsprechende Regelung eingestellt worden. Aus dieser folgt, daß der typische Realkredit grundsätzlich unter das Gesetz fällt. Lediglich einige Bestimmungen des Gesetzes werden wegen der Besonderheiten des Realkredits für nicht anwendbar erklärt[31]. Dies sind insbesondere das einwöchige Widerrufsrecht des § 7, der Einwendungsdurchgriff aus dem mit dem Kreditvertrag verbundenen Geschäft, ferner die Verzugszinsregelung des § 11 mit dem Regelverzugszins in Höhe von Bundesbankdiskont plus 5%[32].

2. *Grundpfandrechtlich gesicherter Kredit im Sinne des Gesetzes*

Die Frage, welche Realkredite gemäß § 3 Abs. 2 Nr. 2 VerbrKrG privilegiert sind, insbesondere welche Bedingungen für grundpfandrechtlich gesicherte Kredite als „üblich“ im Sinne des Gesetzes anzusehen sind, kann mit einem Rückschluß aus der Rechtsfolge beantwortet werden: Privilegiert im Sinne des Gesetzes sind demnach solche Realkredite, auf die die §§ 7, 9 und 11 bis 13 des Gesetzes nicht passen, denn aus diesem Grund hat das Gesetz diese Vorschriften für unanwendbar erklärt.
Daraus folgt: Es kann für die Teilausnahme der Nr. 2 nicht darauf ankommen, ob der Kredit zum Zwecke des Erwerbs einer Immobilie oder zur Finanzierung von Bau- oder Renovierungsarbeiten dienen soll. Die Kreditaufnahme kann auch für andere private Zwecke (z.B. Zugewinnausgleich, Erbauseinandersetzung) bestimmt sein. Ferner kann es nicht darauf ankommen, ob bestimmte Beleihungsgrenzen eingehalten sind (60%), denn die Bestimmungen der §§ 7, 9 und 11 bis 13 passen unabhängig vom Rang und der Wertigkeit der Beleihung nicht. Der kreditwirtschaftliche Realkreditbegriff spielt für die Abgrenzung der nach § 3 Abs. 2 Nr. 2 privilegierten Realkredite keine Rolle[33]. Es ist auch unerheblich, ob der Kredit ganz oder nur im wesentlichen grundpfandrechtlich

30 Fn. 17.
31 Vgl. Bericht des Rechtsausschusses (Fn. 1) zu Art. 1 § 3.
32 Bericht des Rechtsausschusses (Fn. 1), weitere Erläuterung bei *Seibert*, Handbuch (Fn. 1), § 3 Rn. 14 (S. 28).
33 Zum Ganzen s. *Steppeler*, Vordruck-Leitfaden Verbraucherkreditgesetz, Stuttgart 1991, S. 31 f.; *v. Heymann*, WM 1991, 1285, 1287; *Münstermann/Hannes*, Verbraucherkreditgesetz, Münster 1991, § 3 Rn. 166.

gesichert ist. Die Spekulation über daraus folgende Mißbrauchsmöglichkeiten ist rein theoretisch. Zudem würde § 18 Satz 2 (Umgehungsverbot) helfen.
Die Argumentation des Bundesrates zur Einbeziehung des Realkredits ist einleuchtend. Es ist schwer einzusehen, daß der Verbraucher bei einem Ratenkredit in Höhe von 500 DM umfassend informiert wird und bei einer Hausfinanzierung, bei der er sich bis ans Ende seines Berufslebens verschuldet, ein Schutzbedürfnis verneint wird. Gerade bei diesen Finanzierungen, bei denen die privaten „Häuslebauer" an die Grenzen ihrer Leistungsfähigkeit gehen, fehlt es sehr an Kostentransparenz. Zur Zinsbelastung kommen Bearbeitungsgebühren, Notarkosten, Schätzungskosten und eventuell eine Risiko-Lebensversicherung hinzu und leicht entstehen Mehrkosten, die den Erwerber in erhebliche Schwierigkeiten bringen. Eine Aufnahme des Realkredits in den Schutz des VerbrKrG macht also durchaus Sinn. Hinzu kommt, daß die Bereichsausnahme in der Richtlinie nicht etwa bedeutet, daß die EG-Kommission kein Schutzbedürfnis gesehen hat. Sie hat den Realkredit nur auf einer anderen Schiene betrieben. Die lang geplante Hypothekarrichtlinie ist mittlerweile zwar gescheitert. Aber die für Verbraucherschutz zuständige Generaldirektion XI hat bereits einen neuen Anlauf unternommen und der Vertreter der Kommission hat auf einem kürzlich abgehaltenen Expertenhearing[34] erklärt, daß er sich eine Ausdehnung der Verbraucherkreditrichtlinie auf Grundstückskredite gut als konsensfähigen Kompromiß vorstellen könnte. Wir müssen damit rechnen, daß in diese Richtung ein Vorstoß der Kommission unternommen wird.

3. *Die EG-Änderungsrichtlinie vom 22. Februar 1990*

Nun kam aber in der Endphase des Gesetzgebungsverfahrens eine Parallelentwicklung hinzu, die heute gerade im Realkreditbereich Probleme erzeugt. Am 22. Februar 1990 ist nämlich die Änderungsrichtlinie zur Verbraucherkreditrichtlinie vom Ministerrat verabschiedet worden[35]. Diese Richtlinie enthält überwiegend die Preisangabenverordnung betreffende Regelungen und ist deshalb federführend vom Wirtschaftsminister in Brüssel verhandelt worden. Sie enthält aber auch einige zusätzliche Pflichtangaben für den Kreditvertrag.

---

34 Regierungssachverständigensitzung in Brüssel am 20. und 21. November 1990. In erster Linie dürfte ein Richtlinienvorschlag zur Effektivzinsangabe beim Hypothekarkredit geplant sein. Diese Richtlinie könnte aber noch weitere Punkte der Verbraucherkreditrichtlinie enthalten.

35 90/88/EWG.

4. *Gesamtbetrag – Gesamtkosten*

Gemäß Artikel 1 Nr. 4 der Änderungsrichtlinie ist eine Aufstellung des Betrages, der Anzahl und der zeitlichen Abstände der Zahlungen, die der Verbraucher zu entrichten hat, anzugeben, ferner der Gesamtbetrag dieser Zahlungen, wenn dies möglich ist. Es lohnt hervorzuheben, daß die Änderungsrichtlinie tatsächlich die Angabe des *Gesamtbetrags* und nicht die der *Gesamtkosten* des Kredits verlangt. Allerdings spricht die Änderungsrichtlinie in Artikel 1 Nr. 1 von den „Gesamtkosten des Kredits für den Verbraucher". Diese Änderung der Verbraucherkreditrichtlinie fügt jedoch lediglich eine Legaldefinition des Begriffs „Gesamtkosten" in den Definitionenkatalog des Artikels 1 Abs. 2 d (neu) der Verbraucherkreditrichtlinie ein, an die keine Rechtsfolge geknüpft ist.
Die entscheidende Erweiterung der Pflichtangaben findet sich demgegenüber in Artikel 1 Nr. 4 der Änderungsrichtlinie. Durch diesen Änderungsbefehl wird ein neuer Buchstabe c) in Artikel 4 Abs. 2 der VerbrKr-RL eingefügt. Artikel 4 Abs. 2 der VerbrKr-RL enthält eine Aufstellung von Pflichtangaben. In der ursprünglichen Fassung waren dort nur der effektive Jahreszins (a) und die Bedingungen, unter denen er geändert werden kann (b), aufgeführt. Durch Artikel 1 Nr. 4 der Änderungsrichtlinie ist dieser Katalog der Pflichtangaben erheblich erweitert worden – u. a. eben auch um die Angabe des Gesamtbetrags. Zieht man von dem Gesamtbetrag des Kredits (auch Bruttokreditbetrag) den Nettokreditbetrag ab, so erhält man die Gesamtkosten des Kredits, die – wie gesagt – nicht ausgewiesen werden müssen.
Weiter wird eine Aufstellung bestimmter Kostenelemente, die nicht in den Effektivzins einbezogen werden, verlangt. Darunter Kosten der Versicherung oder der Sicherheiten, bestimmte Überweisungskosten und Kontoführungsgebühren und andere mehr. Die Bundesregierung hatte Bedenken gegen die Pflichtangabe des Gesamtbetrags, weil er eine Information von zweifelhaftem Wert gibt[36]. Langfristige Kredite zu maßvollen Konditionen erscheinen nämlich teuer. Kurzfristige teure Kredite erscheinen günstig. Bei einem großen Teil der Kredite ist die Angabe gar nicht möglich. Aber auch eine weitere Ausdehnung der Kostenangaben erschien problematisch. Ein Übermaß an Angaben kann zu Unübersichtlichkeit führen. Der Verbraucher nimmt sie gar nicht mehr zur Kenntnis. Die Bedenken der Bundesregierung sind im Ministerrat weggewischt worden. Die Änderungsrichtlinie ist auf Artikel 100 A des EWG-Vertrages gestützt worden – es galt für sie also die qualifizierte Mehrheit.
Wie die Dinge nun aber lagen, war es nur vernünftig, die neuen Bestimmungen der Änderungsrichtlinie noch in das VerbrKrG einzufügen, da die Umsetzungsfrist bereits lief. Bekanntlich ist die Kreditwirtschaft da-

---

36 Vgl. auch *Reinking/Bexen*, ZIP 1991, 634; *Münstermann/Hannes* (Fn. 33), § 4 Rn. 209.

von, daß das VerbrKrG in der letzten Legislaturperiode doch noch verabschiedet wurde und dann auch noch so rasch in Kraft getreten ist, überrascht worden[37]. Triebfeder für den Rechtsausschuß war weniger der Umsetzungsdruck aus Brüssel als die Sorge um die Bürger in den fünf neuen Bundesländern. Man befürchtete, daß diese sich unbedacht verschulden könnten. Wie man heute weiß, ist die Verschuldungsneigung der neuen Bundesbürger aber eher gering. Sie neigen eher dazu, den in harte D-Mark umgetauschten Kaufkraftüberhang aus dem planwirtschaftlichen System auf ihren Sparkonten zu horten[38] und womöglich die Sparquote noch zu erhöhen.

5. *Probleme der Praxis mit der Angabe des Gesamtbetrages*

Aus der Berücksichtigung des Petitums des Bundesrates zum Hypothekarkredit ergibt sich eine Reihe von Anwendungsproblemen. Diese liegen im Bereich der Schriftform, der Konditionenanpassung, der anzugebenden Kosten und der Pflichtangabe des Gesamtbetrages. Letztere beiden Probleme sind - wie gesagt - erst durch die Einarbeitung der Änderungsrichtlinie entstanden bzw. verschärft worden. Auf den Gesamtbetrag lohnt es näher eingehen, weil hier das Bundesministerium der Justiz eine Korrektur des Gesetzes in Erwägung zieht. Hier werden von der Praxis Probleme gesehen, zu bestimmen, welche Positionen in die Gesamtbelastung einzubeziehen sind. Diese Probleme erscheinen nicht gravierend, denn § 6 des Gesetzes knüpft an eine fehlerhafte Angabe der Gesamtbelastung keine Sanktion. Die Sanktionen des § 6 VerbrKrG setzen kein Verschulden voraus. Bei den vorhersehbaren (anfänglichen) Unsicherheiten über die einzubeziehenden Kosten erschien eine solche gesetzliche Reaktion überzogen. Nur die gänzlich fehlende Angabe des Gesamtbetrages ist folglich mit einer Sanktion verbunden.
Es bestehen aber auch Unsicherheiten darüber, in welchen Fällen die Gesamtbelastung überhaupt anzugeben ist. Entsprechend der Vorgabe der Änderungsrichtlinie ist sie nur „wenn möglich“ anzugeben. Nicht möglich ist die Angabe bei Krediten mit variablen Konditionen, bei Krediten ohne Laufzeitvereinbarung, bei Auszahlung nach Baufortschritt und auch nicht bei Krediten mit langer Laufzeit, kurzer Zinsfestschreibung und späterer Konditionenanpassung. Eine „anfängliche“ Gesamtbelastung fordert das Gesetz im Gegensatz zum „anfänglichen Effektivzins“ nicht[39].

---

37 Vgl. *Huff,* WM 1990, 1988; *Schoppmann,* aaO (Fn. 6), S. 142.
38 S. etwa die Meldung FAZ vom 1. Juli 1991, S. 17.
39 *Seibert,* Handbuch (Fn. 1), § 4 Rn. 6 (S. 33); *v. Heymann,* WM 1991, 1285, 1288; ders., BB 1991, 1721, 1723. Es ist auf objektive Unmöglichkeit, nicht auf Unvermögen abzustellen: *v. Heymann,* aaO, S. 1289; *Reinking/Nießen,* ZIP 1991, 79; *Vortmann,* Verbraucherkreditgesetz, 1991, § 4 Rn. 10; *Münstermann/Hannes (Fn. 33),* § 4, Rn. 207.

Nun ist die wissenschaftliche und zu einem eindeutigen Ergebnis führende Auslegung eines Gesetzes freilich zu unterscheiden von der Risikoabschätzung der Kautelarjurisprudenz, die über die zukünftige Entwicklung der Rechtsprechung rätseln muß. Die Kreditwirtschaft hat bereits erklärt, daß sie voraussichtlich wegen des hohen Risikos, das mit der Sanktion des § 6 VerbrKrG bei fehlender Angabe des Gesamtbetrages verbunden ist (Herabsetzung des Vertragszinses auf 4%), auf „Nummer Sicher" gehen wird. Sie wird bei Realkrediten also zum Beispiel einen „Abschnittsgesamtbetrag" angeben[40]. Diese Angabe bringt dem Verbraucher freilich wenig an Information. Hier sollte folglich Klarheit geschaffen werden.

6. *Lösungsmöglichkeiten*

Eine denkbare Lösung wäre es, den Realkredit ganz von der Pflichtangabe der Gesamtbelastung freizustellen. Eine mögliche Alternative wäre die nähere Konkretisierung des Merkmals „wenn möglich". Beides wäre EG-rechtlich zulässig.
Von Heymann hat hierzu einen bedenkenswerten Vorschlag gemacht[41]. Er weist darauf hin, daß eine Novellierung, die nur die grundpfandrechtlich gesicherten Kredite von der Pflichtangabe befreit, zu kurz greifen würde. Zwar würde diese pragmatische Lösung die Masse der Problemfälle erfassen. Die genannten Probleme gibt es aber auch bei anderen Krediten. Da das Gesetz eine betragsmäßige Obergrenze nicht vorsieht, fallen auch sehr hohe Privatkredite in seinen Anwendungsbereich. Auch hier wird sich die Kreditwirtschaft möglicherweise angesichts der Sanktionsrisiken des § 6 gezwungen sehen, bei Krediten mit variablen Konditionen fiktive Gesamtbeträge anzugeben. Besonders augenfällig ist dies im Bereich der nichtgrundpfandrechtlich gesicherten Immobilienkredite. Insbesondere in den neuen Bundesländern, wo eine Beleihung wegen ungeklärter Grundbesitzverhältnisse in vielen Fällen nicht möglich ist oder wo die Inhaber von Nutzungsrechten[42] Kredite zur Renovierung oder Sanierung ihrer Gebäude aufnehmen möchten[53], scheinen die Kreditinstitute in größerem Umfang von der Bestellung grundpfandrechtlicher Sicherheiten abzusehen. Die Vertragsgestaltungen im übrigen sind hier aber genauso wie bei den grundpfandrechtlich gesicherten Krediten, weshalb hier auch dieselben Zweifelsfragen zur Angabe des Gesamtbetrags entstehen. Es er-

40 Vgl. *Beckers*, Der langfristige Kredit 1991, 138, 140; *Wichmann/Knoblauch*, Der langfristige Kredit 1991, 148, 149; *v. Heymann*, BB 1991,1721, 1723.
41 WM 1991, 1285, 1290; ders., BB 1991, 1721 ff.
42 Die Inhaber von dinglichen Nutzungsrechten behalten an den aufgrund des Nutzungsrechts errichteten Gebäuden ein Gebäudeeigentum (Art. 233 § 5 EGBGB in der Fassung des Einigungsvertrages) – dies ist allerdings wie ein Grundstück beleihbar.
43 Vgl. hierzu ausführlich *Welter*, WM 1991, 1189 ff.

scheint daher vorzugswürdig, entsprechend dem Vorschlag *v. Heymanns* die Begriffe „wenn möglich" in § 4 Abs. 1 Satz 2 Nr. 1 b) präziser zu fassen und klarzustellen, daß eine Angabe der Gesamtbelastung nur möglich ist, wenn diese bei Vertragsabschluß betragsmäßig feststeht.

V. *Zu einem eventuellen Novellierungsverfahren*

Nun aber noch ein Wort dazu, wie diese Änderung am besten vollzogen werden sollte. Vor einer Novellierung des VerbrKrG in einem isolierten Gesetzgebungsvorhaben kann nur gewarnt werden. Auf das Trittbrett eines solchen Vorhabens würden so viele aufspringen, daß schwer vorherzusehen ist, in welche Richtung es dann fahren würde. Möglicherweise sogar rückwärts. Es würden nämlich auch solche Änderungswünsche geltend gemacht werden, die der kreditgewährenden Wirtschaft weitere Probleme schaffen könnten. Auf die einzelnen Forderungen, die im Laufe des Gesetzgebungsvorhabens von verschiedenen Seiten erhoben worden sind, kann an dieser Stelle nicht eingegangen werden[44]. Es lohnt sich aber in Erinnerung zu rufen, daß das VerbrKrG für die Kreditwirtschaft zwar einige Wermutstropfen enthält, aber auch einige positive Elemente, wie zum Beispiel den großzügig bemessenen Regelverzugszins von Bundesbank-Diskont plus 5% (D plus 5), die durchaus ausgewogene Kündigungsregelung, die differenzierte Sanktionsvorschrift des § 6, die nicht mehr wie bisher nach dem Abzahlungsgesetz völlige Zinslosigkeit bei Formmängeln vorsieht. Und zuletzt sei noch die Änderung der Gewerbeordnung erwähnt, die es der Kreditwirtschaft nunmehr ermöglicht, Kreditverträge im Reisegewerbe abzuschließen[45]. Die Kreditwirtschaft hatte hier seit langem einen Wettbewerbsvorteil der Versicherungen beklagt. Im Ergebnis wäre anzuraten, eine beschränkte Novellierung des VerbrKrG an ein anderes laufendes Gesetzesvorhaben anzuhängen. In diese Richtung gehen derzeit die Bestrebungen des Bundesrates. In seiner Stellungnahme zum Bauhandwerkersicherungs-Gesetz könnte der Bundesrat eine Änderung der VerbrKrG vorschlagen[46]. Diese beschränkte No-

---

44 Vgl. z. B. die im Gesetzgebungsverfahren gestellten Änderungsanträge BT-Drucks. 11/8357 und 11/8358 und den älteren Entschließungsantrag 11/3047.

45 Hierzu krit. *Reifner*, VuR 1991, 91 ff. Dieser Kritik kann entgegengehalten werden: Der gebotene Verbraucherschutz wird bereits durch das Widerrufsrecht (§ 7) gewährleistet. Die Änderung der GewO dient dem Verbraucher-Service: Angesichts der verbraucherunfreundlichen Schalteröffnungszeiten der Kreditinstitute kann ein berufstätiger Verbraucher eine Bank nur mit Mühe von innen sehen.

46 Der Entwurf eines Bauhandwerkersicherungs-Gesetzes (BR-Drucks. 445/91 v. 16. 8. 1991) ist am 12. Juni vom Kabinett verabschiedet worden. Im Unterausschuß des Rechtsausschusses des Bundesrates (Sitzung vom 4. 9.) ist bereits ein neuer Artikel 3 befürwortet worden, der neben der Erweiterung des § 3 Abs. 2 Nr. 2 VerbrKrG auf Zwischenfinanzierungen eine Klarstellung der Begriffe „wenn möglich" in § 4 Abs. 1 Satz 2 Nr. 1 b enthalten soll, die ganz der von *v. Heymann* in WM 1991, 1285 und BB 1991, 1271 ff. vorgeschlagenen Linie entspricht.

vellierung könnte die Pflichtangabe der Gesamtbelastung für den Realkreditbereich streichen. Denkbar schiene auch noch eine Vorverlagerung der Angabepflichten bei Bausparverträgen. Hier macht es in der Tat wenig Sinn, daß die Angaben des VerbrKrG erst im Moment des Kreditvertragsabschlusses zu erfolgen haben. Sie sollten richtigerweise bei Abschluß des Bausparvertrages gegeben werden[47]. Hierzu finden derzeit Gespräche mit den Bausparkassenverbänden statt.

47 S. *Simon*, Der langfristige Kredit 91, S. 132; in Betracht kommt eine Änderung des Bausparkassengesetzes (zuständig BMF).

Die Verwirklichung von Verbraucherschutz im Kreditbereich*

Professor Dr. Norbert Reich,
Universität Bremen

Inhaltsübersicht

I. *Allgemeines*

Das mir gestellte Thema ist ungeheuer weit und verlangt deshalb eine Eingrenzung. Ich verrate Ihnen keine Geheimnisse, wenn ich darauf hinweise, daß Verbraucherschutz im Kreditbereich nicht nur durch die Gesetzgebung, insbesondere durch das hier zur Diskussion stehende neue

* Vortrag vor der Bankrechtlichen Vereinigung in Frankfurt/M. am 28. 6. 1991. Der Vortragsstil ist beibehalten.

Verbraucherkreditgesetz (VerbrKrG) betrieben wird, sondern auch und gerade durch die Rechtsprechung. Hierauf möchte ich jedoch nicht eingehen. Ein weiterer, für meine Ausführungen dagegen wichtiger Akteur ist die Europäische Gemeinschaft, die durch die Verbraucherkreditrichtlinie 87/102[1] und durch die Ergänzungsrichtlinie 90/88[2] gleichsam die Eck- und Mindestwerte für das legislatorische Ergebnis gesetzt hat, dessen kritische Diskussion Gegenstand der Tagung ist. Hierin werden sich sicherlich die Initiativen der Europäischen Gemeinschaft nicht erschöpfen; ich werde darauf im Laufe des Referates noch eingehen.

In dem Gesetzgebungsprozeß, an dem peripher teilzunehmen ich als Sachverständiger bei der Anhörung des Rechtsausschusses des Deutschen Bundestages am 1. Juni 1990 Gelegenheit hatte[3], sind ja die unterschiedlichsten Erwartungen und Befürchtungen an den Gesetzgeber herangetragen worden. Nach dem etwas überraschenden Ausgang bei sonst gar nicht gewohntem Tempo des legislatorischen Prozesses scheinen insgesamt die kritischen Stimmen zu überwiegen, die zuviel oder zuwenig, vorschnellen oder zögerlichen, schlecht formulierten oder interpretationsbedürftigen Verbraucherschutz festgestellt haben[4]. Eine solche Mängelliste würde allerdings die Dynamik der verbraucherrechtlichen Entwicklung selbst übersehen: Das Gesetz ist kein Endpunkt, sondern lediglich eine Art legislatorisches Zwischenprodukt in einem Diskussionsprozeß, der seine Eigendynamik nicht nur in Deutschland, sondern auch im Europäischen Binnenmarkt hat.

Um den Gesetzgebungsprozeß richtig zu würdigen, muß der durch EG-Recht vorgegebene Ausgangspunkt nicht aus den Augen verloren werden. Primäres Regelungsziel war und ist die – im europäischen Durchschnitt nur geringfügig verzögerte – Umsetzung der oben erwähnten Richtlinien, die von vornherein nur eine Teilharmonisierung durch Aufstellung vor allem informationspolitischer Mindeststandards im Bereiche des Konsumentenkredites bestreben[5]. Wie Ihnen bekannt ist, hat der deutsche Gesetzgeber, sozusagen in Übererfüllung des EG-Mandates, noch einige andere Fragen mitgeregelt, etwa die Verankerung eines über das frühere Abzahlungsrecht hinausgehenden kreditspezifischen Widerrufsrechtes, die auch kreditrechtliche, allerdings nicht unproblematische, Sonderstellung des Versandhandels, eine eher formale Verzugsfolgenregelung sowie zivil- und gewerberechtliche Probleme der Kreditvermittlung. Daß Fragen der Kreditsicherheiten, insbesondere des Bürgschafts-

1 ABl. L 42/48 v. 12. 2. 1987, abgedruckt bei *Vortmann*, Verbraucherkreditgesetz, 1991, S. 237; *Seibert*, Handbuch zum Verbraucherkreditgesetz, 1991, S. 92.
2 ABl. L 61/14 v. 10. 3. 1990.
3 Vgl. dazu die Dokumentation der schriftlichen und mündlichen Stellungnahmen, Prot. Nr. 86, Deutscher Bundestag, 11. Wahlperiode 1987, 6. Ausschuß.
4 Vgl. etwa die unterschiedlichen Stellungnahmen von *Canaris*, EuZW 1991, 257; *Scholz*, FLF 1991, 47; *Reinking/Nießen*, ZIP 1991, 79; *Reifner*, VuR 1991, 91.
5 Vgl. *Reich*, Förderung und Schutz diffuser Interessen durch die EG, 1987, S. 175 ff.

rechtes, der Mithaftung von Angehörigen und ähnliches sowie überhaupt die gesamte „Schuldturmproblematik" vom Gesetzgeber nicht mit aufgegriffen worden sind, worauf insbesondere Verbraucher- und Wohlfahrtsverbände kritisch hingewiesen haben[6], ist unbestritten, hätte aber den laufenden Gesetzgebungsprozeß vermutlich überfrachtet. Dies gilt vor allem für die Einführung eines materiellen Kündigungsschutzes des unverschuldet in Not geratenen Kreditnehmers, den einige EG-Länder wie Frankreich seit langem kennen[7], andere dagegen wie England trotz nach wie vor bestehenden Regelungsgeflechts des Consumer Credit Act von 1974 dagegen ablehnen[8]. Die Debatte in Deutschland ist m. E. erst am Anfang und bedürfte angesichts der damit verbundenen ordnungspolitischen Kontroversen[9] eines ausführlicheren Eingehens, möglicherweise unter Würdigung der neu geschaffenen gesetzgeberischen Instrumente, was ich einer der nächsten Tagungen der bankrechtlichen Vereinigung anheimgebe.

Entsprechend dem Ausgangspunkt der EG-rechtlichen Vorgaben wird sich mein Vortrag vor allem mit Fragen des Vertragsschlusses beschäftigen. Da das Gesetz insoweit einen eigenen Vertragstyp regelt, ist zuvor auf die rechtstheoretische Debatte um Sonderprivatrechte kurz einzugehen und der sachliche und persönliche Anwendungsbereich, der davon mit abhängt, darzulegen. Ich hoffe, daß sich die Überschneidungen zu den anderen Referaten in Grenzen halten bzw. möglicherweise eine andere Perspektive eröffnen, für deren kritische Begleitung ich Ihnen bereits jetzt danke.

II. *Auf der Suche nach dem wiedergefundenen Sonderprivatrecht*

Die heftige rechtstheoretische Kontroverse um sogenannte Sonderprivatrechte[10], zu der ich mich ja auch mit eigenen Beiträgen geäußert hatte[11],

---

6 Verhinderung der Überschuldung – Entwurf eines Gesetzes über Verbraucherkredite sowie zur Entschuldung überschuldeteter Verbraucher v. 17. 9. 1990.

7 *Calais-Auloy,* Droit de la consommation, 2ème éd. 1986, No. 256; *Cas/Ferrier,* Traité de droit de la consommation, 1986, Nos. 648 f.

8 Dazu *Woodroffe,* Consumer Law and Practice, 3rd ed. 1991, Chapter 22.

9 Dafür etwa *Reifner,* Alternatives Wirtschaftsrecht am Beispiel Verbraucherverschuldung, S. 305 ff. (wobei unklar bleibt, ob die Argumentation de lege lata oder de lege ferenda erfolgt, dazu *Reich,* JCP 1980, S. 277); *ders.,* VuR 1990, 185 ff.; *Reich,* JZ 1980, 329; *Hörmann,* Verbraucher und Schulden, 1987, S. 457; dagegen *Hadding,* Gutachten zum 53. DJT 1980, S. 284 ff.

10 Vgl. einerseits *Damm,* JZ 1978, 913; *Hart,* in: Einl. AT zum AK-BGB, Rdnr. 7 ff; *Gilles,* JA 1980, 1 ff.; andererseits *Lieb,* AcP 183, 327, 353 ff.; *Dauner-Lieb,* Verbraucherschutz durch Ausbildung eines Sonderprivatrechts für Verbraucher, 1983; *Zöllner,* AcP 188, 85, 98; *Koziol,* AcP 188, 183, 186 f.; differenzierend *Westermann,* Verbraucherschutz, in: Gutachten und Vorschläge zur Überarbeitung des Schuldrechts, Bd. 3, 1983, S. 23 ff.; *ders./Karakatsanes,* Schuldrechtsreform in Deutschland und Griechenland, 1986, S. 24 ff.; *Hadding,* aaO (Fn. 9), S. 23 ff.

11 *Reich,* ZRP 1974, 187; Markt und Recht, 1977, 179 ff.

war für mich eigentlich beendet, als ich neulich einen Aufsatz von *Brandner/Ulmer* zum EG-Richtlinienvorschlag über unlautere Klauseln in Verbraucherverträgen las[12]. Der EG-Initiative wird u.a. vorgeworfen, die bereits „abgehakte" Sonderprivatrechtsdiskussion neu zu beleben. Dabei wird m.E. übersehen, daß die EG – vermutlich gerade wegen ihrer relativen theoretischen Unbefangenheit – seit mehr als einem Jahrzehnt an einer Art Sonderprivatrecht (und Prozeßrecht) für Verbraucher arbeitet, das in dem Verbraucherkreditgesetz jetzt seine deutschrechtliche Anerkennung erfahren hat. Ich erinnere an die Entscheidung des Europäischen Gerichtshofes aus dem Jahre 1978 in Sachen Bertrand/Ott, wo der Begriff des Abzahlungskaufes im EuGVÜ wegen der spezifisch verbraucherschützenden Funktion des Sondergerichtstandes eine enge, „sozialrechtliche" Auslegung erfuhr[13]. Die Verabschiedung und schließliche Ratifizierung des Römischen Schuldrechtsübereinkommens zum 1. 4. 1991, die Arbeiten an der Haustür-, Verbraucherkredit- und Reisevertragsrichtlinie sind ohne diesen verbraucherrechtstheoretischen Impetus auf EG-Ebene gar nicht denkbar. Es verwundert nur, daß der deutsche Gesetzgeber solange gezögert hat, den eigenständigen Charakter eines Verbraucherprivatrechtes anzuerkennen, was vermutlich mehr historisch- ideologische als rechtstheoretisch nachvollziehbare Gründe hat. So war es dann, wenn ich richtig sehe, zum ersten Mal das IPR-Gesetz, das in Art. 29 EGBGB den Begriff des Verbrauchervertrages verwendet hat, während das Haustürwiderrufsgesetz das Wort „Verbraucher" vermeidet und deshalb (wie das AGBG auch) seinen personalen Anwendungsbereich negativ ausdrückt, was zuvor in der entsprechenden EG-Richtlinie 85/557[14] positiv formuliert worden war.

Das Verbraucherkreditgesetz bringt demnach als erstes materielles Vertragsrecht eine eigene verbraucherrechtliche Begrifflichkeit und impliziert damit eine eindrucksvolle Anerkennung der Theorie des Sonderprivatrechtes. Daß dieser Prozeß von der Rechtsprechung des Bundesgerichtshofs zum Konsumentenkredit, insbesondere zur Sittenwidrigkeit[15] und zur Transparenz[16], aktiv und positiv begleitet worden ist, unterstreicht die Bedeutung und zunehmende Akzeptanz dieser Entwicklung, die uns sicherlich in den nächsten Jahren noch begleiten wird.

Es verwundert denn auch nicht, daß namhafte Stimmen in der Literatur diesen Prozeß der Entwicklung unseres Privatrechtes verfolgt haben, einige davon mit Zurückhaltung wie etwa *Westermann* auf der letztjähri-

---

12 BB 1991, 701, 702.

13 Slg. 1978, 1431, 1446 (No. 19).

14 ABl. L 371/31 v. 31. 12. 87.

15 Vgl. BGH WM 1984, 1046 = NJW 1984, 2292, 2294; umgekehrt bei fehlender persönlicher Schutzbedürftigkeit WM 1989, 4, 6.

16 Vgl. den Maßstab des „verständigen, nicht rechtskundigen Durchschnittskunden" in BGH WM 1988, 821 = NJW 1988, 1727; WM 1989, 126 = NJW 1989, 582.

gen Bankrechtstagung.[17], andere mit verhaltener Zustimmung, wie etwa *Hadding* anläßlich der Anhörung vor dem Rechtsausschuß, der von einer Umbruchsituation sprach[18], wieder andere wie *Vortmann* mit weitreichenden Perspektiven unter Hinweis auf die Aufgabe des Gesetzgebers, für einen generellen Schutz des Verbrauchers zu sorgen[19]. Die frühere Kritik etwa von *Löwe*[20], ob denn Verbraucherschutz um jeden Preis durchgesetzt werden müsse, oder von *Bunte*[21], der von den Gefahren einer verbraucherpolitischen Gegenreformation sprach, sind nach wie vor ernst zu nehmen, sollten aber im Kontext dieses sich entwickelnden Sonderprivatrechtes diskutiert werden. Auf Folgerungen aus dieser Diskussion werde ich im einzelnen noch eingehen. Vier Punkte sollten vorweg klargestellt werden, die die Diskussion in der Vergangenheit unnötig belastet haben:

- Die Anerkennung eines Sonderprivatrechtes hypostisiert zwar die generelle Schutzbedürftigkeit des Verbrauchers, gibt aber noch keine Antwort auf die konkret daraus abzuleitenden Instrumente, Methoden und Verfahren. In dubio pro consumatore mag zwar ein rechtspolitisches Programm enthalten, das bei Übernahme vom Gesetzgeber Auslegungsprobleme klären kann, reicht als Lösung von Streitfragen allein nicht aus.
- Der eigenständige Charakter des Verbraucherschutzrechtes als gleichsam aus einer generellen Ungleichgewichtslage heraus entstehend leugnet keineswegs die Existenz anderer, mehr situations- oder personenbezogener Ungleichgewichtslagen[22], wie sie etwa im Handelsrecht im Zusammenhang mit der Stellung von Handelsvertretern diskutiert werden. Dies hat naturgemäß Ausstrahlungen auch im Bereich des Kreditrechtes, wie er hier am Beispiel von Existenzgründungsdarlehen noch aufzuzeigen ist. Neben einem strukturellen Ansatz bleibt immer noch Raum für einen mehr an individuellen Konfliktsituationen entwickelten Schutzmechanismus, wobei insbesondere der Rechtsprechung die notwendige Konkretisierungsaufgabe zukommt. Im Zuge stärkerer rechtsgeschäftlicher Differenzierung erleidet naturgemäß auch das normative Material einen Differenzierungsschub, der der Rechtsklarheit möglicherweise nicht gerade förderlich, für einen effektiven Rechtsschutz aber offenbar unvermeidlich ist. Ich werde im Laufe des Referats hierzu noch einige Überlegungen bringen.
- Es geht der Theorie des Sonderprivatrechts nicht, wie häufig befürchtet, um eine Substitution von Privatautonomie durch staatliche

---

17 *Westermann*, ZBB 1990, 232.
18 *Hadding*, aaO (Fn. 9), S. 57.
19 AaO (Fn. 9), Einl. Rdnr. 17, 30.
20 *Löwe*, ZIP 1984, 1297.
21 *Bunte*, WM 1984 Sonderbeilage Nr. 1, S. 5.
22 Darauf hat vor allem *Westermann*, aaO (Fn. 17), S. 79 ff. hingewiesen.

Imperative, sondern um ihre „Materialisierung" und „Prozedualisierung", um in modernen rechtstheoretischen Kategorien zu sprechen.

- Eine Rückkoppelung des „Sonderprivatrechts" mit dem allgemeinen Privatrecht ist schon deshalb unerläßlich, weil zunächst spezifisch zum Zwecke des Verbraucherschutzes entwickelte Instrumente wie Transparenz, Widerrufsrecht u.a. insgesamt der bislang ausgebliebenen Zivilrechtsreform Anstöße geben können.

III. *Der Verbraucherbegriff des Gesetzes*

1. *„Kernsubstanz"*

Die maßgebenden EG-Normen, die den Verbraucherschutz zum Inhalt haben, und entsprechend auch das Verbraucherkreditgesetz, sind weitgehend einig über eine Art Kernsubstanz des Verbraucherbegriffes als Anwendungskriterium des jeweils neu konzipierten Sonderprivatrechtes. Als Verbraucher wird jeweils eine natürliche Person angesehen, die nicht zu geschäftlichen oder beruflichen Zwecken handelt. Der Vertragsschluß, in unserem konkreten Falle ein Kredit im Sinne der Bestimmung der Richtlinien bzw. des Gesetzes, dient also einem privaten, d.h. konsumtiven Zweck. Diese Entwicklung ist durch die oben zitierte Bertrand/Ott-Entscheidung des Europäischen Gerichtshofs vorgezeichnet und eindrucksvoll in der Pinto-Entscheidung zur Haustürrichtlinie wieder aufgenommen worden[23]. Für die Verbraucherkreditrichtlinie und dementsprechend das Gesetz gilt nichts anderes.

2. *Ausdifferenzierungen*

Wenn über diese Kernsubstanz des Verbraucherbegriffes auch weitgehend Einigkeit besteht, so sind die Ausdifferenzierungen in personeller, vertragstypologischer und quantitativer Hinsicht jedoch unterschiedlich. Hier setzt ein Rechtszersplitterungsprozeß ein, der dem Rechtsanwender in Zukunft erhebliche Schwierigkeiten machen wird, da in Grenzfällen der Anwendungsbereich von Verbraucherkreditgesetz, AGB-Gesetz, IPR-Regeln und ähnliches nicht deckungsgleich ist und sowohl Überschneidungen als auch Regelungslücken auftreten können. Ich werde auf eine bislang wenig beachtete Lücke im späteren Verlauf meines Referates noch gesondert hinweisen. Das EG-Recht kann sich hier durch die Technik der Mindestharmonisierung von Folgeverantwortung entlasten, in-

23 RS. C-361/89, Urt. v. 14. 3. 91, nnv.

dem es, wie der Gerichtshof in der obengenannten Pinto-Entscheidung gesagt hat, einen Mindestbestand an verbraucherrechtlicher Begrifflichkeit kodifiziert, es den Mitgliedstaaten jedoch überläßt, diesen Begriff auch in den Bereich der gewerblichen bzw. freiberuflichen Tätigkeit zu erweitern. In einer anderen, der Buet-Entscheidung[24] hat es der Gerichtshof auch zugelassen, an die Stelle einer zunächst nur zivilrechtlichen Sanktionenordnung schärfere Sanktionen, etwa straf- und verwaltungsrechtliche Verbote zu setzen, ohne durch die Vorgaben über den freien Waren- und Dienstleistungsverkehr daran gehindert zu sein, wenn solche Regeln einem anerkennenswerten Allgemeininteresse wie Verbraucherschutz dienen, nicht diskriminierend und nicht unverhältnismäßig sind. Es ist deshalb mit dem Gemeinschaftsrecht und auch mit der oben verteidigten Theorie des „Sonderprivatrechts" durchaus konform, verbraucherrechtliche Regelungsmuster auf andere „Ungleichgewichtslagen" zu übertragen, die wir traditionellerweise eher dem Arbeits- oder dem Handelsrecht zurechnen[25]. Eine der wichtigsten Aufgaben legislatorischer Reform der nächsten Jahre und Jahrzehnte dürfte es sein, diese Ausdifferenzierung in ein rechtsstaatlich handhabbares Konzept einzufügen.

3. *Subjektiv-objektive Momente*

Lassen Sie mich meine Überlegungen an einem Beispiel aus dem subjektiven und an einem anderen aus dem objektiven Anwendungsbereich des Gesetzes verdeutlichen. Bekanntlich formuliert § 1 Abs. 1 VerbrKrG den Anwendungsbereich in der Weise, daß an dem Vertrag zwei Personen, der gewerblich bzw. beruflich tätige Kreditgeber und der Verbraucher beteiligt sind, für den (als natürliche Person) der Kredit nach dem Inhalt des Vertrages für eine bereits ausgeübte gewerbliche oder selbständige berufliche Tätigkeit bestimmt ist. Einigkeit besteht darin, daß der Gesetzgeber bei Krediten mit natürlichen Personen davon ausgeht, daß sie für den privaten Bereich, d.h. zum Zwecke des Konsums oder im Rahmen einer unselbständigen Tätigkeit aufgenommen sind[26]. Will der Kreditgeber diese Vermutung entkräften, so muß er eine andere Zweckbestimmung in den Vertag aufnehmen. Bloß floskelhafte Erklärungen dürften nicht ausreichen, um diesen Beweisanforderungen zu genügen. Bei Mischformen gibt das Gesetz keine Antwort (der Computer bzw. das Fahrzeug wird vom Anwalt beruflich und privat genutzt); das Gesetz geht jedoch vom Grundsatz in dubio pro consumatore aus, was – auch im Hinblick auf das

---

24 RS. C 382/87, Slg. 1989, 1235.

25 Vgl. in diesem Sinne *Reich*, JZ 1980, 1332; *Hadding*, aaO (Fn. 9), S. 128 ff.

26 *Bülow*, NJW 1991, 129, 130; *Reinking/Nießen*, ZIP 1991, 79, 81; *Vortmann*, aaO (Fn. 1), § 1 Rn. 12; *Seibert*, aaO (Fn. 1), § 1 Anm. 3.

Umgehungsverbot des § 18 VerbrKrG – nur dann entkräftet werden kann, wenn der berufliche Zweck nach dem Inhalt des Vertrages in der Tat eindeutig überwiegt und die persönliche Mitverwendung einen bloßen „spin-off“ darstellt[27]. Kreditgeber sind also gut beraten, bei Krediten mit natürlichen Personen von der Anwendbarkeit des VerbrKrG auszugehen und auf Formulierungen zu verzichten, die, wenn sie sich im schriftlichen Vertrag finden, möglicherweise das Gegenteil bewirken könnte.

4. *Existenzgründungsdarlehen*

Ganz ähnlich ist das vom Rechtsausschuß nachträglich eingeführte Merkmal der bereits ausgeübten gewerblichen oder selbständigen beruflichen Tätigkeit zu sehen, das einen engeren Ausschluß des Anwendungsbereiches des VerbrKrG als in Richtlinie 87/102 vorgesehen impliziert. Hier hat der Gesetzgeber den Bereich der Aufnahme einer solchen Tätigkeit dem Gesetz unterwerfen wollen[28]. Private Existenzgründungsdarlehen für eine selbständige Tätigkeit, etwa auch im Bereich sogenannter örtlicher Beschäftigungsinitiativen[29], unterfallen also dem Schutzbereich des Gesetzes; soll dies anders sein, muß das ebenfalls aus dem Inhalt des Vertrages eindeutig hervorgehen. Die Grenze ist naturgemäß fließend, insbesondere bei Aufnahme eines Kredits zur Übernahme oder Fortführung eines anderweitig bereits betriebenen Geschäfts oder Berufs. In dubio pro consumatore heißt hier m. E., daß die gewerbliche oder selbständige berufliche Tätigkeit vom Kreditnehmer noch nicht ausgeübt ist. Lediglich bei Krediten über 100 000,– DM kann der Kreditgeber wirklich sicher sein, daß sie für eine bereits ausgeübte berufliche Tätigkeit aufgenommen sind, ohne daß es auf die Differenzierung zur „Aufnahme“ als solcher noch ankommt.

In der literarischen Kritik am Gesetzgeber wird häufig bemängelt, daß solche Differenzierungen der Rechtssicherheit abträglich seien und erst von den Gerichten geklärt werden könnten. Diese Kritik ist nicht besonders originell, weil sie gegen jedes Gesetz, auch gegen jede innovatorische Rechtsprechung berechtigt ist, wie die Diskussion um die Umsetzung des Transparenzgebotes zeigt. Hier hilft nur loyaler Gesetzesvollzug im Sinne des von mir genannten Auslegungsgrundsatzes in dubio pro consumatore, was eben heißt, daß ein Kredit für eine private Person im Regelfall als Konsumentenkredit gilt und damit den Anwendungsbereich des Gesetzes impliziert. In anderen Ländern mit sehr viel weitergehenden Verbraucherkreditgesetzen, etwa Frankreich und Großbritannien, sind die deut-

27 Vgl. *Vortmann*, aaO (Fn. 1), Rn. 11.
28 Dazu die in Fn. 26 zitierte Literatur sowie das Referat von *Lwowski*, unten S. 49.
29 Dazu *Daviter/Gessner/Höland*, Selbstverwaltungswirtschaft, 1987, S. 115 ff.

schen Juristen so vertrauten Auslegungshypertrophien, die eine umfängliche Kommentierung, Begutachtung und höchstrichterliche Rechtsprechung nach sich ziehen, kaum bekannt!

5. *Sonderregelung für den Versandhandel?*

Der sachliche Anwendungsbereich des Gesetzes ist durch die EG-Richtlinie im Sinne eines Mindeststandards vorgegeben und erfaßt, mit den dort genannten Ausnahmen, alle Formen der entgeltlichen Kreditgewährung. Darüber besteht auch Einigkeit. Das gesamte Konsumentenkreditrecht ist sozusagen umprogrammiert vom allgemeinen zum Sonderprivatrecht. Ausnahmen sind nur in engen Grenzen zulässig. Um so unverständlicher ist dann die vom Gesetzgeber in § 8 Abs. 1 VerbrKrG zu findende Sondervorschrift für den Versandhandel[30]. Die Sonderregelung hinsichtlich der Formvorschriften und des Widerrufsrechtes beim Versandhandel haben zwar im Abzahlungsrecht Tradition. Sie sind jedoch, soweit das Kreditmoment betroffen ist, von der EG-Richtlinie nicht übernommen worden. Wenn die Bundesregierung in ihrer Begründung[31] und andere Autoren[32] darauf verweisen, daß im Ministerrat eine Protokollnotiz angenommen worden sei, die die Unbedenklichkeit einer Sonderregelung für den Versandhandel bestätige, so muß dem erwidert werden, daß eine solche Bereichsausnahme in die Richtlinie selbst hätte aufgenommen werden sollen und daß aus allgemeinen, vom Gemeinschaftsrecht anerkannten rechtsstaatlichen Gründen eine bloße Protokollnotiz nicht ausreicht, um den Anwendungsbereich einer Richtlinie einzuschränken; sie kann höchstens als Auslegungshilfe dienen[33].

Es besteht auch kein rechtspolitischer Grund, den Versandhandel, soweit er auf Kreditbasis arbeitet, gegenüber anderen Kreditformen zu privilegieren. Gerade die Informations- und Warnfunktion[34] der Schriftform mit den in ihr enthaltenen Angaben kann nicht einfach durch Hinweis auf den Verkaufsprospekt entfallen, der eher der Werbung denn der Verbraucherinformation über Kreditbedingungen dient. Es ist unrealistisch anzunehmen, daß der Verbraucher einen 300-seitigen Bestellkatalog gerade hinsichtlich der geforderten Kreditangaben und der Rückgabebelehrung studiert.

Was sind die Folgen eines solchen Richtlinienverstoßes des deutschen Gesetzgebers, der sich sonst eher bemüht hat, den Schutzbereich der

---

30 Vgl. bereits *meine* schriftlichen Ausführungen zur Anhörung des Rechtsausschusses, aaO, S. 230.
31 BT-Drucks. 11/5462, S. 22.
32 *Seibert*, aaO (Fn. 1), § 8 Anm. 1; *Vortmann*, aaO (Fn. 1), § 8 Rn. 1.
33 Vgl. EuGH, Slg. 1988, 843, 852 - Kommission/Italien; auch Slg. 1984, 1861, 1883 - Kommission/Belgien.
34 Vgl. *Reich*, JZ 1980, 332; *Hadding*, aaO (Fn. 9), S. 167; *Vortmann*, aaO (Fn. 1), § 4 Rn. 1.

Richtlinie zu erweitern und nicht einzuschränken? Die neuere Auffassung von Richtlinien unterscheidet nicht mehr so sehr, wenn ich es richtig sehe[35], wie früher zwischen horizontalen und vertikalen Effekten einer Richtlinie, sondern macht ihre Rechtswirkung vom Grundsatz des effet utile, d.h. des in der Richtlinie bestimmt und unbedingt gewährten effektiven Rechtsschutzes abhängig. Der Kern der Richtlinie 87/102 ist jedoch, von der (insoweit noch nicht angeglichenen) Berechnung des effektiven Jahreszinses einmal abgesehen, gerade die sich in der Vertragsurkunde verkörpernde Informationsverpflichtung des Kreditgebers. Von ihr darf der nationale Gesetzgeber nicht dispensieren. Die Ausnahme für den Versandhandel, sofern dem Vertrag ein Kreditmoment innewohnt und eine der Ausnahmen des § 3 VerbrKrG nicht vorliegt, richtet sich also nach den allgemeinen Vorschriften; ein Formmangel zieht die Rechtsfolgen des § 6 Abs. 3 VerbrKrG nach sich.

IV. *Das Widerrufsrecht des Kreditnehmers*

1. *Die Generalisierung des abzahlungsrechtlichen Widerrufsrechts*

Die EG-Richtlinie 87/102 sieht kein generelles Widerrufsrecht für Konsumentenkreditverträge vor, schließt aber ein solches auch nicht aus, wie die Liste der Angaben im Anhang, insbesondere hinsichtlich einer etwaigen „Bedenkzeit" ausdrücklich zeigt. Nach den Grundsätzen der Minimalharmonisierung war also der deutsche Gesetzgeber nicht gehindert, ein gesondertes Widerrufsrecht einzuführen, wie er es in § 7 VerbrKrG in Erweiterung des abzahlungsrechtlichen Widerrufsrechts getan hat. Es entsteht damit eine dem französischen Recht vergleichbare Rechtslage, das durch Gesetz von 1978 die vertagliche Information des Verbrauches durch das Prinzip des „offre préalable", verbunden mit dem „délai de réflexion et de rétractation" verbindet. Nach französischer Auffassung dienen solche Lösungsrechte auch dem Wettbewerb: „Elle développe ainsi le jeu de la concurrence"[36].

2. *Kritik von anbahnungsunabhängigen Widerrufsrechten?*

Gegen die Einführung von vertrags- und nicht anbahnungsspezifischen Widerrufsrechten, insbes. im Bereich Finanzdienstleistungen[37], die mögli-

35 Dazu *Reich*, EuZW 1991, 203, 208 f.

36 *Calais-Auloy*, aaO (Fn. 7), No. 247. Änderungen wurden durch Gesetz von 1989 eingeführt, die das Prinzip der „offre préabable" mit Auszahlungsverbot und das Widerrufsrecht bei revolvierenden Krediten einschränken; persönliche Information durch den *Autor*.

37 Zur Novellierung des VVG vgl. den Hinweis von *Reinking/Nießen*, aaO (Fn. 14).

cherweise einen „acquis“ des Sonderprivatrechtes „Verbraucherschutz“ darstellen, werden immer wieder eine Reihe von rechtspolitischen und rechtstheoretischen Bedenken erhoben. Der weitestgehende Einwand ist naturgemäß der des Verstoßes gegen das in Art. 2/12 GG garantierte Prinzip der Vertragsfreiheit, zu dem auch die Vertragstreue gehöre. Da aber unbestrittenermaßen das Prinzip der Vertragsfreiheit nicht naturwüchsig besteht, sondern rechtlicher Regelung, Ordnung und Absicherung bedarf, kann es auch durch Widerrufsrechte flankiert werden, gerade um Vertragsfreiheit zu materialisieren und Entscheidungsautonomie herzustellen.

Die rechtspolitische Kritik ist insoweit ambivalent, als einerseits auf die geringe Zahl von Widerrufen, andererseits auf deren Nachteil für den Verbraucher selbst verwiesen wird, der nicht sofort, sondern erst nach Ablauf der Bedenkzeit in den Genuß der Valuta komme[38]. Daraus könnte sich die Versuchung ergeben, Umgehungsversuche zu rechtfertigen, die auf eine Erschwerung bzw. Ausschließung des Widerrufsrechtes hinauslaufen, etwa Einstellung oder Verwandlung des Kredites in einen Überziehungskredit gemäß § 5 VerbrKrG, für den das Widerrufsrecht nicht besteht; Erhebung der, wie Verbraucherzentralen berichten, halben Bearbeitungsgebühr bei Widerruf; mangelnde Belehrung im Hinblick auf § 7 Abs. 2 VerbrKrG, der den Widerruf auf den Zeitraum eines Jahres nach Abgabe der auf den Vertragsschluß gerichteten Willenserklärung des Verbrauchers begrenzt[39] usw. Solchen Versuchen sollte von Kreditgeberseite und Verbraucherverbänden ebenso entschieden entgegengetreten werden wie im Bereich des HWiG, notfalls unter Zuhilfenahme der Verbandsklage nach dem UWG[40].

3. *Ausschluß des Widerrufsrechts*

Das Widerrufsrecht ist in § 7 Abs. 3 des Gesetzes an eine Art auflösende Bedingung der Zurückzahlung geknüpft, wenn der Verbraucher das (nicht zweckgebundene) Darlehen bereits empfangen hat. Diese Vorschrift ist vor allem von Verbraucherseite kritisiert worden. Hierin liege eine „Kastrierung“ des Widerrufsrechtes[41]. Es sei praktisch wertlos[42]. Ob umgekehrt im Falle des Widerrufs mit Rückzahlung die Kapitalnutzung

38 *Scholz,* FLF 1991, 48.

39 Von *Scholz,* FLF 1991, 47 als „für die Kreditgeber positive Überlegungen des Gesetzgebers“ bezeichnet!

40 Zur Frage der Belehrungspflicht nach dem HWiG s. OLG Stuttgart NJW-RR 1988, 558; zum AbzG BGH WM 1986, 1062 = NJW 1987, 125, 126; *Vortmann,* aaO (Fn. 1), § 7 Rn. 16.

41 *Schmelz,* NJW 1991, 1219.

42 *Bülow,* NJW 1991, 129, 132.

gemäß Marktzins zu vergüten ist, wird in der Literatur unterschiedlich behandelt[43].

An der Kritik ist sicherlich richtig, daß § 7 Abs. 3 VerbrKrG in den Fällen, in denen das Darlehen vor Ablauf der Widerrufsfrist ausgezahlt worden ist, ein Widerruf kaum wahrscheinlich wird. Entgegen der sonstigen Konstruktion von Widerrufsrechten als dem ius cogens zugehörig wird dieses letztlich in die Disposition der Parteien und unter eine Bedingung gestellt. Auf der anderen Seite führen Widerrufsrechte dazu, daß die Erfüllung der dem Verbraucher geschuldeten Leistung entweder rechtlich oder faktisch unterbleibt, solange ein Widerruf noch möglich ist. Will also aus besonderen Gründen der Verbraucher das Geld sofort zur Verfügung haben, um drohende anderweitige Nachteile zu vermeiden (Verzug der Rückzahlung mit einer anderen, lästigeren Schuld), so bedarf es in der Tat dieser Sonderregelung, um den Kreditgeber gleichsam zur Auszahlung und Valutierung vor Ablauf der Widerrufsfrist zu „motivieren"[44]. In ähnlicher Weise hat die Neufassung des § 8 Abs. 4 VVG das versicherungsrechtliche Widerrufsrecht dann ausgeschlossen, wenn der Konsument sofortige Deckung begehrt. Insgesamt meine ich, daß – von Aufdrängungsfällen einmal abgesehen – ein vertretbarer Kompromiß vorliegt, der im Sinne der ökonomischen Analyse des Kreditvertrages eine Minimierung von Transaktionskosten durch Koppelung des Widerrufsrechtes mit der baldigen Zurückzahlung des Darlehens bewirkt.

4. *Das gewerberechtliche Vermittlungsverbot*

Der Gesetzgeber hat mit der Erweiterung des abzahlungsrechtlichen Widerrufsrechtes auf zweckungebundene Konsumentenkredite (mit der Ausnahme von Überziehungskrediten) gleichzeitig das gewerberechtliche Verbot des Vertriebs und der Vermittlung von Darlehen im Reisegewerbe erheblich modifiziert. Das Verhältnis von zivilrechtlichem Widerrufsrecht, etwa nach dem Haustürwiderrufsgesetz, und dem gewerberechtlichen Verbot mit situationsspezifischer Nichtigkeitsfolge ist Gegenstand umfänglicher Kontroversen gewesen, die hier nicht im einzelnen nachgezeichnet werden sollen. Dabei ist unstrittig, daß von den europarechtlichen Vorgaben her der Gesetzgeber nicht gehindert ist, besonders mißbrauchsanfällige Formen von Haustürgeschäften nicht nur, wie in der Richtlinie 85/557 vorgesehen, mit einem Widerrufsrecht, sondern darüber hinaus mit einem gewerberechtlichen Verbot mit Nichtigkeitsfolge zu versehen. Dieser Grundsatz gilt in den allgemeinen Grenzen des Übermaß- und Diskriminierungsverbotes und findet sich sowohl im französi-

43 Nein: *Vortmann,* aaO (Fn. 1), § 7 Rn. 42; ja: *Seibert,* aaO (Fn. 1), § 7 Anm. 18.

44 Vgl. insoweit *Seibert,* aaO (Fn. 1), § 7 Anm. 13.

schen und englischen Recht. Insoweit wäre ein Fortbestehen des gewerberechtlichen Verbotstatbestandes in der alten Fassung neben dem neu eingeführten vertragsformenspezifischen Widerrufsrecht für Kreditverträge ohne weiteres gemeinschaftskonform gewesen.
Die Entscheidung des Gesetzgebers, nur noch die für den Darlehensnehmer entgeltliche Vermittlung von Darlehensgeschäften unter den Verbotstatbestand zu stellen und den Direktvertrieb von Darlehen etwa durch Einfirmenvertreter (ähnlich wie im Bereich Versicherung) nicht mehr zu sanktionieren, hat deshalb scharfe Kritik hervorgerufen. *Schmelz* spricht von einer „Entsorgung" der Gewerbeordnung[45], *Reifner* beklagt eine Täuschung der Öffentlichkeit[46]. Beide befürchten, daß nunmehr Kreditgeber, ähnlich wie seit langem Versicherungsunternehmen, den Vertrieb von Darlehen durch Handelsvertreter einführen könnten. Ob hierfür ein zukunftsträchtiger Markt besteht, kann nicht ausgeschlossen werden; denkbar ist es zumindestens im Bereich des grenzüberschreitenden Vertriebs von Darlehen durch ausländische Banken über Vertreter im Inland, wie es ja im Versicherungsbereich nach Art. 13 der zweiten Richtlinie Leben 90/619[47] demnächst möglich sein soll. Reifner will diesem Versuch durch eine einschränkende Auslegung des Begriffes der „für den Darlehensnehmer entgeltlichen Vermittlung" entgegentreten, weil die Kosten des Vertriebs etwa über Handelsvertreter der Banken letztlich auch auf den Darlehensnehmer überwälzt würden und insoweit die Vermittlung für ihn entgeltlich sei.
Ich bin mir nicht sicher, ob diese Kritik auf eine Überreaktion des Gesetzgebers reagiert oder selbst eine Überreaktion darstellt. Ganz offensichtlich hatte die Norm des § 56 I Nr. 6 GewO eine besondere verbraucherpolitische Funktion mangels Fehlen anderer adäquater Instrumente eines Schutzes des Verbrauchers vor aggressiven Marketingmethoden übernommen. Mit der Erweiterung des zivilrechtlichen Übereilungsschutzes, zunächst bei sogenannten Haustürgeschäften und dann generell bei Kreditverträgen ohne Rücksicht auf die Anbahnungsform, ist dieses rechtspolitische Bedürfnis sicherlich nicht vollständig jedoch weitgehend entfallen. Zwar bewirken Widerrufsrechte nur einen begrenzten Schutz vor „aggressiven Marketingstrategien". Gewerberechtliche Verbote müssen andererseits die Ausnahme bleiben und sich auf besonders schwerwiegende Beeinträchtigungen des Verbraucherinteresses beschränken. In dubio pro consumatore bedeutet nicht, daß immer die härtesten Sanktionsformen den flexibleren Regelungsinstrumenten vorzuziehen seien. Insoweit wird man die gesetzgeberische Entscheidung zu akzeptieren ha-

45 NJW 1991, 1219.
46 VuR 1991, 91.
47 ABl. L 330/44 v. 29. 11. 1990; das Inkrafttreten kann allerdings bis 1995 hinausgeschoben werden.

ben, sofern sie nicht das Einfallstor zu erneuten Mißbräuchen bildet. Das Merkmal der für den Verbraucher entgeltlichen Vermittlung muß man deshalb auf die einzelne Transaktion beschränken[48]. In der Tat wäre es dann möglich, Kredite ähnlich wie Versicherungen durch Handelsvertreter vermarkten zu lassen. Ob dies, auch unter gewandelten Binnenmarktbedingungen, ein attraktiver oder problematischer Vertriebsweg ist, kann jetzt natürlich noch nicht gesagt werden.

V. *Europäisierung des Kreditmarketing oder Europäisierung des Verbraucherschutzes?*

1. *Binnenmarkt und Verbraucherschutz im Bereich des Kreditmarketing*

Die dem Verbraucherkreditgesetz zugrundeliegende EG-Richtlinie entstammt in ihrer grundlegenden Regelungsphilosophie der Vorbinnenmarktperiode. Ihr ging es weniger, wie der Bankenrichtlinie 89/646[49], um Marktöffnung durch gegenseitige Anerkennung von Zulassungsentscheidungen und durch Schaffung eines freien Dienstleistungsverkehrs für Finanzdienstleistungen einschließlich der Finanzierungstechniken[50], sondern um einerseits Beseitigung von Wettbewerbsverzerrungen, die durch die unterschiedlichen Konsumentenkreditrechte der Mitgliedstaaten verursacht werden, und andererseits um die Einführung von Mindestschutzrechten des Verbrauchers, insbesondere im Sinne einer verbesserten Information und Transparenz[51]. Zur nach wie vor bestehenden nationalen Marktsegmentierung können die EG-Richtlinien bzw. das VerbrKrG nur wenig beitragen, zumal die Berechnungsformel für den effektiven Jahreszins trotz aller Bemühungen der EG noch nicht vereinheitlicht ist[52] und insoweit dem Verbraucher gerade kein den Zinsvergleich ermöglichendes europäisches Transparenzinstrument zur Verfügung steht.
Ob in Zukunft Finanzdienstleistungen, insbesondere auch Kredite im Wege des freien Dienstleistungsverkehrs verstärkt angeboten werden, entzieht sich meiner Voraussagefähigkeit. Im Bereich des warengebundenen Kredits sind solche Entwicklungen durchaus prognostizierbar, wenn etwa die Versuche der EG-Kommission, die Kfz-Märkte zu öffnen oder den grenzüberschreitenden Versandhandel durch eine eigene Richtlinie zu fördern, Erfolg haben sollten. Ähnliches ist denkbar bei Reisedienstleistungen, die bereits jetzt grenzüberschreitend angeboten und damit auch

48 *Seibert,* aaO (Fn. 1), § 8 Anm. 3.
49 ABl. L 386/1 v. 30. 12. 1989.
50 Vgl. Erwägungsgrund 16 der Richtlinie der in Art. 21 nicht vollständig integriert worden ist, dazu *U. H. Schneider/Troberg,* WM 1990, 165.
51 *Reich,* aaO (Fn. 5), S. 177.
52 Vgl. insoweit Art. 1a (5) a) der Richtlinie 90/88.

finanziert werden können. Die Liberalisierung und Öffnung der Versicherungsmärkte hat als weitere Folge, daß Verbindungen von Kredit- und Versicherungsverträgen im Bereich des grenzüberschreitenden Dienstleistungsverkehrs nicht nur möglich sondern verbraucherpolitisch möglicherweise erwünscht sind. Ich verweise hier auf den bereits oben erwähnten Art. 13 der 2. Richtlinie Leben 90/619, der gemeinschaftsweit den grenzüberschreitenden Vertrieb von Lebensversicherungen grundsätzlich zu den Bedingungen des Herkunftslandes ermöglichen wird, sofern der Verbraucher aktiv einen Mittler einschaltet und ihm bestimmte Mindestinformationen gegeben werden. Hier sind Kombinationsformen zwischen Kredit und Lebensversicherung denkbar, die bereits unter zivilrechtlichen Aspekten die Rechtsprechung beschäftigt haben[53].

2. *IPR-Probleme bei grenzüberschreitendem Kreditmarketing*

Die hier auftretenden Probleme einer Entwicklung eines Binnenmarktes für Finanzdienstleistungen, insbesondere auch für den Vertrieb von Konsumentenkrediten, können in ihrer rechtlichen Regelung nur angedeutet werden; ich will trotzdem einige Bemerkungen darauf verwenden, um auf Systembrüche in den hier zu beachtenden Schutzregelungen hinzuweisen und das VerbrKrG in seiner „europäischen Dimension" zu erörtern. Bei grenzüberschreitenden Tatbeständen sind die allgemeinen Regeln des IPR zu beachten, wie sie durch das kürzlich in Kraft getretene Römische Schuldrechtsübereinkommen von 1980 in Verbindung mit den Artikeln 27 ff. EGBGB kodifiziert worden sind. Art. 29 erlaubt für den, verkürzt gesprochen, passiven Verbraucher, der durch das Marketing des (ausländischen) Kreditgebers angesprochen worden ist, das Berufen auf ihm günstige Schutzvorschriften, wozu unzweifelhaft jetzt auch das VerbrKrG gehört. Eine Lücke besteht lediglich insoweit, als in Art. 29 Abs. 1 EGBGB der Begriff des Verbrauchervertrages zwar alle Kauf- und Dienstleistungsverträge einschließlich der damit verbundenen Finanzierung umfaßt, zweckfreie Kredite jedoch auszunehmen scheint[54]. Dies erklärt sich aus der Entwicklungsgeschichte des Römischen Übereinkommens, weil zur Zeit seines Aushandelns der „reine Konsumentenkredit" in der heute praktizierten Form noch kaum vorhanden war[55]. Würde man jedoch den zweckfreien Konsumentenkredit von der Anwendung des Römischen Übereinkommens ausnehmen, so bestünde eine Schutzlücke, da bei freier Rechtswahl bzw. bei Anwendung des Rechts der charakteristi-

---

53 BGH WM 1990, 318; *Vortmann*, aaO (Fn. 1), Anh. § 4 Rn. 6; *Schmelz/Klute*, NJW 1988, 3113; *Reifner*, ZIP 1988, 817 – jeweils zu Aspekten der Sittenwidrigkeit.

54 *v. Hoffmann*, IPRax 1989, 269 (zu § 609 a); *Palandt/Heldrich*, Art. 29 EGBGB Rn. 2; MünchKomm/*Martiny*, Art. 29 EGBGB Rn. 10.

55 Vgl. zu Art. 5 den *Guiliano/Lagarde*-Bericht, ABl. C 282/23 v. 31. 10. 1980.

schen Leistung ausschließlich das Recht des Herkunftslandes Anwendung finden könnte, das dem deutschen Verbraucher möglicherweise einen geringeren Schutzstandard als das von der Richtlinie 87/102 angestrebte Niveau bietet. Diese Problematik wird in anderem Zusammenhang, etwa bei Verkaufsveranstaltungen mit deutschen Urlaubern im Ausland, kontrovers diskutiert[56], insbesondere beim Hinblick darauf, ob Art. 34 EGBGB, der die Anwendung der zwingenden Vorschriften der lex fori vorschreibt, so ausgelegt werden kann, daß in einem Rechtsstreit mit dem Verbraucher vor dem nationalen Gericht in jedem Fall zwingendes deutsches Verbraucherschutzrecht angewandt werden muß. Bevor man allerdings diese wenig integrationsfreundliche Lösung erwägt, sollte man m. E. auch die Vermarktung von zweckfreien Krediten als „Dienstleistung" ansehen und insoweit den gleichen Regeln unterstellen wie zweckgebundene Kredite.

3. *Kombination Kredit- und Versicherungsmarketing*

Noch schwieriger werden die Probleme, wenn Kredit- und Versicherungsleistungen im Verbund vertrieben werden. Hier gelten jeweils nach Gemeinschaftsrecht und nach insoweit angepaßtem deutschen internationalen Privatrecht andere Anknüpfungsregeln. Art. 29 EGBGB kennt für den passiven Verbraucher im Rahmen der oben aufgezeigten Abgrenzungsschwierigkeiten nur ein Günstigkeitsprinzip, während Art. 4 i.V. mit Art. 2 der 2. Richtlinie Leben grundsätzlich die Anwendung des Wohnsitzrechts des Versicherungsnehmers vorschreibt. Die kombinierte Finanzdienstleistung von Kredit- und Versicherungsvertrag wird also durch internationales Privatrecht weiter aufgespalten, was weder dem Kreditmarketing noch dem Verbraucherschutz förderlich ist. Auch hier ist die Diskussion noch in den Anfängen, ohne Lösungen bereitzuhalten.

4. *Kollektive Informations- und Beschwerdesysteme als gemeinschaftsrechtliche „obligation de moyen"*

In dieser Wechselwirkung von Gemeinschaftsrecht und nationalem Verbraucherschutz sei noch auf einen letzten Punkt hingewiesen. Art. 12 Abs. 1 Buchstabe c der Richtlinie 87/102 schreibt vor, daß „die Mitgliedstaaten die Schaffung geeigneter Einrichtungen (fördern), die Beschwerden über Kreditverträge und Kreditbedingungen entgegennehmen und

---

56 Vgl. *Reich*, ZHR 153 (1989), 571, 588 ff.; MünchKomm/*Martiny*, Art. 29 EGBGB Rn. 18; *Kohte*, EuZW 1990, 150; *Taupitz*, BBV 1990, 642; *Jayme*, Ein Internationales Privatrecht für Europa, 1991, mit jeweils unterschiedlichen Lösungsansätzen.

den Verbrauchern einschlägige Informationen oder Ratschläge erteilen". Diese Vorschrift hat in den Gesetzesberatungen eine erstaunlich geringe Rolle gespielt, obwohl gerade die Schaffung geeigneter, nicht unbedingt gerichtsförmiger Beschwerde- und Informationssysteme ein zentrales Anliegen des Verbraucherschutzes in der Gemeinschaft darstellt. Sicherlich kann man darauf hinweisen, daß die Bundesrepublik bzw. die Länder durch Unterstützung des Verbraucherschutzvereines bzw. der Verbraucherzentralen bereits ein umfangreiches Angebot an Information, Beratung und ggfs. auch Hilfe bei Beschwerden (unter weitgehender Freistellung von dem Verbot der Rechtsberatung) bereithalten, das durch ausgebaute Verbandsklagerechte nach UWG und AGBG gleichsam kollektiv erweitert wird. Ob damit die Förderpflicht erschöpft ist oder nicht, kann gemeinschaftsrechtlich nicht präzise gesagt werden, da die Verpflichtung selbst nur als „obligation de moyen" und nicht als „obligation de résultat" ausgestaltet ist. Unstreitig steht in Deutschland den Verbrauchern ein weitgefächertes Bündel an Rechtsdurchsetzungsmöglichkeiten vor Gericht zur Verfügung, wenn sie sich zu Unrecht übervorteilt fühlen. Dieses System mag in der ehemaligen DDR noch nicht hinreichend funktionieren, dürfte aber allein deshalb noch keinen Verstoß gegen Gemeinschaftsrecht bedeuten.

Die Frage ist allerdings, ob diese etwas apokryphe Vorschrift des Gemeinschaftsrechtes nicht weitergeht, als es bislang konsentiert ist. Ganz offensichtlich geht es der Gemeinschaft nicht so sehr um die Schaffung rechtsförmiger Beschwerdesysteme, sondern um die Einrichtung von Beratung und Streitschlichtung mit präventiver Wirkung. Hier ist das deutsche Recht, im Gegensatz zu anderen Rechtskreisen, bei allem Respekt vor der Rechtsprechung des Bundesgerichtshofs in Verbraucherkreditsachen, durchaus defizitär, der Verrechtlichungsgrad der Konfliktaustragung dagegen besonders signifikant. In eigenen rechtsvergleichenden Untersuchungen ist mir aufgefallen[57], daß in keinem Mitgliedstaat die Einschaltung der Gerichte in Streitigkeiten aus Finanzdienstleistungen, insbesondere Konsumentenkrediten, so intensiv wie in Deutschland. Man mag dies als besonderen Erfolg des Rechtsstaates ansehen, allerdings unter der stillschweigenden Voraussetzung, daß man in Wirklichkeit dann Rechtsstaat mit *Rechtsstreit* gleichsetzt.

Immerhin gibt das Gesetz in einer eher randständigen Vorschrift einen Hinweis, wie künftige Informations- und Beschwerdesysteme in einem besonders sensiblen Teilbereich, dem des Zahlungsverzuges des Verbrauchers, aussehen könnten. § 12 Abs. 1 letzter Satz VerbrKrG verlangt, daß bei Zahlungsverzug der Kreditgeber dem Verbraucher *„spätestens* (Her-

57 *Reich/Micklitz*, Verbraucherschutz in den EG-Staaten, 1981, S. 154 ff. (Stand 1979), sowie die im Zusammenhang damit erstellten Länderberichte. Die in Vollzug der Richtlinie 87/102 erlassene Gesetzgebung konnte natürlich noch nicht berücksichtigt werden.

vorhebung, NR) mit der Fristsetzung ein Gespräch über die Möglichkeiten einer einverständlichen Regelung anbieten soll". Es ist typisch, daß diese Vorschrift weder im Gesetzgebungsverfahren noch in der anschließenden Kommentierung eigentlich die Beachtung erfahren hat, die sie verdient. Unbestrittenermaßen ist § 12 Abs. 1 als nicht zwingende Vorschrift formuliert. Ob sie „bloßen Appellcharakter" an die Kreditwirtschaft hat, von sich aus auf den in Not geratenen Verbraucher zuzugehen, ist damit noch nicht gesagt[58].

Während der Beratungen im Rechtsausschuß ist von mir und dem Kollegen *Horn*[59] darauf hingewiesen worden, daß auch soft-law-Regelungen eine indirekte Rechtswirkung haben können, die allerdings konkretisiert werden muß. Dies sollte im Lichte des obengenannten Art. 12 Abs. 1 c der Richtlinie geschehen. Ein Gesprächsangebot über Möglichkeiten einer einverständlichen Regelung hat nur Sinn, wenn beide Parteien, Kreditgeber und Verbraucher bereit sind, rechtzeitig zum Zwecke der Behebung von Schwierigkeiten zusammenzuarbeiten. Computermäßige Hinweise und bloße Vordrucke reichen hierfür nicht. Die loyale Ausfüllung des Gesetzes verlangt die Einrichtung eines eigenen, möglicherweise auch kostenträchtigen Beratungs-know-how der Kreditgeber, das etwa durch Einrichtung einer unabhängigen Ombuds-Stelle im Unternehmen wie in Großbritannien erfüllt werden könnte; umgekehrt muß die Bereitschaft der Verbraucher bestehen, auf solche Gesprächsangebote, ggfs. unter Zuhilfenahme Dritter wie etwa einer Verbraucherzentrale, einzugehen. Ob darüber hinaus Sanktionen bei fehlenden oder verspäteten Gesprächsangeboten angebracht sind, etwa hinsichtlich einer Suspensierung der Verzugsfolgen oder einer eigenen culpa-Haftung, soll zunächst nicht weiter geprüft werden. Als optimale Lösung würde mir ein im Wege kollektiven Aushandelns zwischen der Kreditwirtschaft und den Verbraucherverbänden gefundenes Verfahren vorschweben, das solche Gesprächsangebote in ein Verfahren überführen müßte, das konsensuale Lösungen ermöglicht, ohne in die oben problematisierte Überverrechtlichung zu verfallen[60].

VI. *Schlußbemerkung*

Ich komme zum Schluß. Mein Vortrag hat in der Freiheit, die mir der Veranstalter gelassen hat, lediglich einige, mir wichtig erscheinende

---

58 *Seibert*, aaO (Fn. 1), § 12 Anm. 4.

59 AaO (Fn. 3), S. 77, 80.

59a National Consumer Affairs Advisory Council of Australia, New Directions in Consumer Financial Services, Canberra 1990.

60 Vgl. hierzu aus soziologischer Sicht zu Konfliktregelungsmechanismen: *Eidmann/Roethe*, Zur Logik gesellschaftlicher Konfliktregelung am Beispiel professionalisierten Juristischen Handelns und von Schlichtungsverfahren, ZERP-DP 3/91.

Punkte herausgegriffen, die eine verbraucherpolitische Verortung des VerbrKrG ermöglichen sollen. Dabei dürfte dessen rechtsgrundsätzliche Bedeutung wichtiger sein als die Lösungsansätze im einzelnen. Das VerbrKrG schneidet eine weitere Schneise in unser Privatrecht und unterstellt es Sonderregeln, ohne dabei Grundsätze wie Selbstverantwortung und Privatautonomie aufzugeben. Es definiert eigene Anwendungs- und Auslegungsregeln, die ich mit dem Grundsatz in dubio pro consumatore anhand des persönlichen und sachlichen Anwendungsbereiches aufzuzeigen versuchte. Es entwickelt und verallgemeinert Instrumente eines Vertrags- und Transparenzschutzes, der in der Form von eigenständigen Widerrufsrechten ein Spezifikum des Verbraucherrechtes darstellt. Im europäischen Kontext bleibt die Abstimmung von Marktöffnungs- und Schutzregeln noch zu gewährleisten, wie sie ein Binnenmarkt für Finanzdienstleistungen mit sich bringt.
Über die Vertragsdurchführung, insbesondere bei Störungen, habe ich bewußt nicht gesprochen. Hier ist der „acquis" des Verbraucherschutzrechtes noch nicht weit genug, um konsensfähige Lösungen anzubieten. Deshalb mußte der Hinweis auf eine gemeinschaftsrechtliche „obligation de moyen", die der deutschen Gesetzgeber zum Teil in eine „soft-law-Regelung" überführt hat, zunächst genügen, um ein neues Lösungsparadigma durch Kollektivverhandlungen anzudeuten. Für die sozialpolitischen Konflikte, die sich aus der schnell anwachsenden Ver- und Überschuldung von Verbrauchern ergeben, fehlen bislang noch Lösungsinstrumente. Der Beitrag der VerbrKrG liegt hier – in Zusammenarbeit mit der Rechtsprechung – in der Durchsetzung „kleiner Lösungen", die individuelle Konflikte abschleifen können und insoweit einen eher pragmatischen denn programmatischen Verbraucherschutz verwirklichen, ohne das sicherlich weiter expandierende Kreditmarketing unzumutbar einzuschränken.

Die Regelung von Existenzgründungsdarlehen im Verbraucherkreditgesetz*

Professor Dr. Hans-Jürgen Lwowski,
Justitiar der Commerzbank AG, Hamburg

Inhaltsübersicht

I. *Existenzgründungsdarlehen als Begriff*

Der „Verbraucher" wird vom Verbraucherkreditgesetz in der Grundregel definiert als natürliche Person (§ 1 Abs. 1 VerbrKrG). Ausgenommen vom Schutz des Gesetzes sind somit die juristischen Personen. Bei dieser einfachen Abgrenzung, wenn man zunächst einmal die juristischen Streitfragen für den Übergang von der natürlichen Person zur juristischen Person außer acht läßt, hat es das VerbrKrG aber nicht belassen: Für die natürlichen Personen beschränkt das Gesetz die Anwendbarkeit, indem es auf die Zweckbestimmung des Kredites abstellt. Kredite, die nach dem Inhalt des Kreditvertrages für gewerbliche oder selbständige berufliche Tätigkeit bestimmt sind, unterfallen nicht dem Anwendungsbereich des Verbraucherkreditgesetzes. Durch die Formulierung in § 1 VerbrKrG: „Dieses Gesetz gilt für Kreditverträge ..., es sei denn, daß der Kredit ... für ... gewerbliche oder selbständige berufliche Tätigkeit bestimmt ist",

* Der Beitrag ist eine erweiterte Fassung eines Vortrages vor der Bankrechtlichen Vereinigung in Frankfurt a. M., am 28. Juni 1991.

wird deutlich, daß die Anwendung des Gesetzes die Regel und die Nichtanwendbarkeit die Ausnahme ist. Die Bank muß infolgedessen die Voraussetzungen, die zur Nichtanwendbarkeit des Gesetzes führen, beweisen[1]. Die Ausnahmeregelung wird in der Begründung des Regierungsentwurfes als sachgerecht bezeichnet, da die damit aus dem Schutz herausgenommenen Kaufleute, Handwerker, Landwirte und Angehörigen der freien Berufe des besonderen Schutzes des Verbraucherkreditgesetzes auch nicht bedürfen: Sie sind durch Ausbildung und Berufserfahrung in der Lage, die Tragweite ihrer Vertragsentschließung zu übersehen[2]. Man hat damit bewußt die Regelung enger gefaßt als in § 8 AbzG, wonach nur „eingetragene Kaufleute" von den Bestimmungen des Abzahlungsgesetzes ausgenommen wurden (das Abzahlungsgesetz ist durch das Verbraucherkreditgesetz außer Kraft gesetzt worden). Der Bundesrat hatte sich vergeblich mit seiner Stellungnahme vom 25. 10. 1989[3] dagegen gewandt und gefordert, zusätzlich zu dem Kriterium, daß der Kredit gewerblichen oder selbständig beruflichen Zwecken dient, die Eintragung in das Handelsregister als Voraussetzung für die Ausnahme aufzunehmen (was sicherlich der Rechtsklarheit gedient hätte, aber mit dem Gedanken, nur den zu schützen, der des Schutzes auch bedarf, nicht zu vereinbaren gewesen wäre).

Die Stellungnahme des Bundesrates blieb aber nicht gänzlich ohne Erfolg: In seiner Begründung hatte er die Auffassung vertreten, daß auch Minderkaufleute und Kleingewerbetreibende schutzbedürftig seien, da sie oft nicht in der Lage seien, die Tragweite ihrer Entscheidung zu übersehen. Viele Handwerker, Landwirte und Einzelhändler nähmen zur Existenzgründung Kredite auf, ohne aufgrund ihrer Ausbildung und Erfahrung das Ausmaß und die Auswirkung ihrer Verschuldung auch nur annähernd zuverlässig einschätzen zu können. Dies habe nicht selten ihren wirtschaftlichen Ruin zur Folge.

Damit war das Stichwort „Existenzgründung" erstmalig in die Diskussion geworfen und der Anstoß zu einer Ergänzung von § 1 VerbrKrG bei der Definition des Verbrauchers gegeben, die die Rechtsprechung und die Literatur voraussichtlich noch einige Zeit beschäftigen wird. In der Gegenäußerung der Bundesregierung heißt es: „Sollte mit Rücksicht auf die Vorstellungen des Bundesrates erwogen werden, etwa Landwirte, Handwerker und Einzelhändler in der Phase der Existenzgründung dem Schutz des Gesetzes zu unterwerfen, so könnte etwa überlegt werden, in § 1 ‚bereits ausgeübte' einzufügen"[4].

---

1 *Seibert,* Handbuch zum VerbrKrG, Köln 1991, § 1 Anm. 3.
2 Begründung abgedruckt bei *Seibert,* aaO (Fn. 1), S. 125.
3 Abgedruckt bei *Seibert,* aaO (Fn. 1), S. 149.
4 BT-Drucksache 11/5462 v. 25. 10. 1989, abgedruckt bei *Seibert,* aaO (Fn. 1), S. 149.

Da, worauf die Bundesregierung in ihrer Gegenäußerung ausdrücklich hinweist, das österreichische Konsumentenschutzgesetz vom 8. 3. 1979 eine ähnliche Regelung enthält, wurde aus der Überlegung die Tat, allerdings mit einem über die Stellungnahme des Bundesrates hinausgehenden Personenbereich: Die freien Berufe wurden, obwohl der Bundesrat sie als nicht schutzbedürftiger als Vollkaufleute angesehen hatte, mit einbezogen.
Damit wurde durch die Worte „bereits ausgeübte" Tätigkeit der Anwendungsbereich des Gesetzes erweitert. Ohne diese Ergänzung wären Kredite, die zur Aufnahme einer gewerblichen oder selbständigen beruflichen Tätigkeit bestimmt sind, nicht erfaßt gewesen. Zwar zählen nach § 343 Abs. 1 HGB alle die Handelsgeschäfte zu den Geschäften eines Kaufmannes, die zum Betrieb seines Handelsgewerbes gehören. Nach der Rechtsprechung und Literatur werden aber auch alle, die Tätigkeit eines Kaufmannes vorbereitenden Geschäfte, den Handelsgeschäften zugerechnet[5]. Ausgehend von diesen Grundsätzen mußte also der Gesetzgeber durch die Einführung der Worte „bereits ausgeübt" klarstellen, daß er den Verbraucherschutz auf die Phase vor der Ausübung des Gewerbes bzw. der selbständigen beruflichen Tätigkeit ausdehnen wollte.
Offenbar hat aber ein gewisses Unwohlsein bei dieser Erweiterung den Gesetzgeber veranlaßt (in einer Gegenäußerung zur Stellungnahme des Bundesrates ist der Gedanke noch nicht enthalten, so daß es nach einer Kompromißlösung im politischen Bereich aussieht), den erweiterten Schutz zu begrenzen, indem er in § 3 Abs. 1 Nr. 2 VerbrKrG Kredite, die für die Aufnahme einer gewerblichen oder selbständigen beruflichen Tätigkeit bestimmt sind und DM 100 000,- Nettokreditbetrag übersteigen, vom Anwendungsbereich des Gesetzes wieder ausgenommen hat, mit der Begründung, man habe durch Erweiterung des § 1 VerbrKrG nur kleinere Existenzgründungsdarlehen und nicht gewerbliche Großkredite, vor allem im Rahmen der Gründung von Handelsgesellschaften, schützen wollen.
Die vorgestellte Regelung läßt viele Fragen offen, was zumindest teilweise der Gesetzgeber auch gesehen und gewollt hat, wie z. B. die Frage, wann ein Darlehen privaten oder nichtprivaten Zwecken dient[6]. Damit wird den Kreditinstituten ein rechtliches Risiko aufgebürdet, da - wie oben dargestellt - sie für die Ausnahmetatbestände beweispflichtig sind. Mit Rücksicht auf die fast an Strafe angrenzenden Sanktionen bei Verstößen gegen das Gesetz z. B. der Verpflichtung, unter bestimmten Voraussetzungen das Darlehen für die gesamte vereinbarte Laufzeit zu 4%-Zins dem Verbraucher belassen zu müssen, ist nicht nachzuvollziehen, warum

5 *Baumbach/Duden/Hopt*, HGB, 28. Aufl. 1989, § 343 Anm. 2 A; *Brüggemann* in Großkomm. HGB, 4. Aufl., 1. Lief. 1982, § 1 Rn. 28.
6 So ausdrücklich *Seibert*, aaO (Fn. 1), § 1 Anm. 3.

der Gesetzgeber derartig wichtige Fragen der Auslegung überlassen hat.

II. *Berechnung der Höchstgrenze*

Bei der Regelung der Existenzgründungsdarlehen stellt sich der Kreditpraxis zunächst die Frage, wie die Höchstgrenze von DM 100 000,- Nettokreditbetrag berechnet wird. Eine Bank wird sich gerade bei Existenzgründungen regelmäßig den gesamten Finanzierungsbedarf erläutern lassen,
- einmal, um den Kunden beraten zu können, welche Kreditform, welche öffentlichen Finanzierungshilfen und Programme für ihn zur Verfügung stehen,
- zum anderen, um übersehen zu können, ob die Rückzahlung des Kredites gewährleistet ist.

Die Bank kennt somit den Gesamtkreditbedarf und muß entscheiden, ob sie davon auszugehen hat, daß das Verbraucherkreditgesetz anwendbar ist, obwohl er die Gesamtsumme von DM 100 000,- überschreitet mit z. B. der Konsequenz, daß der Kredit erst nach Ablauf der Widerrufsfrist dem Kunden zur Verfügung steht (was in der Praxis nicht immer dem Wunsch des Kreditnehmers entsprechen wird, weil er das Darlehen z. B. für einen günstigen Kauf sofort braucht).

Erste Stellungnahmen in der Literatur gehen unter Hinweis auf die Gesetzesbegründung zur Ausnahme von Großkrediten an Handelsgesellschaften in der Gründungsphase vom Schutzzweck des Gesetzes aus und addieren die Kreditsummen der einzelnen Verträge. Übersteigt die Gesamtsumme DM 100 000,-, soll das Gesetz nicht anwendbar sein. Dieser Auffassung ist zuzustimmen[7]. Die Addition ist aber nur für Verträge bei ein und derselben Bank zulässig, schon im Konzern - ein Kredit wird z. B. über eine Hypothekenbank-Tochter herausgelegt - wird auf den einzelnen Kreditvertrag und seine Höhe abgestellt werden müssen.

Legt der Kreditnehmer seinen gesamten Kreditbedarf nicht sofort offen und nimmt zunächst z. B. nur DM 90 000,- auf, beantragt er wenig später aber weitere DM 100 000,-, so werden auch hier beide Kredite in der Summe addiert werden können, obwohl es sich nicht nur um Einzelverträge handelt, sondern diese Verträge auch zeitlich auseinanderfallen. Allerdings wird der erste Kreditvertrag über DM 90 000,- dem VerbrKrG unterfallen - dies gebietet schon die Rechtssicherheit, da ja zu diesem Zeitpunkt für beide Parteien der weitere Kreditbedarf noch nicht mit Sicherheit erkennbar bzw. der Abschluß eines weiteren Kreditvertrages sicher ist -, der folgende Kreditvertrag, mit dem der Kreditnehmer über die

---

7 *Palandt/Putzo,* 50. Aufl. 1991, § 3 VerbrKrG Rn. 3.

DM 100 000 Grenze gerät, ist nicht mehr vom VerbrKrG erfaßt. Dies gilt auch für den Teil des zweiten Kreditvertrages, der rein summenmäßig noch dem VerbrKrG unterfällt. Das Gesetz beendet den Schutz des Kreditnehmers nämlich sogar bei einem Erstkreditvertrag, der DM 100 000,– Nettokreditbetrag übersteigt, für den gesamten Vertrag und differenziert nicht nach Beträgen, die trotz eines einheitlichen Kreditvertrages noch dem Schutz des VerbrKrG unterfallen.

Unproblematisch sind auch die Kredite mit Teilvalutierungen: Nimmt der Kreditnehmer in einem Kreditvertrag (verstanden als Konsensualvertrag) DM 200 000,– auf, verfügt er aber über die Kreditvaluta in Teilbeträgen von unter DM 100 000,–, ist der gesamte Kredit vom Verbraucherkreditgesetz nicht erfaßt, unabhängig davon, ob die Teilvalutierungen vor oder nach „Aufnahme der Tätigkeit“ erfolgen. Umgekehrt wird ein Kredit von bis zu DM 100 000,– nicht dadurch aus dem Schutz des Verbraucherkreditgesetzes herausfallen, weil ein Teil der Kreditvaluta nach Aufnahme der Tätigkeit ausgezahlt wird; in diesem Fall steht der Kreditvertrag mit seiner Gesamtsumme unter dem Schutz des Verbraucherkreditgesetzes.

Gleiches gilt auch für die Fälle, daß die Teilbeträge des einen Kreditvertrages zu verschiedenen Konditionen gewährt werden (z. B. bedingt durch besondere Refinanzierungen seitens der Bank): Abzustellen ist darauf, daß es auf den Abschluß des Kreditvertrages ankommt, nicht auf den Auszahlungsbetrag.

Problematisch sind die durch die öffentliche Hand geförderten Kredite. Hier ist zu differenzieren zwischen den Krediten, die durch die Hausbank als Vertragspartei des Kreditnehmers gewährt werden – die öffentliche Hand subventioniert die Darlehen durch Zinszuschüsse oder stellt günstige Finanzierungsmittel zur Verfügung –, und den Krediten durch z. B. die Deutsche Ausgleichsbank (Anstalt öffentlichen Rechts) selbst, wie beim Eigenkapitalhilfeprogramm zur Förderung selbständiger Existenzen in den neuen Bundesländern und Ost-Berlin. Im letzteren Fall verwaltet die Hausbank das dem Existenzgründer von der Deutschen Ausgleichsbank gewährte Eigenkapitalhilfedarlehen treuhänderisch im Namen und für Rechnung der Deutschen Ausgleichsbank. Die Darlehensvaluta wird über die Hausbank abgerufen, der Einsatz der Darlehensmittel und ihre bestimmungsgemäße Verwendung läßt sich die Hausbank nachweisen. Die vom Darlehensnehmer zu leistenden laufenden Zins- und Tilgungszahlungen werden durch die Deutsche Ausgleichsbank, sofern verrechnungstechnisch möglich, im Lastschriftverfahren beim kontoführenden Kreditinstitut eingezogen. Die Hausbank überwacht das Engagement in bankenüblichem Umfang.

Alle diese Umstände lassen es gerechtfertigt erscheinen, die Kreditvaluten der Kredite durch die Hausbank selbst und der Deutschen Ausgleichsbank bei der Ermittlung der Höchstgrenze im Sinne des Verbraucherkreditgesetzes zu addieren. Aus der Sicht des Kreditnehmers stellen sich die Hausbank und die Deutsche Ausgleichsbank als ein Partner dar. Mit der Deutschen Ausgleichsbank tritt der Kreditnehmer in keinerlei Kontakt.

Ob die Rechtsprechung aufgrund der Treuhänderstellung diese Meinung teilen wird, bleibt abzuwarten. Vorsorglich wird das Kreditgewerbe daher die Voraussetzungen des Verbraucherkreditgesetzes bei beiden Kreditverträgen erfüllen, ohne allerdings damit sich präjudizieren zu wollen in dem Sinne, daß eine Addition von selbst und treuhänderisch gewährten Krediten rechtlich als unzulässig betrachtet wird. Mit Rücksicht auf die weitreichenden Sanktionen bei Formfehlern und den Regelungen zum verbundenen Geschäft (§ 9 VerbrKrG) wird rechtlich soweit als möglich vertreten werden, aus dem Anwendungsbereich des Verbraucherkreditgesetzes zu fallen.

Die Beschränkung des Schutzes des Verbraucherkreditgesetzes auf DM 100 000,– wird in der Literatur bereits angegriffen[8]. Es mache keinen Sinn, den Schutz betragsmäßig zu begrenzen, da die Schutzwürdigkeit von Existenzgründern nicht mit Erreichen von DM 100 000,– automatisch wegfalle, andererseits Existenzgründungen in der Regel einen weit höheren Finanzierungsbedarf als DM 100 000,– auslösen. In der Sache stimmt diese Aussage sicherlich, aber der Gesetzgeber hat sich für eine Obergrenze von DM 100 000,– ausgesprochen, um nicht auch noch die Gründung von mittleren bis großen Handelsgesellschaften zu schützen. Hier vermutet der Gesetzgeber, daß die Kreditnehmer über ausreichende Erfahrung, zumindest eine entsprechende Ausbildung verfügen. Es würde den Rahmen dieser Ausführungen sprengen, anhand von Zahlen diese Vermutung des Gesetzgebers zu belegen. Nach Auskunft der für Existenzgründungen zuständigen Abteilung einer Großbank hat der weitaus größte Teil von Existenzgründern mit einem Kreditbedarf von mehr als DM 100 000,– eine entsprechende Ausbildung. Dies gilt auch für das Handwerk, da im Rahmen der Ausbildung zum Meister nicht nur metierspezifische Themen, sondern auch kaufmännische Aspekte erfahren werden. Die betragsmäßige Beschränkung des Gesetzgebers ist daher auch rechtspolitisch gerechtfertigt.

III. *Aufnahme einer Tätigkeit, Entscheidungskriterien aus anderen Rechtsgebieten*

Besondere Probleme wirft die Frage auf, wann die Aufnahme einer Tätigkeit beendet ist (sog. Existenzgründungsphase). Die Formulierung „Exi-

8 *Reinking/Nießen,* ZIP 1991, 79.

stenzgründung“ wird erstmals in der Begründung der Stellungnahme des Bundesrates vom 25. 10. 1989[9] verwendet. Im Bericht des Rechtsausschusses vom 25. 10. 1990[10] wird diese Bezeichnung aufgegriffen. Das Gesetz selbst spricht nicht von Existenzgründung, sondern unterscheidet demgegenüber zwischen der
„bereits ausgeübten“ (§ 1 Abs. 1 VerbrKrG)
und der
„Aufnahme einer gewerblichen oder selbständigen beruflichen Tätigkeit“ (§ 3 Abs. 1 Nr. 2 VerbrKrG).
Da nun mit § 3 die Ausnahme von § 1 VerbrKrG und nicht etwa Erweiterungen geregelt werden, kann es sich bei den sog. Existenzgründungsdarlehen nur um Kredite handeln, die bis zu dem Zeitpunkt gewährt werden, in dem eine Tätigkeit bereits ausgeübt wird. Die oben dargestellte gesetzeshistorische Entwicklung, wie die Beschränkung der Ausnahmeregelung „es sei denn“ in § 1 auf Kredite, die für eine bereits ausgeübte gewerbliche oder selbständige Tätigkeit bestimmt sind, in das Gesetz hereingekommen ist, bestätigt diese zeitliche Eingrenzung. Das Problem ist damit aber noch nicht gelöst: Zwar geht es schon nach dem Wortlaut des Gesetzes nicht darum, daß eine Existenz erfolgreich gegründet wird – das Wort Existenz wird im Sprachgebrauch häufig gleichgesetzt mit „gesichertem Lebensunterhalt“ –, sondern der Schutz des Gesetzes endet für Kredite, die aufgenommen werden, wenn eine Tätigkeit „bereits ausgeübt“ wird. In der Literatur wird für die Frage, wann die Tätigkeit bereits ausgeübt wird, auf verschiedene Zeitpunkte abgestellt, von der Anschaffung der Grundausstattung[11] über die nach außen hin verläßlich erkennbare „echte“ Gewerbeausübung[12] bis zur Ladeneröffnung, Aufnahme der Produktion oder Beginn des Angebots der Dienstleistung[13]. Denkbar wäre auch, an das erste Umsatzgeschäft anzuknüpfen.
Der Gewerbebetrieb sowie der kaufmännische Geschäftsverkehr spielen eine Rolle insbesondere im Recht der unerlaubten Handlung (§ 823 BGB), im Darlehensrecht (§ 609 a Abs. 1 Nr. 2 BGB), in der Rechtsprechung des BGH zum sittenwidrigen Ratenkredit und im Steuerrecht. Im Sinne des Postulates der Einheit der Rechtsordnung wäre es wünschenswert, den ausgeübten Gewerbebetrieb bzw. die ausgeübte Tätigkeit in allen rechtlichen Zusammenhängen gleich zu definieren bzw. zu interpretieren: Eine unterschiedliche Bewertung wertungsmäßig gleich liegender Tatbestände erscheint als Wertungswiderspruch, der mit der Idee der Ge-

9 BT-Drucksache 11/5462, abgedruckt bei *Seibert*, aaO (Fn. 1), S. 149.
10 BT-Drucksache 11/8274, abgedruckt bei *Seibert*, aaO (Fn. 1), S. 171.
11 *Vortmann*, Kommentar zum VerbrKrG, 1991, § 1 Rn. 6.
12 *Wagner-Wieduwilt* in *Emmerich/Münstermann/Wagner-Wieduwilt*, Praktische Umsetzung des Verbraucherkreditgesetzes, WM-Script, 1991 S. 16 f.; allerdings wird diese Auffassung wieder eingeschränkt.
13 *Seibert*, aaO (Fn. 1), § 1 Anm. 4.

rechtigkeit im Sinne des „gleichen Maßes" nicht zu vereinbaren ist. Die Vermeidung solcher Wertungswidersprüche ist daher eine Forderung sowohl an den Gesetzgeber wie an den Ausleger[14].

1. *Darlehensrecht*

Im Darlehensrecht stellt das BGB in § 609 a Abs. 1 Nr. 2 zur Frage der Kündigung eines Darlehens darauf ab, ob das Darlehen einer natürlichen Person gewährt wurde und nicht ganz oder überwiegend für Zwecke einer beruflichen oder gewerblichen Tätigkeit bestimmt war. In der Gesetzesbegründung zum Verbraucherkreditgesetz wird diese Nähe zu § 609 a BGB gesehen: Im Zusammenhang mit der Definition des Verbrauchers als natürliche Person, die das Darlehen für einen anderen als einen beruflichen oder gewerblichen Zweck erhält, wird auf § 609 a BGB verwiesen. Im Gegensatz zu § 1 VerbrKrG enthält § 609 a BGB jedoch nicht den Bezug auf eine „bereits ausgeübte" Tätigkeit. In Anlehnung an die Rechtsprechung zur vorbereitenden Tätigkeit im Sinne von § 343 HGB wird vertreten[15], daß für Existenzgründungsdarlehen eine Kündigungsmöglichkeit nach § 609 a Abs. 1 Nr. 2 BGB nicht gegeben ist. Zwar wird die Fähigkeit einzelner Existenzgründer, die wirtschaftlichen Folgen einer Darlehensaufnahme zu übersehen, durchaus unterschiedlich eingeschätzt: Die Sachkunde eines Existenzgründers würde häufig nicht über die eines typischen Verbrauchers hinausgehen. Aber Rechtssicherheit wird hier über sozialen Schutz gestellt, da es griffige Abgrenzungskriterien für die Schutzwürdigkeit des einzelnen Existenzgründers nicht gebe. Insbesondere branchenspezifisches Vorwissen wird als Abgrenzungskriterium abgelehnt.

Ob diese Meinung auch noch nach Inkrafttreten des VerbrKrG aufrechterhalten werden kann, muß bezweifelt werden. Wenn das VerbrKrG ausdrücklich den Verbraucherschutz auf Darlehen erstreckt, die der Aufnahme eines Gewerbes oder einer selbständigen beruflichen Tätigkeit dienen, wird die ebenfalls als Verbraucherschutzregel zu verstehende Norm § 609 a BGB entsprechend auszulegen sein. Zumindest im Verbraucherschutz sollte die Einheit der Rechtsordnung gewährleistet werden, um nicht zu Wertungswidersprüchen zu kommen. Der Blick auf § 609 a BGB hilft daher für das Verbraucherkreditgesetz nicht weiter; im Gegenteil, es ist zu erwarten, daß das Verbraucherkreditgesetz sich auch auf das BGB auswirkt, da es als das jüngere und wohl auch eines der wichtigsten Verbraucherschutzgesetze der letzten Jahre Maßstäbe und Leitlinien im Verbraucherschutz allgemein setzt.

---

14 *Larenz*, Methodenlehre, S. 323.

15 *Hopt/Mülbert*, Kreditrecht, 1989, § 609 a Rn. 30.

2. *Eingriff in den Gewerbebetrieb*

Im Rahmen der Rechtsprechung zum Eingriff in den eingerichteten und ausgeübten Gewerbebetrieb (§ 823 BGB) hat der BGH[16] es als ausreichend angesehen, wenn sich der Betrieb „in der Entwicklungsphase vom planmäßig angelegten zum hinreichend arbeitenden Betrieb befindet". Planmäßige Tätigkeit setzt nach dieser Entscheidung Außenwirkung voraus, die z. B. aufgrund von Werbung und der Garantie gleichmäßiger Lieferung anzunehmen ist.
In dem vom BGH entschiedenen Fall ging es um den Anbau und Vertrieb von Kresse. Den „Unternehmern" war es gelungen, Kresse in kleineren Mengen zu züchten und auch zu verkaufen. Es fehlte jedoch an einer auf Außenwirkung (Werbung, Garantie gleichmäßiger Lieferung) gerichteten Organisation des Betriebes mit einem festen Kundenstamm. Nach Ansicht des BGH konnte die gelegentlich gelungene Aufzucht geringer Mengen von Kresse und deren Verkauf nicht als auf Dauer ausgerichtete gewerbliche Außentätigkeit gewertet werden.

3. *Sittenwidriger Ratenkredit*

Zum gleichen Ergebnis kommt der BGH in seiner Entscheidung zur Sittenwidrigkeit eines Ratenkredites[17].
Ausgangspunkt ist der Grundsatz, für die Frage der Sittenwidrigkeit von Ratenkreditverträgen zwischen dem allgemeinen Rechtsverkehr und dem kaufmännischen Geschäftsverkehr zu unterscheiden: Im kaufmännischen Verkehr ist es Sache des einzelnen Darlehensnehmers, sich mit den üblichen Geschäftsgestaltungen und ihren Folgen vertraut zu machen. Der kaufmännische Geschäftsverkehr – so der BGH – beruht nämlich auf der Erwartung, daß der einzelne über die notwendigen Kenntnisse verfügt, zu seinem eigenen Vorteil tätig zu werden. Diese Eigennützigkeit der Geschäftsteilnahme ist bei der notwendigen Teilnahme des Verbrauchers am allgemeinen Rechtsverkehr nicht im gleichen Maße gegeben[18]. Im entschiedenen Fall ordnete der BGH eine Hauswartin und einen Gerüstbauer, die zusammen eine Gaststätte eröffnen wollten und in Vorbereitung einen Kredit aufgenommen hatten, dem allgemeinen Rechtsverkehr des Verbrauchers, also noch nicht dem kaufmännischen Geschäftsverkehr zu. Die Absicht, eine Gaststätte zu übernehmen, sie mit den Darlehensmitteln zu renovieren und danach zu eröffnen, reichte nicht aus, um kaufmännischen Verkehr zu bejahen. Nach Eröffnung des Geschäftslokals

---

16 NJW 1969, 1207.
17 BGH NJW 1980, 2074.
18 *Hopt/Mülbert*, Kreditrecht, 1989, § 607 Rn. 249.

hätte der BGH - so ist wenigstens nach der Begründung zu vermuten - die Teilnahme am Geschäftsverkehr bejaht. Diese Entscheidung befindet sich insoweit in Übereinstimmung mit der Rechtsprechung zum ausgeübten Gewerbebetrieb im Recht der unerlaubten Handlung, wo es durch Bezugnahme auf die planmäßige Tätigkeit, auf die Außenwirkung, auch - als spätesten Zeitpunkt - auf die Eröffnung des Geschäftslokals ankommt.

4. *Gewerbesteuerrecht*

Beim Versuch, den ausgeübten Gewerbebetrieb zu definieren, ist ein Blick in das Gewerbesteuergesetz unter der Überschrift „Einheit der Rechtsordnung" unumgänglich: Im Gewerbesteuerrecht wird zwischen dem rechtsformabhängigen und dem rechtsformunabhängigen Gewerbebetrieb differenziert. Rechtsformabhängige Gewerbebetriebe wie Kapitalgesellschaften unterliegen erst ab Eintragung, rechtsformunabhängige Gewerbebetriebe, wie z.B. bei natürlichen Personen, unterliegen erst dann der Gewerbesteuer, wenn sie ihre werbende Tätigkeit am Markt beginnen. Vorbereitungstätigkeiten reichen nicht aus, um den Gewerbesteuertatbestand entstehen zu lassen[19]. Nach der Rechtsprechung des BFH zur Gewerbesteuer kann die Aufnahme der werbenden Tätigkeit in der Eröffnung des Geschäftslokals gesehen werden[20]. Bei Gewerbebetrieben, die sich nicht über ein Geschäftslokal am allgemeinen wirtschaftlichen Verkehr beteiligen, entscheidet der Zeitpunkt des anderweitigen Beginns, nämlich z.B. der Werbung, des Anbietens der Dienstleistung oder bei Aufnahme von Kundenbesuchen. Das Anmieten eines Geschäftslokals oder die Errichtung eines Gebäudes zählen noch zu den Vorbereitungshandlungen[21].

In der einkommensteuerrechtlichen Rechtsprechung und im Schrifttum wird im Zusammenhang mit einer Gewerbetätigkeit auf den Zeitpunkt abgestellt, in dem objektiv erkennbar Vorbereitungshandlungen vorliegen. Es ist allerdings zu berücksichtigen, daß hinter dieser Auslegung die Abzugsfähigkeit von Betriebsausgaben vor Betriebsgründung steht. Unter einkommensteuerlichen Gesichtspunkten müssen sie als Verlust abziehbar sein (strittig)[22]: Auch für den Bereich der Einkommensteuer müsse der Gewerbebegriff des Gewerbesteuerrechts zugrunde gelegt werden.

---

19 *Lenski/Steinberg*, GewStG, 8. Aufl. 1991, § 2 Rn. 2.
20 BFHE 123, 352.
21 *Lenski/Steinberg*, GewStG, 8. Aufl. 1991, § 2 Rn. 2.
22 Siehe *Lenski/Steinberg*, GewStG, 8. Aufl. 1991, § 2 Rn. 2.

5. *Ergebnis für das VerbrKrG*

Unter vier Aspekten

- Kündigung von Krediten,
- Eingriff in den Gewerbebetrieb,
- Sittenwidrigkeit von Ratenkrediten und
- Gewerbesteuer

scheinen dieselben Auslegungskriterien an den Abschluß der Gründungsphase angelegt werden zu können. Wertungswidersprüche treten nicht auf. Überträgt man die Kriterien auf das Verbraucherkreditgesetz, ist für die Frage, wann die Existenzgründungsphase abgeschlossen ist, auf die Eröffnung des Geschäftslokals oder den Beginn des Angebots der Dienstleistung abzustellen. Dieses Ergebnis erfüllt nicht nur das eingangs erwähnte Postulat der Einheit der Rechtsordnung. Es ist auch bei autonomer Interpretation des Verbraucherkreditgesetzes gerechtfertigt: Das Gesetz geht im Grundgedanken davon aus, daß Gewerbetreibende und beruflich selbständig Tätige schon aufgrund ihrer Ausbildung in der Lage sind, die Tragweite der Aufnahme eines Darlehens zu übersehen. Es fehlt allerdings häufig an der Berufserfahrung. Dies rechtfertigt es, auch bei Gewerbetreibenden und Freiberuflern die Vorbereitungsphase ihrer Tätigkeit zu schützen (eingeschränkt auf den Höchstbetrag von DM 100 000,–). Während der Vorbereitungsphase sind sie aber schon in ganz anderem Umfang am Wirtschaftsverkehr beteiligt als ein Unselbständiger, wie z. B. ein Angestellter. Mit Eröffnung des Geschäftslokals, dem Beginn der Werbung bei sofort möglicher Leistung, haben sie in der Regel die Berufserfahrung erlangt, die neben ihrer Ausbildung es rechtfertigt, sie dem kaufmännischen Verkehr, von dem man die notwendigen Kenntnisse erwarten kann, zu seinem Vorteil tätig zu werden, zuzurechnen. Das Gesetz hat damit seinen Anspruch auf eingeschränkten Schutz des unkundigen Verbrauchers, der den Schritt zum Gewerbebetrieb oder in die berufliche Selbständigkeit wagt, erfüllt. Die gefundenen Kriterien erfüllen aber auch die im Geschäftsverkehr erforderliche Rechtssicherheit, ganz im Gegensatz zu Abgrenzungen wie „Erwerb einer Grundausstattung", „echte Gewerbeausführung" oder „gewisser Umsatz". Zum gleichen Ergebnis kommt übrigens auch *Krejci* in seinem Kommentar zum österreichischen Konsumentenschutzgesetz[23].

Ist für ein Gewerbe eine öffentlich-rechtliche Konzession erforderlich, stellt sich die Frage, ob erst bei Vorliegen der Konzession eine bereits ausgeübte Tätigkeit vorliegt. Für den eingerichteten und ausgeübten Gewerbebetrieb hat der BGH[24] das Vorliegen der Konzession gefordert.

---

23 *Krejci*, Österreichisches VerbrKrG, 2. Aufl. 1986, § 1 Rn. 2.
24 BGH NJW 1962, 2348.

Ausgehend von der Sozialschutzfunktion des Verbraucherkreditgesetzes kann es für das Verbraucherkreditgesetz aber auf dieses formale Kriterium nicht ankommen. Auch bei einer Tätigkeit, die eigentlich nur mit einer Konzession betrieben werden kann, entscheidet allein die Aufnahme der Tätigkeit selbst darüber, ob das Verbraucherkreditgesetz - mit eingeschränktem Schutz - noch anwendbar ist. Dieses Ergebnis entspricht übrigens auch einer Meinung im Gewerbesteuerrecht: Die Gewerbesteuer wird auch dann fällig, wenn der Gewerbebetrieb ohne die erforderliche öffentlich-rechtliche Konzession betrieben wird[25]. Auf die Frage, wann ein „Gewerbe" vorliegt, braucht wegen der Erstreckung der Ausnahmeregelung in § 1 VerbrKrG auf ausgeübte Tätigkeit nicht eingegangen zu werden. Sollte im Einzelfall auch kein Gewerbe vorliegen, ist jedenfalls noch auf die Tätigkeit abzustellen. Diskutiert zu werden braucht daher auch nicht, ob und gegebenenfalls welchen Grad der Kaufmannseigenschaft - Voll- oder Minderkaufmann - der Kreditnehmer erfüllt. So hat der BGH[26] im Rahmen der Frage nach der Sittenwidrigkeit von Krediten (s. dazu im einzelnen unten) Betreiber eines Imbißwagens als Minderkaufleute qualifiziert, aber dennoch für die Maßstäbe der Sittenwidrigkeit von Krediten an den Schutz Privater angeknüpft; aber für das Verbraucherkreditgesetz hat der Gesetzgeber mit der Abgrenzung in § 1 VerbrKrG insoweit eine klare Aussage getroffen, wann er den Schutz des Kreditnehmers als nicht gerechtfertigt ansieht, nämlich bei ausgeübtem Gewerbe oder ausgeübter Tätigkeit. Eine Differenzierung zwischen Voll- und Minderkaufmann ist danach nicht erforderlich.

IV. *Finanzierung von Gesellschaftsanteilen*

Ein weiteres Problem bietet die Übernahme von Gesellschaftsanteilen. Wird der Kauf von Gesellschaftsanteilen mittels eines Kredites getätigt, ist zu differenzieren, ob der Kauf der Anteile der privaten Vermögensvorsorge oder unternehmerischen Zwecken dient. Im ersten Fall unterfällt der Kredit ohne Einschränkung dem Verbraucherkreditgesetz, im zweiten Fall nur dann, wenn es sich bei dem Anteilserwerb um eine Existenzgründung handelt (mit dem dann auf DM 100 000,- beschränkten Schutz). Das Problem ist, abzugrenzen, wann private Vermögensvorsorge und wann unternehmerische Zwecke im Vordergrund stehen. Dies führt zur Frage, wann die Tätigkeit des Unternehmens dem Unternehmer bzw. Anteilseigner selbst zuzurechnen ist.
Der bloße Besitz von Gesellschaftsanteilen ist jedenfalls keine Tätigkeit - weder gewerblich noch sonstige. Es fehlt insbesondere am Merkmal der

25 *Fella*, BB 1977, 287.
26 BGH NJW 1980, 445.

anbietenden Tätigkeit am Markt. Anteilsbesitz ist auch keine selbständige berufliche Tätigkeit. Berufliche Tätigkeit und sonstige selbständige Arbeit liegt in der höchstpersönlichen Einbringung von Arbeitsleistung unter Einsatz geistigen Vermögens und eigener Arbeitskraft.

Zur Kaufmannseigenschaft wird überwiegend vertreten, daß auch die persönlich haftenden Gesellschafter in ihrer Eigenschaft Kaufleute sind[27]. Außerordentlich umstritten ist die Kaufmannseigenschaft des Kommanditisten.

Für die Einordnung des Komplementärs und des Kommanditisten im Verbraucherkreditgesetz muß auf den Schutzgedanken des Gesetzes, den Unerfahrenen und nicht ausreichend Ausgebildeten zu schützen, abgestellt werden: Ein Komplementär, der auch noch Geschäftsführer ist und kraft seiner Gesellschafterstellung ohnehin zum Tätigwerden für die Gesellschaft nach § 114 Abs. 1 HGB verpflichtet ist, verfügt über die ausreichenden Kenntnisse und Erfahrungen, die ihn als nicht schutzbedürftig im Sinne des VerbrKrG erscheinen lassen.

Schwieriger ist die Einordnung des Kommanditisten. Im Gewerbesteuerrecht wird der Kommanditist - der Komplementär ohnehin - als Gewerbetreibender angesehen; er ist nach § 14 Abs. 1 GewO anzeigepflichtig. Es kann gegen den Kommanditisten sogar eine gewerberechtliche Untersagungsverfügung ausgesprochen werden (§ 35 GewO)[28].

Zurückgegriffen werden kann, wie schon bei den Überlegungen zur Frage, wann die Aufnahme einer selbständigen Tätigkeit abgeschlossen ist, auf die Abgrenzung zum Kündigungsrecht von Darlehen nach § 609 a BGB: Der Erwerb der Stellung eines persönlich haftenden Gesellschafters soll angesichts der zitierten Pflicht zum persönlichen Tätigwerden in der Gesellschaft als „Existenzgründung" gelten, während der Erwerb der Kommanditistenstellung in der Regel nur der privaten Vermögensvorsorge dienen soll, da dem Kommanditisten nur begrenzte gesellschaftsrechtliche Mitwirkungsbefugnisse bei der Geschäftsführung zustehen (§ 164 HGB). Etwas anderes gelte nur dann, wenn dem Kommanditisten atypische Rechte eingeräumt werden, die seine Stellung der eines Komplementärs gleichstellen[29]. Diese Grundsätze erscheinen auch für die Frage nach der Einordnung einer Finanzierung von Gesellschaftsanteilen im VerbrKrG angemessen. Übernimmt der Gesellschafter unternehmerische Verantwortung, insbesondere im Rahmen der Geschäftsführung, fällt er bis auf die Existenzgründungsphase (mit dem eingeschränkten Schutz) aus dem Gesetz heraus. Dieses Ergebnis entspricht übrigens auch den Förderungsrichtlinien der Deutschen Ausgleichsbank für Existenzgrün-

---

27 BGHZ 34, 203; a.A. *Baumbach/Duden/Hopt*, HGB, 28. Aufl., 1989, § 105 Anm. I 1.

28 OVG Münster BB 1962, 541.

29 *Hopt/Mülbert*, aaO (Fn. 15), § 609 a Rn. 31.

dungsprogramme: Verwendungszweck eines Existenzgründungsdarlehens an eine natürliche Person kann nach den Richtlinien auch die Übernahme eines bestehenden Unternehmens oder die „tätige Beteiligung" sein. Nach den Richtlinien der Existenzgründungsprogramme der Freien und Hansestadt Hamburg können die Gründung eines Unternehmens und der Erwerb eines Unternehmensanteils gleichgestellt sein.
Für die Frage, ob beim Erwerb von GmbH-Anteilen und Aktien die gewerbliche Tätigkeit der Gesellschaft dem Erwerber zugerechnet werden kann und somit der Käufer/Kreditnehmer als Gewerbetreibender/Kaufmann nicht dem Schutz des VerbrKrG unterfällt, kann den Überlegungen zum Kündigungsrecht von Darlehen nach § 609 a BGB folgend[30] auf die Grundsätze des BGH zu den kapitalersetzenden Darlehen zurückgegriffen werden. Für die Aktiengesellschaft bedeutet dies, daß regelmäßig ab dem Erwerb einer 25%igen Beteiligung die gewerbliche Tätigkeit der Gesellschaft dem Erwerber der Anteile zuzurechnen ist: Es handelt sich dann nicht mehr um private Vermögensvorsorge, sondern um eine Existenzgründung, da über die gesellschaftsrechtlichen Möglichkeiten bei einer Beteiligung von 25% auf die Unternehmensführung eingewirkt werden kann. Gleiches gilt auch für die GmbH, allerdings ist stets eine Gesamtbewertung der Verbindung von Gesellschaftsrechten und Geschäftsführung erforderlich[31]. So kann auch bei einer Beteiligung von unter 25% eine unternehmerische Funktion erfüllt werden, die private Vermögensvorsorge also in den Hintergrund treten.
Kein Existenzgründungsdarlehen im Sinne des Verbraucherkreditgesetzes liegt vor, wenn ein Gewerbetreibender sein Gewerbe in eine zu gründende Gesellschaft einbringt und seine Einlage bei der GmbH mittels eines Kredites finanziert. Hier kann davon ausgegangen werden, daß der Gesellschafter bereits eine gewerbliche Tätigkeit ausgeübt hat.

V. *Kreditaufnahme durch die Gesellschaft*

Von der Finanzierung des Erwerbs von Gesellschaftsanteilen abzugrenzen sind die Kredite, die die Gesellschaft selbst aufnimmt. Soweit es sich bei den Gesellschaften um juristische Personen handelt, ist das Verbraucherkreditgesetz nicht anwendbar. Zur Frage der Behandlung von Gesellschaften, insbesondere Handelsgesellschaften, ist aus dem Gesetz nichts zu entnehmen. Lediglich im Bericht des Rechtsausschusses des Deutschen Bundestages[32] wird im Rahmen der Erläuterungen zur Beschrän-

30 *Hopt/Mülbert,* aaO (Fn. 15), § 607 Rn. 121.
31 *Hopt/Mülbert,* aaO (Fn. 15), § 609 a Rn. 31.
32 BT-Drucksache 11/8674, abgedruckt bei *Seibert,* aaO (Fn. 1), S. 173.

kung der Existenzgründungsdarlehen auf einen Nettokreditbetrag von DM 100 000,- darauf hingewiesen, daß man gewerbliche Großkredite, vor allem in Rahmen der Gründung von Handelsgesellschaften, nicht schützen wolle.

Die BGB-Gesellschaft ist eine Gesamthandsgemeinschaft. Ob die Gesamthand ein Rechtssubjekt oder nur ein gebundenes Sondervermögen der Gesamthänder ist, ist umstritten. Im Rahmen der Erörterung zur Abgrenzung des persönlichen Anwendungsbereichs des VerbrKrG kann auf die komplizierten Meinungsunterschiede nicht eingegangen werden, zumal sich der Praktiker daran zu orientieren hat, möglichst ohne jedes Rechtsrisiko zu bestimmen, ob das VerbrKrG zu beachten ist oder nicht. Nur soviel zum Meinungsstand: Die Rechtssubjektivität der Gesamthand - allerdings nicht für alle Gesamthandsgemeinschaften - wird von einer im Vordringen befindlichen Meinung in der Literatur angenommen[33]. Dagegen steht die traditionelle Gesamthandslehre, die nur von einem gebundenen Sondervermögen der Gesamthand ausgeht[34]. Der BGH hat trotz der besonderen Verbindung zwischen den Gesellschaftern, die durch die Bildung des Gesamthandsvermögens über die schuldrechtliche Komponente hinaus geht, die BGB-Gesellschaft nicht als juristische Person anerkannt[35]. Aber auch die moderne Lehre der Gesamthandsgemeinschaft als Rechtssubjekt führt - wie *K. Schmidt* eindrucksvoll darlegt[36] - nicht dazu, mittels dieser Rechtssubjektivität zur juristischen Person zu kommen. Die Gesamthand kann wie die juristische Person rechtsträgerfähig sein, das „besagt noch nichts darüber, in welchem Umfang das geltende Recht Konsequenzen aus dieser Fähigkeit zieht“[37]. So ist die BGB-Gesellschaft weder partei- noch grundbuchfähig. Die Frage der Anwendbarkeit des VerbrKrG auf Kredite an eine BGB-Gesellschaft läßt sich also auch dann nicht beantworten, wenn man sich der Lehre der Gesamthandsgemeinschaft anschließt: Eine juristische Person ist die BGB-Gesellschaft nicht, nur diese sind aber durch die Beschränkung des persönlichen Anwendungsbereiches auf natürliche Personen unzweifelhaft aus dem Anwendungsbereich des VerbrKrG herausgenommen. In der Praxis wird daher allein die Tatsache, daß der Kredit einer BGB-Gesellschaft zufließt, noch nicht zur Unanwendbarkeit des Verbraucherkreditgesetzes führen. Allerdings kann der Kredit dann aus dem Schutzbereich des Gesetzes herausfallen, wenn die BGB-Gesellschafter durch die BGB-Gesellschaft eine gewerbliche oder selbständige Tätigkeit ausüben.

---

33 *K. Schmidt,* Gesellschaftsrecht, 1986, S. 153; *Flume,* Gesellschaft und Gesamthand, ZHR 136 (1972), 177 ff.; *Ulmer,* Gesellschaft bürgerlichen Rechts, 1980.

34 *Palandt/Thomas,* BGB, 50. Aufl. 1991, § 705 Rn. 2 b).

35 BGH NJW 1981, 1213; BAG NJW 1989, 3034.

36 *K. Schmidt,* aaO (Fn. 33).

37 *K. Schmidt,* aaO (Fn. 33), S. 161.

Die Handels-Personengesellschaften (OHG und KG) können aufgrund gesetzlicher Vorschriften (§ 124 Abs. 1 HGB) Träger von Rechten und Pflichten sein. Sie sind grundbuch-, partei- und konkursfähig. Ihre rechtliche Ausgestaltung ist daher der juristischen Person derart angenähert, daß es gerechtfertigt ist, sie aus dem Anwendungsbereich des VerbrKrG herauszunehmen. Gleiches gilt für die Vor-AG: Sie entsteht als noch nicht eingetragene Aktiengesellschaft mit deren Errichtung (als solche besteht sie allerdings noch nicht [§ 41 Abs. 1 Satz 1 AktG]) und kann Träger von Rechten und Pflichten sein, sie ist wechsel-, grundbuch- und parteifähig. Vertreten wird sie bereits durch den Vorstand[38]. Für die Vor-GmbH kann auf die Ausführungen zur Vor-AG verwiesen werden.
Daß die Gesellschafter nach § 11 Abs. 2 GmbHG als Handelnde für die Verbindlichkeiten der Gesellschaft haften können, ändert nichts an diesem Ergebnis: Kreditnehmer ist die Gesellschaft.
Bei der Gründung einer OHG oder KG ist zu unterscheiden: Zwar muß jede Handelsgesellschaft in das Handelsregister eingetragen werden (§§ 1, 14, 29, 106 HGB). Die Gesellschaft kann aber (nach Abschluß des Gesellschaftsvertrages) als OHG bereits entstehen, sofern sie ein Unternehmen nach § 1 HGB betreibt (Muß-Kaufmann). Betreibt sie lediglich ein Unternehmen nach §§ 2, 3 HGB, ist sie zunächst BGB-Gesellschaft. OHG wird sie erst mit der (konstitutiven) Eintragung in das Handelsregister (Soll-Kaufmann/Land- und Forstwirtschaft).
Für die Anwendbarkeit des Verbraucherkreditgesetzes bedeutet dies, daß ein Kredit, der einer gegründeten, aber noch nicht im Handelsregister eingetragenen OHG/KG gewährt wird, die bereits ein Handelsgewerbe nach § 1 Abs. 2 HGB (Grundhandelsgewerbe) ausübt, nicht vom Verbraucherkreditgesetz erfaßt wird. Betreibt die zu gründende OHG/KG dagegen kein Grundhandelsgewerbe (§§ 2, 3 HGB) entfällt die Anwendung des Verbraucherkreditgesetzes erst ab Eintragung in das Handelsregister.

VI. *Zweitgründung*

Problematisch sind die Fälle der Zweitgründungen, z. B. wenn ein Gewerbetreibender seine bisherige Tätigkeit aufgibt – freiwillig oder aufgrund einer Insolvenz – und für das neue Gewerbe oder die neue berufliche selbständige Tätigkeit Kredit aufnimmt. Ausgehend vom Schutzgedanken des Verbraucherkreditgesetzes, nach dem diejenigen geschützt werden sollen, die nach Ausbildung und Erfahrung nicht in der Lage sind, die Tragweite einer Kreditaufnahme zu übersehen, ist in den Fällen, in denen

38 *K. Schmidt*, aaO (Fn. 33), S. 601.

der Kreditnehmer bereits ein Gewerbe betrieben hat oder selbständig berufstätig war, das Verbrauchergesetz nicht (mehr) anzuwenden. Dabei ist auch nicht auf branchenspezifische Vorkenntnisse abzustellen, da das Verbraucherkreditgesetz nicht mit Hinblick auf das Risiko, das in jeder neuen Tätigkeit liegt, schützen will, sondern speziell die Kreditaufnahme als eigenen Risikofaktor betrachtet und insofern Schutzmechanismen für den Verbraucher und besondere Informationspflichten für den Darlehensgeber vorgesehen hat. Entscheidend ist, ob Erfahrung im Umgang mit Krediten unterstellt werden kann. Dies ist aber völlig unabhängig von bestimmten Branchen. Dieses Ergebnis entspricht auch den Anforderungen an die zitierte Rechtssicherheit: Es würde zu nahezu unlösbaren Abgrenzungsschwierigkeiten schon bei der Frage, was branchenspezifisch ist, kommen. Wichtig ist allerdings, daß Erfahrung aus bereits ausgeübter gewerblicher oder selbständiger beruflicher Tätigkeit vorliegt. Ein Angesteller – selbst wenn er bei einem Kreditinstitut gearbeitet hat –, der ein Gewerbe aufnimmt oder selbständig beruflich tätig wird, wird dem Verbraucherkreditgesetz als Existenzgründer mit dem eingeschränkten Schutz unterfallen[39]. Nimmt ein Angestellter – ohne seine hauptberufliche Tätigkeit aufzugeben – eine Nebentätigkeit auf, ist – wie auch zu § 609 a BGB – zu berücksichtigen, daß die Gesamtheit beruflicher und gewerblicher Fähigkeiten als Gegensatz zu einer bloß der Privatsphäre angehörenden Tätigkeit zu sehen ist[40]. Zum Kündigungsrecht nach § 609 a BGB wird daraus abgeleitet, daß als Beruf „jede nicht rein private und außerhalb des Erwerbslebens liegende Tätigkeit einer Person" gilt[41]. Danach können auch Arbeitnehmer und sonstige abhängige Beschäftigte aus dem Sozialschutz des § 609 a BGB herausgenommen werden.
Ob dieses Ergebnis auf das Verbraucherkreditgesetz übertragen werden kann, ist offen. Im Gegensatz zu § 609 a BGB, der nur auf „gewerbliche oder berufliche Tätigkeit" abstellt (§ 609 a Abs. 1 Nr. 2 BGB), betont das Verbraucherkreditgesetz in § 1, daß es sich um „selbständige" Tätigkeit handeln muß. Im Gegensatz zu § 609 a BGB wird also im Verbraucherkreditgesetz nicht davon ausgegangen, daß bereits bei beruflicher Verwendung der Darlehensmittel die erforderliche Sachkunde bezüglich der Kreditaufnahme vorliegt. Fraglich ist aber, ob mit dem Merkmal der „Selbständigkeit" eine Erweiterung des Schutzes im Verbraucherkreditgesetz im Gegensatz zur Regelung des § 609 a BGB vom Gesetzgeber gewollt ist.
Nach steuerrechtlicher Definition ist eine Tätigkeit selbständig, die auf eigene Rechnung und Gefahr entfaltet wird. Der selbständig Tätige muß

39 Zum Kündigungsrecht nach § 609 a BGB und der Abgrenzung von Existenzgründungen s. *Hopt/Mülbert*, aaO (Fn. 15), § 609 a Rn. 30.
40 *Hopt/Mülbert*, aaO (Fn. 15), § 609 a Rn. 23.
41 *Hopt/Mülbert*, aaO (Fn. 15), § 609 a Rn. 23.

das wirtschaftliche Risiko für den Erfolg oder Mißerfolg seiner Betätigung tragen[42]. Auch zum Haustürwiderrufsgesetz wird für das Merkmal der Selbständigkeit darauf abgestellt, daß die Erwerbstätigkeit im eigenen Namen und für eigene Rechnung in eigener Verantwortung ausgeübt wird[43].

Folgt man dieser Interpretation des Tatbestandsmerkmales der Selbständigkeit für das Verbraucherkreditgesetz, kommt es lediglich darauf an, ob der Kredit für die berufliche – selbständig ausgeübte – Tätigkeit bestimmt ist, nicht aber auf den Umfang der selbständigen Tätigkeit und ihr Verhältnis zum Hauptberuf (im übrigen gibt es gerade im Syndici-Bereich Juristen, die aus ihrer nebenberuflichen Anwaltstätigkeit mehr erzielen als aus dem Angestelltengehalt).

Schwierigkeiten bereitet ferner die Vermögensverwaltung, vornehmlich die des eigenen Vermögens. Gemeint sind also nicht die Vermögensverwalter und Gesellschaften, die als eine ihrer wesentlichen Tätigkeiten die Vermögensverwaltung betreiben, sondern beispielsweise der Angestellte, der aufgrund einer Erbschaft sich mehrere Eigentumswohnungen gekauft hat, die er – neben seinem Hauptberuf – verwaltet. Auch hier muß das gelten, was oben zur nebenberuflichen Tätigkeit ausgeführt worden ist. Schon die Tatsache, daß für die Vermögensverwaltertätigkeit eine Kreditaufnahme erforderlich ist, stellt einen gewissen Umfang dieser Tätigkeit unter Beweis, die eine besondere Organisation erfordert. Für derartige Vermögensverwaltungen ist das Verbraucherkreditgesetz nicht anwendbar. Anders liegt der Fall, in dem eine oder zwei eigene Wohnungen vermietet, d. h. damit auch verwaltet werden.

42 Vgl. *Schulze zur Wiesche* in *Hartmann,* EStG, Lfg. Juni 1989, § 15 Rn. 78.
43 MünchKomm/ *Ulmer,* HaustürWG, 2. Aufl. 1988, § 6 Rn. 8.

Verbundene Geschäfte im Verbraucherkreditgesetz

Professor Dr. Volker Emmerich,
Universität Bayreuth

Inhaltsübersicht

I. *Einleitung*

Die verbundenen Geschäfte haben im Verbraucherkreditgesetz ihre Regelung in erster Linie in § 9 gefunden[1]. Es handelt sich dabei um eine der zentralen Vorschriften des neuen Gesetzes, da der Gesetzgeber hier erstmals im deutschen Recht den Versuch unternommen hat, einige Aspekte der mit verbundenen Geschäften zusammenhängenden Fragen einer gesetzlichen Regelung zuzuführen.
Deutschland folgt damit - nach langem Zögern - dem Beispiel der meisten unserer Nachbarstaaten, die durchweg schon seit vielen Jahren Re-

1 Grundlage ist Art. 11 der Verbraucherkreditrichtlinie v. 22. 12. 1986 (ABl. 1987 Nr. L 42, S. 48). Vorausgegangen waren verschiedene deutsche Gesetzentwürfe, die jedoch durchweg nicht Gesetz geworden waren (s. besonders BT-Drucksache 8/3212; 10/1014; 11/3212).

gelungen über verbundene Geschäfte kennen. Hervorzuheben sind die §§ 18 und 19 des österreichischen Konsumentenschutzgesetzes (KSchG) von 1979[2] sowie die Art. 9 und 10 des französischen Verbraucherkreditgesetzes von 1978[3]. Die engste Verwandtschaft mit unserem § 9 VerbrKrG weist dabei hinsichtlich der Definition der verbundenen Geschäfte und der Zulassung des Einwendungsdurchgriffs die Vorschrift des § 18 österr. KSchG auf. Etwas anders ist die Situation hingegen in Frankreich. Hier war die Rechtsprechung früher - von Ausnahmefällen abgesehen - stets der Trennungstheorie gefolgt[4]. Deshalb war es 1978 eines der vordringlichen Anliegen des Gesetzgebers gewesen, durch eine Verknüpfung der beiden Verträge zu einer Verbesserung des Verbraucherschutzes zu kommen. Dementsprechend stellt jetzt das Gesetz zur Definition der verbundenen Geschäfte in erster Linie auf die wechselseitige Bezugnahme der beiden Verträge ab. Ist diese Voraussetzung erfüllt, so erlangt der Kreditvertrag erst mit Erfüllung des Kaufvertrages Wirksamkeit. Außerdem endet automatisch die Wirksamkeit des Kreditvertrages, wenn der Kaufvertrag nachträglich, etwa wegen Nichterfüllung oder wegen Mängeln der Kaufsache aufgehoben wird[5].

Das Verbraucherkreditgesetz definiert in § 9 zunächst den Begriff der verbundenen Geschäfte und bringt sodann einige Bestimmungen über den Widerruf und den Einwendungsdurchgriff. In beiden Beziehungen sind jedoch in den Abs. 2 und 3 der Vorschrift nur einzelne Aspekte der Problematik geregelt worden, so daß abzusehen ist, daß die vielen ungelösten Fragen, die die fragmentarische Regelung aufwirft, Literatur und Rechtsprechung in den nächsten Jahren noch ausgiebig beschäftigen werden. So hat sich z. B. nur wenige Monate nach Inkrafttreten des Gesetzes bereits eine lebhafte Diskussion über die Frage entwickelt, welche Konsequenzen sich aus § 9 VerbrKrG für die erst im letzten Augenblick in den Anwendungsbereich des Gesetzes einbezogenen Finanzierungsleasingverträge ergeben. Außerdem dürfte sich die Diskussion über die Abwicklung von Kauf- und Darlehensvertrag nach Geltendmachung des Einwendungsdurchgriffs, die schon unter dem AbzG zu keinem Abschluß gekommen war, unter dem VerbrKrG mit unverminderter Heftigkeit fortsetzen. Neue Fragen sind hinzugekommen, etwa bei der Abgrenzung der verbundenen Geschäfte oder bei den Rechtsfolgen des Widerrufs.

---

2 Bundesgesetz v. 8. 3. 1979 (BGBl. S. 140) mit späteren Änderungen.

3 Gesetz Nr. 78-23, JO 1978, p. 301 mit späteren Änderungen; vgl. jetzt insbes. auch noch die umfangreichen Art. 19 u. 24 des neuen belgischen Verbraucherkreditgesetzes von 1991, die dem Modell des Einwendungsdurchgriffs folgen, freilich in einer sehr komplizierten Form; das Gesetz soll 1992 in Kraft treten.

4 Zuletzt Cass. civ., 1. 12. 1976, Bull. civ. I No. 384 = Dalloz (D.) Inform. rap. p. 116; com., 15.1 2. 1977, D. 1978 Inform. rap. p. 200; com., 11. 12. 1978, Bull. civ. IV No. 305, p. 251.

5 S. Art. 9 Abs. 1 und 2 des Gesetzes von 1978.

II. *Verbundene Geschäfte*

Die Definition der verbundenen Geschäfte findet sich heute in den Absätzen 1 und 4 des § 9 VerbrKrG. Ein Kaufvertrag[6] bildet danach mit einem Kreditvertrag ein verbundenes Geschäft, wenn der Kredit der Finanzierung des Kaufpreises dient und beide Verträge als wirtschaftliche Einheit anzusehen sind. Zur weiteren Verdeutlichung fügt § 9 Abs. 1 S. 2 des Gesetzes noch hinzu, daß eine wirtschaftliche Einheit namentlich anzunehmen ist, wenn sich der Kreditgeber bei der Vorbereitung oder dem Abschluß des Kreditvertrages der Mitwirkung des Verkäufers bedient. Eine durchaus vergleichbare Regelung findet sich in Österreich (§ 18 S. 1 KSchG). Mit der Definition der verbundenen Geschäfte in § 9 Abs. 1 VerbrKrG wollte der Gesetzgeber an die bisherige Praxis zu finanzierten Abzahlungskäufen anknüpfen[7]. Schon deshalb müssen alle Überlegungen zum neuen Recht bei einer Analyse der Praxis des BGH zu finanzierten Geschäften beginnen. Die Betrachtung darf hierbei jedoch nicht stehen bleiben, da nicht auszuschließen ist, daß das Gesetz die Akzente in einzelnen Beziehungen anders als bisher die Rechtsprechung gesetzt hat.

1. *Bisherige Praxis*

Die Rechtsprechung hat die Eigenart finanzierter Geschäfte, die überhaupt erst ihre Sonderbehandlung zu rechtfertigen vermag, bislang durchweg darin gesehen, daß es sich bei ihnen „in Wirklichkeit“ um einen wirtschaftlich einheitlichen Vorgang handelt, der nur rechtlich-formal auf zwei Verträge aufgeteilt wird. Die Abgrenzung zu anderen Krediten, die sich die Verbraucher zu beliebigen Zwecken „auf eigene Faust“ besorgen, war (und ist) freilich schwierig, da eindeutige und leicht zu handhabende Unterscheidungskriterien fehlen. Die Gerichte stellten deshalb zuletzt darauf ab, ob sämtliche Beteiligten nach den Umständen des Einzelfalls mit dem Ziel zusammengewirkt haben, dem Käufer den Erwerb eines bestimmten Gegenstandes gegen Ratenzahlung zu ermöglichen. Dazu war es erforderlich, daß die Verträge in einem Bedingungszusammenhang stehen, und zwar derart, daß kein Vertrag ohne den anderen abgeschlossen worden wäre. Die Übergänge zum (selbständigen) Personalkredit sind indessen angesichts der Vielgestaltigkeit der wirtschaftlichen Wirklichkeit notwendigerweise fließend, so daß der Praxis schließlich nichts anderes übrig blieb, als sich von Fall zu Fall an bestimmten Verbindungselementen zu orientieren. Man verstand darunter objektive

6 Oder ein sonstiger Vertrag (s. § 9 Abs. 4), worauf im folgenden nicht mehr gesondert eingegangen wird.

7 Vgl. die Begründung zum RegE des VerbrKrG, BT-Drucksache 11 (1989)/5462, S. 23 (r. Sp.).

und subjektive Merkmale, die mit wechselndem Gewicht in ihrem Zusammenwirken auf das Vorliegen eines finanzierten Geschäfts hindeuten sollten[8].

Das wichtigste objektive Verbindungselement war eine (mehr oder weniger) intensive Zusammenarbeit zwischen Bank und Verkäufer, namentlich aufgrund einer Rahmenvereinbarung, ohne daß jedoch von deren Abschluß zuletzt noch das Vorliegen eines finanzierten Geschäfts abhängig gemacht worden wäre. Weitere hierher gehörige Merkmale waren die Vermittlung des Kredites durch den Verkäufer, die Auszahlung der Darlehensvaluta direkt an den Verkäufer, die Sicherungsübereignung des Kaufgegenstandes an die Bank sowie überhaupt jede Form der Zweckbindung des Kredits an den Erwerb eines bestimmten Gegenstandes.

Zu diesen objektiven Verbindungselementen mußte jedoch, jedenfalls nach der jüngsten Praxis, noch hinzukommen, daß der Käufer, und zwar gerade infolge der genannten Verbindungselemente, (subjektiv) den Eindruck gehabt hatte, Bank und Verkäufer wirkten zusammen, um ihm gemeinsam den Erwerb eines bestimmten Gegenstandes gegen Teilzahlung zu ermöglichen, so daß sie sich ihm im Ergebnis in der Tat als „wirtschaftliche Einheit" präsentierten. Der Stellenwert dieses zusätzlichen Merkmals, das ohnehin nur schwer näher zu fassen war, blieb freilich merkwürdig unscharf, da es die Gerichte – trotz Betonung der Verbrauchersicht – den Banken im Ergebnis doch niemals gestattet haben, etwa durch Trennungsklauseln diesen Eindruck einer „wirtschaftlichen Einheit" mit dem Verkäufer bei dem Verbraucher wieder zu zerstören[9]. Manches deutete sogar darauf hin, daß letztlich doch immer nur die objektiven Verbindungselemente ausschlaggebend sein sollten[10].

Schließlich war noch erforderlich, daß der Vertrag überhaupt in den Anwendungsbereich des AbzG fiel. Daher war generell kein Raum für die Anwendung der Regeln über finanzierte Geschäfte, wenn der Darlehensnehmer als Kaufmann im Handelsregister eingetragen war (§ 8 AbzG). Im übrigen mußte jedoch unterschieden werden: Während die Anwendung des AbzG auf finanzierte Abzahlungskäufe noch zusätzlich voraussetzte, daß der Vertrag auch von dem sachlichen Geltungsbereich des AbzG umfaßt wurde, war die Möglichkeit eines Einwendungsdurchgriffs schon immer hiervon unabhängig gewesen (s. jetzt § 9 Abs. 4 VerbrKrG), so daß ein Einwendungsdurchgriff durchaus auch bei sonstigen finanzierten Geschäften in Betracht kam, z.B. bei finanzierten Ehemäklerverträgen oder Unternehmenskaufverträgen mit einem Minderkaufmann[11].

---

8 S. z.B. BGHZ 83, 301, 304 f. = WM 1982, 658; 91, 9, 11 = WM 1984, 649; 91, 37, 43 = WM 1984, 722; 95, 350, 354 ff. = WM 1985, 1307 usw.; ebenso z. B. OGH EvBl. 1971 Nr. 126; JBL. 1975, 372; 1985, 527; 1987, 387.

9 Insbesondere BGHZ 83, 301, 309 = WM 1982, 658; 95, 350, 354 = WM 1985, 1307.

10 So in der Tat offenbar *Halstenberg*, Anm. LM Nr. 250 a zu § 242 (Cd) BGB.

11 Z.B. BGH LM Nr. 211 zu § 242 (Cd) BGB = NJW 1978, 1427; LM aaO, Nr. 285 = WM 1987, 401; ebenso die österr. Praxis; s.u. bei Fußn. 18.

2. *Folgerungen für § 9 VerbrKrG*

a) *Vorrang objektiver Verbindungselemente*

Das wechselseitige Gewicht objektiver und subjektiver Verbindungselemente als Voraussetzung für die wirtschaftliche Einheit zweier Verträge war, wie gezeigt, in der Praxis zum AbzG nicht mehr eindeutig geklärt worden. Deshalb muß heute die Frage, worauf das Schwergewicht zu liegen hat, im Grunde neu gestellt werden.

Das Gesetz statuiert in § 9 Abs. 1 S. 1 für die Annahme eines verbundenen Geschäfts zwei Voraussetzungen, einmal die Zweckbindung des Kredits an die Finanzierung eines Kaufvertrages und zum anderen das Vorliegen einer wirtschaftlichen Einheit zwischen diesen beiden Verträgen, wobei (nur) der Begriff der wirtschaftlichen Einheit durch die beiden Regelbeispiele des § 9 Abs. 1 S. 2 VerbrKrG näher präzisiert wird. Geht man nun einmal von diesen Regelbeispielen aus, die durch die für den Verbraucher erkennbare Zusammenarbeit von Verkäufer und Kreditgeber charakterisiert sind, so liegt zunächst der Schluß nahe, daß es jedenfalls hier allein auf objektive Verbindungselemente ankommt, während insoweit subjektive Elemente offenbar keine Rolle spielen sollen. Auch das entspricht im übrigen der Rechtslage in Österreich, wie sich unmittelbar aus § 18 S. 1 KSchG ergibt[12].

Gleichwohl wäre es voreilig, allein hieraus bereits den Schluß zu ziehen, für die Annahme eines verbundenen Geschäfts komme es fortan allein auf das Vorliegen der genannten objektiven Verbindungselemente an[13]. Denn dabei würde übersehen, daß das Gesetz für die Annahme eines verbundenen Geschäfts neben der wirtschaftlichen Einheit beider Verträge noch zusätzlich verlangt, daß der Kredit auch gerade der Finanzierung des Kaufpreises dient. Die Bedeutung dieses zweiten Tatbestandsmerkmals ist freilich unklar, da nicht auszuschließen ist, daß der Gesetzgeber mit ihm lediglich den Unterschied etwa zu Finanzkrediten betonen wollte. Näher liegt jedoch die Annahme, daß damit eine weitere Voraussetzung für die Annahme verbundener Geschäfte aufgestellt werden sollte, wobei dann allerdings wieder fraglich ist, aus wessen Sicht die Zweckbindung des Kredits zu beurteilen ist. In Betracht kommt hier ebensowohl die gemeinsame Sicht der Parteien des Kreditvertrages (so daß die Zweckbindung Vertragsbestandteil oder doch zumindest „Geschäftsgrundlage“ des Kreditvertrages sein müßte) wie die Sicht eines nachträglichen Betrachters, mit der Konsequenz indessen, daß sich dann die bei-

12 Auch nach § 18 Abs. 1 Halbs. 2 KSchG ist eine wirtschaftliche Einheit (stets) anzunehmen, wenn der Kreditgeber und der Verkäufer bei der Finanzierung des Geschäfts zueinander in eine Rechtsbeziehung treten oder wenn sie wegen derartiger Finanzierungen in ständiger Geschäftsverbindung stehen (s. dazu z. B. *Krejci*, Konsumentenschutzgesetz, Wien 1986, § 18 Rn. 8 ff. m. Nachw.; zuletzt OGH, JBl. 1987, 378, 379 f.).

13 So *Dauner-Lieb*, WM 1991, Sonderbeilage 6.

den Merkmale der Zweckbindung und der wirtschaftlichen Einheit im Ergebnis wieder weitgehend decken dürften. Aus diesem Grund spricht mehr für die erste Alternative. Solche Lösung hätte zugleich den Vorteil, den Parteien im Einzelfall einen Weg zu eröffnen, gemeinsam das Vorliegen eines verbundenen Geschäfts auszuschließen, wo das ihren legitimen Interessen entspricht. Nur so ist jedenfalls in einer Reihe problematischer Grenzfälle eine vernünftige Lösung möglich. Für den Regelfall folgt daraus jedoch zugleich, daß in der Tat nur noch auf objektive Verbindungselemente abzustellen ist.

b) *Grenzfälle*

Die unvermeidliche (und vom Gesetzgeber vermutlich gewollte) Folge des Gesagten ist, daß der Kreis der verbundenen Geschäfte heute deutlich weiter als früher der der finanzierten Geschäfte zu ziehen sein dürfte. Beispiele sind die Verbindung von Darlehensverträgen mit Kapitallebensversicherungen oder mit dem Kauf von Effekten sowie Zwischenkredite von Banken zur Finanzierung von Bauraten, namentlich im Rahmen von Bauträgerverträgen. Damit geraten freilich Vertragsgestaltungen in den Bannkreis des § 9 des Gesetzes, bei denen bisher mit guten Gründen die Annahme eines finanzierten Geschäfts durchweg abgelehnt worden ist. Ein bekannter Grenzfall ist die Finanzierung steuerbegünstigter Kapitalanlagen. Ein anderer hierher gehörender Fall sind Verträge mit Kreditkartenunternehmen, bei denen es wohl letztlich ganz auf die Zweckbestimmung der einzelnen Karten ankommen wird[14]. Zusätzliche Fragen wird im vorliegenden Zusammenhang in Zukunft die zunehmende Einschaltung weiterer Personen in Finanzierungsvorgänge aufwerfen. Den damit zusammenhängenden Fragen kann hier jedoch nicht im einzelnen nachgegangen werden; die folgenden Ausführungen beschränken sich vielmehr auf den Fall der Finanzierung steuerbegünstigter Kapitalanlagen.

In derartigen Fällen, in denen die Fremdfinanzierung der Anlage gerade der vollen Ausschöpfung von Steuervergünstigungen dient, ist früher der Einwendungsdurchgriff überwiegend abgelehnt worden, wofür neben steuerrechtlichen Erwägungen vor allem die mangelnde Schutzwürdigkeit der Anleger ausschlaggebend gewesen sein dürfte[15]. Ob daran heute noch festzuhalten ist, ist zweifelhaft, da das Gesetz keine Ausnahme für solche Vertragsgestaltungen enthält und da zudem bei Scheitern der Kapitalanlage – nur dann wird die Frage relevant – die Anwendung des Verbrau-

14 S. z.B. *Seibert,* DB 1991, 429, 431.
15 Z.B. BGH WM 1986, 156 = NJW-RR 1986, 467; WM 1986, 700 = NJW-RR 1986, 1168; LM Nr. 283 zu § 242 (Cd) BGB = WM 1986, 1561 = NJW-RR 1987, 523 usw.

cherkreditgesetzes durchaus den Interessen des Anlegers entspricht, weshalb z.B. der österreichische OGH nicht gezögert hat, selbst in diesen Fällen den Anlegern den Einwendungsdurchgriff, und zwar über den Anwendungsbereich des KSchG hinaus, zu gestatten[16].
So sympathisch diese Lösung ist, so wenig darf man freilich ihre (problematischen) Konsequenzen übersehen. Denn die Anwendung des VerbrKrG führte hier unverkennbar in zahlreichen Fällen dazu, das Risiko des späteren Scheiterns der Anlage, das schließlich allen Beteiligten schon bei Vertragsabschluß genau bekannt gewesen war, im Ergebnis auf die finanzierenden Banken zu verlagern. Deshalb spricht nach wie vor manches dafür, trotz der Ausdehnung, den der Begriff der verbundenen Geschäfte durch § 9 des Gesetzes erfahren hat, an der bisherigen deutschen Praxis festzuhalten und zumindest bei der Finanzierung steuerbegünstiger Kapitalanlagen den Einwendungsdurchgriff auszuschließen. Möglich ist das freilich nur, wenn man zumindest in derartigen Grenzfällen ergänzend auf die Sicht der Vertragsparteien bei Aufnahme des Kredits abstellt, da der Verbraucher jedenfalls in diesem Augenblick ebensowenig wie die finanzierende Bank an einer Zweckbindung des Kredits interessiert ist. Und dabei sollte es dann auch sein Bewenden haben.

c) *Einwendungsdurchgriff jenseits des VerbrKrG*

Es gibt freilich auf der anderen Seite auch Fälle, in denen die Reichweite des § 9 VerbrKrG (und damit die des Einwendungsdurchgriffs) hinter der bisherigen Rechtslage zurückbleibt. Das hängt vor allem damit zusammen, daß der *persönliche* Anwendungsbereich des Verbraucherkreditgesetzes enger als der des AbzG ist, so daß Fälle vorstellbar sind, in denen früher ein Einwendungsdurchgriff in Betracht kam, während in ihnen heute kein Raum mehr für die Anwendung des § 9 VerbrKrG ist. So verhält es sich etwa bei dem finanzierten Kauf eines (weiteren) Unternehmens durch einen Gewerbetreibenden, der nicht gerade als Kaufmann im Handelsregister eingetragen ist (§ 8 AbzG)[17].
In derartigen Fällen dürfte es auch in Zukunft bei der Gültigkeit der bisherigen Rechtsprechungsgrundsätze über den Einwendungsdurchgriff bleiben. Es besteht kein Anlaß, die Regelung des Einwendungsdurchgriffs in § 9 Abs. 3 VerbrKrG in dem Sinne als abschließend anzusehen, daß jenseits der geregelten Fälle heute ein Einwendungsdurchgriff abweichend von der früheren Rechtslage generell ausgeschlossen wäre. Die österreichische Praxis hat sich aus denselben Erwägungen heraus gleich-

16 OGH in JBl. 1987, 378, 379 f. m. Anm. *Reidinger*, S. 357 für die Finanzierung einer steuerbegünstigten Beteiligung an einem Kur- und Sporthotel.
17 BGH LM Nr. 211 zu § 242 (Cd) BGB = NJW 1978, 1427.

falls niemals durch den beschränkten Anwendungsbereich zunächst des Ratengesetzes von 1961 und sodann des Konsumentenschutzgesetzes von 1979 daran gehindert gesehen, auch in anderen Fällen und insbesondere bei einer Beteiligung von Kaufleuten den Einwendungsdurchgriff zu gestatten[18].

III. *Widerruf*

Der Widerruf des Kreditvertrages richtet sich bei verbundenen Geschäften ebenso wie bei allen anderen Verträgen in erster Linie nach § 7 VerbrKrG. In § 9 Abs. 2 regelt das Gesetz lediglich ergänzend einige Fragen, die sich aus der Erstreckung der Widerrufswirkungen auf den verbundenen Kaufvertrag ergeben.

1. *Voraussetzungen*

Abweichend von der früheren Praxis ist heute nur noch der Kreditvertrag, und zwar unmittelbar nach § 7 des Gesetzes widerruflich, so daß Adressat der Widerrufserklärung jetzt allein der Kreditgeber ist. Ein gegenüber dem Verkäufer ausgesprochener Widerruf ist daher nur noch wirksam, wenn der Verkäufer als Empfangsvertreter oder -bote für den Kreditgeber behandelt werden kann. Dies Folge ist, daß bei Abschluß des Kaufvertrages erst nach Ablauf der Widerrufsfrist für den Kreditvertrag überhaupt kein Widerrufsrecht mehr besteht, während bei umgekehrter Reihenfolge, d.h. bei Abschluß erst des Kaufvertrages und nachfolgendem Abschluß des verbundenen Kreditvertrages, noch nachträglich ein nunmehr auch den Kaufvertrag umfassendes Widerrufsrecht begründet wird[19].

Zusätzliche Schwierigkeiten ergeben sich, wenn an den verbundenen Verträgen unterschiedliche Personen beteiligt sind. Ohne daß dies hier im einzelnen ausgeführt werden könnte, dürfte es sich doch empfehlen, in derartigen Fällen von dem Grundsatz auszugehen, daß das Widerrufsrecht immer und nur allen denjenigen Personen zusteht, die gerade an dem *Kreditvertrag* beteiligt sind. Fraglich sind dann freilich die Auswirkungen solchen Widerrufs auf die anderen Verträge der verschiedenen Personen. Hier sollte Leitlinie sein, daß das Widerrufsrecht des VerbrKrG einem Beteiligten kein Recht zur Einwirkung auf Verträge gibt, die mit anderen Personen abgeschlossen worden sind. Aus § 9 Abs. 2 des Gesetzes kann jedenfalls keine derartige wechselseitige Ab-

---

18 Insbes. OGH SZ Bd. 42 (1969) Nr. 60, 187, 191; Bd. 58 (1985) Nr. 39, 187, 191 = JBl. 1986, 307; OGH EvBl. 1964 Nr. 364; JBl. 1975, 372, 373; 1987, 378, 380 usw.

19 Ebenso *Seibert*, Verbraucherkreditgesetz, Köln 1991, § 9 Rn. 4.

hängigkeit der verschiedenen Verträge gefolgert werden. Wollen Kreditgeber und Verkäufer eine derartige Abhängigkeit herbeiführen, so müssen sie dafür durch die Aufnahme etwa einer auflösenden Bedingung in die verschiedenen Verträge Sorge tragen.

2. *Rechtsfolgen*

a) *Im Außenverhältnis zum Verbraucher*

Die Rechtsfolgen des Widerrufs ergaben sich früher aus § 1 d AbzG, der jedoch nur mit erheblichen Modifikationen auf finanzierte Abzahlungskäufe angewandt werden konnte. Die Einzelheiten waren streitig; deutlich war jedoch das Bestreben der Praxis, entsprechend dem Zweck des § 1 d AbzG nach Möglichkeit zu verhindern, daß der Käufer durch eine übermäßige Belastung mit Rückzahlungspflichten im Widerrufsfalle von der Ausübung seines Widerrufsrechts abgehalten werden könnte[20]. Im einzelnen wurde dabei vor allem danach unterschieden, ob die Kaufsache der Bank zur Sicherheit übereignet war oder nicht.
Demgegenüber verlangt das Verbraucherkreditgesetz in § 9 Abs. 2 S. 4 jetzt in erster Linie eine Unterscheidung danach, ob der Nettokreditbetrag[21] dem Verkäufer bereits zugeflossen ist oder nicht. Im zuletzt genannten Fall, d.h. *vor* Auszahlung der Darlehensvaluta an den Verkäufer, richten sich die Rechtsfolgen des Widerrufs allein nach § 7 Abs. 4 des Gesetzes und damit letztlich nach § 3 HaustürWG, der nahezu wörtlich mit dem früheren § 1 d AbzG übereinstimmt, so daß sich dazu im vorliegenden Zusammenhang weitere Ausführungen erübrigen. Die Abwicklung wird sich dann wohl stets auf das Verhältnis des Verbrauchers zum Verkäufer beschränken, da eben auf den Kreditvertrag beiderseits noch keine Leistungen erfolgt sind.
Anders hingegen in dem zweiten Fall, d.h. bei Auszahlung der Darlehensvaluta an den Verkäufer *vor* Ablauf der Widerrufsfrist, ein Fall, der im Grunde nur vorstellbar ist, wenn die besondere Widerrufsbelehrung nach § 9 Abs. 2 S. 2 VerbrKrG übersehen worden ist, so daß die verlängerte Widerrufsfrist des § 7 Abs. 2 S. 3 des Gesetzes eingreift. Nach § 9 Abs. 2 S. 4 des Gesetzes tritt dann nämlich im Verhältnis zum Verbraucher hinsichtlich der Rechtsfolgen des Widerrufs die Bank in die Rechte und Pflichten des Verkäufers aus dem Kaufvertrag ein. Das bedeutet, daß auch in diesem Fall die Abwicklung ausschließlich in einem zweiseitigen

---

20 S. im einzelnen BGHZ 91, 9, 18 f. = WM 1984, 649; 95, 350, 352 f. = WM 1985, 1307; BGH LM Nr. 8 zu § 1 a AbzG = WM 1984, 1046 = NJW 1984, 2292, 2293; OLG Frankfurt WM 1987, 308 = NJW 1987, 848.

21 Das ist nach § 3 Abs. 1 Nr. 1 VerbrKrG der auszuzahlende Kreditbetrag, d.h. im wesentlichen die Darlehensvaluta. Die (umstrittenen) Einzelheiten interessieren hier nicht.

Verhältnis, freilich jetzt zwischen Kreditgeber und Verbraucher, stattzufinden hat. Folglich muß der Kreditgeber dem Verbraucher die schon geleisteten Raten sowie eine etwaige Anzahlung zurückzahlen, die letztere selbst dann, wenn sie an den Verkäufer gezahlt wurde, während der Verbraucher die bereits empfangenen Sache an den Kreditgeber herauszugeben hat. Für die Nutzungsentschädigung sowie für die Haftung des Verbrauchers hinsichtlich der herauszugebenden Sache gilt im übrigen (über § 7 Abs. 4 des Gesetzes) § 3 HaustürWG.

b) *Im Innenverhältnis zwischen Kreditgeber und Verkäufer*

Der Kreditgeber hat nach dem Gesagten heute ebensowenig wie früher[22] nach Auszahlung des Darlehens an den Verkäufer einen Anspruch gegen den Verbraucher auf Rückzahlung der Valuta. Er kann sich vielmehr insoweit weiterhin allein an den Verkäufer halten, wobei „nur" unklar ist, auf welcher Grundlage eigentlich, da das Gesetz das Abwicklungsverhältnis zwischen Kreditgeber und Verkäufer ungeregelt gelassen hat.
Die Rechtslage ist unproblematisch nur, wenn Kreditgeber und Verkäufer, etwa in einem sog. Rahmenvertrag, die beiderseitigen Ansprüche im Falle des Widerrufs des Kreditvertrages geregelt haben. Fehlt es jedoch hieran, wofür die unterschiedlichsten Gründe maßgebend sein können, so bleibt für die Abwicklung des Verhältnisses zwischen Kreditgeber und Verkäufer im Grunde nur der Rückgriff auf das Bereicherungsrecht übrig[23], eine Lösung, die insbes. auch mit der bisherigen Rechtsprechung zu den §§ 1 b und 1 d AbzG übereinstimmt, in der gleichfalls für diese Fälle allein ein Bereicherungsanspruch der Bank gegen den Verkäufer erwogen worden ist, und zwar ohne Rücksicht auf die möglicherweise entgegenstehenden Grundsätze über den Bereicherungsausgleich in Dreipersonenverhältnissen[24]. Dem ist schon um deswillen zuzustimmen, weil es für die genannten Fälle ohnehin keine Einheitslösungen gibt und hier zudem allemal ergänzend die Wertungen des Verbraucherkreditgesetzes berücksichtigt werden müssen.
Verlangt der Kreditgeber von dem Verkäufer Rückzahlung der Darlehensvaluta, so sollte es sich außerdem von selbst verstehen, daß er dann nicht auch noch die etwa vom Verbraucher bereits erlangte Sache nebst Nutzungsentschädigung (§ 3 Abs. 3 HaustürWG) behalten darf. Um beides ist er jetzt vielmehr auf Kosten des Verkäufers, und zwar in sonstiger Weise bereichert, so daß es hinsichtlich der beiden gegenüberstehenden Geldansprüche zu einer Verrechnung kommt, während im übrigen ein Leistungsaustausch Zug um Zug stattzufinden hat. In der Tat kann nur so

22 Grundlegend BGHZ 91, 9, 18 = WM 1984, 649.
23 Ganz anders *Dauner-Lieb,* aaO (Fn. 13).
24 BGH LM Nr. 28 zu § 6 AbzG = WM 1980, 159 = NJW 1980, 938, 940; BGHZ 91, 9, 19 = WM 1984, 649.

der vorrangige Zweck des § 9 Abs. 2 S. 4 VerbrKrG, die Abwicklung nach Möglichkeit auf das Verhältnis des Verbrauchers zum Kreditgeber zu konzentrieren, verwirklicht werden.

IV. *Einwendungsdurchgriff*

1. *Grundlagen*

Im Anschluß an die bisherige Praxis[25] läßt Abs. 3 des § 9 VerbrKrG[26] erstmals im deutschen Recht ausdrücklich den sog. Einwendungsdurchgriff bei verbundenen Geschäften zu[27]. Die Regelung ist gekennzeichnet durch eine „Zurückdrängung" der Subsidiarität des Einwendungsdurchgriffs, ohne daß diese jedoch, entgegen verbreiteten Forderungen des Schrifttums, ganz aufgegeben worden wäre[28]; das Gesetz hält vielmehr in § 9 Abs. 3 S. 3 für diejenigen Fälle an der Subsidiarität des Einwendungsdurchgriffs fest, in denen sich der Verbraucher selbst auf den Boden des gültigen Kaufvertrages stellt, indem er Nachbesserung oder Nachlieferung verlangt. In allen übrigen Fällen kann der Verbraucher hingegen heute Einwendungen aus dem verbundenen Kaufvertrag sofort dem Rückzahlungsanspruch des Kreditgebers aus dem Kreditvertrag entgegensetzen (§ 9 Abs. 3 S. 1 VerbrKrG).
Das Gesetz beschränkt sich in § 9 Abs. 3 darauf, dem Käufer ein Leistungsverweigerungsrecht einzuräumen, *soweit* ihn Einwendungen aus dem Kaufvertrag auch zur Verweigerung der Bezahlung des Kaufpreises berechtigten[29]. Alle anderen Fragen sind hingegen - wiederum - ungeregelt geblieben. Besonders mißlich ist das für die vielfältigen Abwicklungsfragen, die schon früher unter dem AbzG lebhaft umstritten waren. Auf sie sollen sich daher die folgenden Ausführungen konzentrieren.

2. *Durchführung*

a) *Zweck der gesetzlichen Regelung*

Die Rechtsprechung hatte sich früher zur „Begründung" des Einwendungsdurchgriffs – faute de mieux – in erster Linie auf § 242 BGB ge-

25 S. zuletzt insbesondere BGHZ 64, 268 = WM 1965, 739; 83, 301, 304 = WM 1982, 658; 95, 350, 352 ff. = WM 1985, 1307; BGH LM Nr. 26 zu § 138 (Bc) BGB = WM 1980, 327 = NJW 1980, 1155; LM aaO Nr. 30 = WM 1980, 1111 = NJW 1980, 2301; LM Nr. 211 zu § 242 (Cd) BGB = WM 1978, 459 = NJW 1978, 1427.

26 In Vollzug von Art. 11 Abs. 2 der Verbraucherkreditrichtlinie.

27 Ebenso § 18 S. 2 Österr. KSchG; Beispiele in OGH SZ Bd. 42 (1969) Nr. 60, 187, 191; SZ Bd. 58 (1985) Nr. 39, 187, 191 = JBl. 1986, 307; OGH JBl. 1984, 324, 325; EvBl. 1964 Nr. 364; JBl. 1975, 372, 373; 1987, 378, 380. Ebenso außerdem Art. 24 Abs. 1 des belgischen Verbraucherkreditgesetzes von 1991.

28 S. dazu die Begründung zum RegE, BT-Drucksache 11 (1989)/5462, S. 12, 23 f.

29 Wörtlich übereinstimmend § 18 S. 2 österr. KSchG; Art. 24 Abs. 1 des belgischen Gesetzes.

stützt und damit im Grunde auf nicht näher qualifizierte allgemeine Gerechtigkeitspostulate zurückgezogen[30]. Es verwundert daher nicht, daß im Schrifttum die dogmatischen Grundlagen des Einwendungsdurchgriffs bis zuletzt umstritten geblieben waren[31].

Diese Diskussion interessiert heute – nach der gesetzlichen Anerkennung des Einwendungsdurchgriffs – nur noch am Rande. Wenn im vorliegenden Zusammenhang gleichwohl an sie erinnert wird, so deshalb, weil in der Unsicherheit über die Grundlagen des Einwendungsdurchgriffs eine der Ursachen für die nicht abreißende Diskussion über die schwierigen Abwicklungsfragen zu sehen ist, die der Einwendungsdurchgriff nach sich zieht, schwierig deshalb, weil die bloße Zulassung des Einwendungsdurchgriffs allein noch nichts über das weitere Schicksal der zu einer wirtschaftlichen Einheit „verbundenen" Verträge besagt. Zur Lösung dieser Problematik ist eine Fülle unterschiedlicher Konstruktionen entwikkelt worden, von denen sich jedoch keine letztlich durchzusetzen vermochte[32].

Ebensowenig ist die Rechtsprechung unter dem AbzG[33] zu einer allseits befriedigenden Lösung dieser schwierigen Fälle gelangt, zumal der BGH stets ganz betont auf die Umstände des Einzelfalls abgestellt hatte. Deutlich geworden war lediglich das Bestreben des Gerichts, bei dem Bereicherungsausgleich zwischen den Beteiligten die Wertungen des AbzG zu berücksichtigen und außerdem dem Verbraucher die mit dem Einwendungsdurchgriff für ihn verbundenen Vergünstigungen nach Möglichkeit zu erhalten, so daß in der Mehrzahl der Fälle und jedenfalls stets bei Nichtigkeit beider Verträge ein Anspruch der Bank gegen den Verbraucher auf Rückzahlung der Darlehensvaluta abgelehnt wurde, weil er insoweit nicht mehr bereichert sei[34].

Auf verbreitete Billigung war in der Diskussion über den ganzen Fragenkreis allein die hinter der geschilderten Praxis stehende Ausgangsüberlegung gestoßen, daß es sich hier um Fälle handelt, die in ihrer Grundstruktur eine unübersehbare Verwandtschaft mit den bekannten Anwei-

---

30 Ebenso übrigens der OGH (Nachw. o. Fn. 27), nach dem eine einseitige Belastung des Käufers mit dem Risiko der Trennung beider Verträge sogar „sittenwidrig" wäre.

31 Vgl. statt aller *Abeltshauser,* ZIP 1990, 693; *Canaris,* Bankvertragsrecht, 2. Aufl. 1981, Rn. 1418 ff.; *Emmerich,* JuS 1971, 273; *Gundlach,* Konsumentenkredit und Einwendungsdurchgriff, 1979, S. 142 ff.; *v. Reinersdorff,* Zur Dogmatik des Einwendungsdurchgriffs, 1984; *Schlosser,* Jura 1985, 89.

32 S. z. B. *Canaris,* in: 1. Festschrift für Larenz, 1973, S. 799, 838 ff.; *Kupisch,* Gesetzespositivismus im Bereicherungsrecht, 1978; *Reuter/Martinek,* Ungerechtfertigte Bereicherung, 1983, § 12 IX, S. 499 f.

33 Überblick bei *Reuter/Martinek* (vorige Fn.), S. 502 f.

34 Grundlegend BGHZ 71, 358, 365 f. = WM 1978, 875; s. außerdem BGH LM Nr. 53 zu § 123 BGB = WM 1979, 429 = NJW 1979, 1593, 1595; LM Nr. 140 zu § 812 BGB = WM 1979, 850 = NJW 1979, 1597, 1598; LM Nr. 26 zu § 138 (Bc) BGB = WM 1980, 327 = NJW 1980, 1155, 1157 f.; LM Nr. 28 zu § 6 AbzG = WM 1980, 159 = NJW 1980, 938, 940; enger jedoch, wenn auch im Ergebnis wohl übereinstimmend BGH LM Nr. 30 zu § 138 (bc) BGB = WM 1980, 1111 = NJW 1980, 2301, 2302 f.

sungsfällen erkennen lassen, und zwar deshalb, weil im Regelfall die Bank die Darlehensvaluta auf Weisung des Käufers direkt an den Verkäufer auszahlt. Es lag von daher gesehen in der Tat nahe, zur Lösung der Abwicklungsprobleme vorrangig auf die Regeln über den Bereicherungsausgleich in Dreiecks- oder Dreipersonenverhältnissen zurückzugreifen. Gleichwohl gelang es nicht, daraus allseits akzeptierte Folgerungen für unsere Fälle abzuleiten. Dies hing einmal mit der erwähnten Unsicherheit über die dogmatischen Grundlagen des Einwendungsdurchgriffs, vor allem aber damit zusammen, daß in jedem Fall ergänzend die besonderen Wertungen des AbzG berücksichtigt werden mußten, ohne daß freilich die daraus abzuleitenden Konsequenzen unmittelbar deutlich gewesen wären. Besondere Schwierigkeiten bereitete zudem stets die Frage nach dem Schicksal der Kaufsache.

In dieser zuletzt ohnehin nur noch für wenige Eingeweihte durchschaubaren Diskussion wurde vielleicht nicht immer hinreichend deutlich, daß sich hinter der ganzen Auseinandersetzung letztlich eine grundsätzliche Frage verbirgt, von deren Beantwortung im Grunde alle Details abhängen. Gemeint ist das Problem, ob die Abwicklung nach Geltendmachung des Einwendungsdurchgriffs durch den Verbraucher *nach Möglichkeit* auf das Verhältnis zwischen Verbraucher und Bank konzentriert werden soll oder ob – entsprechend den Regeln über den Bereicherungsausgleich im Dreiecksverhältnis – hier gleichfalls in erster Linie „übers Dreieck" abzuwickeln ist, so daß sich der Verbraucher gegebenenfalls mit Bank *und* Verkäufer auseinandersetzen muß[35].

Es liegt in der Natur der Sache, daß sich dieselbe Frage in allen anderen Rechtsordnungen stellt, die den Einwendungsdurchgriff kennen. Deshalb empfiehlt sich hier vielleicht einmal ein kurzer Blick über die Grenzen.

In Österreich, wo die Gesetzeslage weitgehend mit der in Deutschland übereinstimmt, tendiert die überwiegende Meinung deutlich dahin, aus der Zulassung des Einwendungsdurchgriffs die generelle Befreiung des Käufers von sämtlichen Ansprüchen aus beiden Verträgen zu folgern, weil anders die Zulassung des Einwendungsdurchgriffs keinen Sinn mache. Die Konsequenz ist, daß der Käufer hier die Bank wegen der Rückzahlung der Darlehensvaluta grundsätzlich an den Verkäufer verweisen kann. Nur wenn der Käufer selbst am Kaufvertrag festhält, indem er Nachbesserung oder Nachlieferung verlangt, kann er sich – ebenso wie bei uns nach § 9 Abs. 3 S. 3 VerbrKrG – allein an den Verkäufer halten[36].

Anders wird die Rechtslage hingegen im Ausgangspunkt in Frankreich beurteilt, da der Kassationshof aus der Sonderregelung in Art. 10 des Gesetzes von 1978 den Schluß gezogen hat, daß sich nach Aufhebung des

35 Im zweiten Sinne wohl grundsätzlich *Reinking/Nießen*, ZIP 1991, 634, 635 f.; anders hingegen *Dauner-Lieb*, aaO (Fn. 13).

36 S. z.B. *Krejci*, KSchG, § 18 Rn. 25, 28; *Mayrhofer*, in: *Krejci* (Hrsg.), Handbuch zum Konsumentenschutzgesetz, Wien 1981, S. 480 f.

Kaufvertrages die Rückabwicklung des infolgedessen gleichfalls aufgehobenen Darlehensvertrages (s. Art. 9 Abs. 2 des Gesetzes) ausschließlich zwischen den Parteien des Darlehensvertrages zu vollziehen hat. Die Bank kann jedoch von dem letztlich verantwortlichen Verkäufer zusätzlich die Übernahme der Mithaftung für die Rückzahlung der Darlehensvaluta verlangen, so daß sich letztlich auch in Frankreich die Abwicklung vermutlich in aller Regel in das Innenverhältnis zwischen Bank und Verkäufer verlagern wird[37].

Für das deutsche Recht legen Sinn und Zweck des VerbrKrG eine ähnliche Lösung nahe. Denn es dürfte Wertungen des Gesetzes am meisten entsprechen, die Abwicklung nach Geltendmachung des Einwendungsdurchgriffs möglichst auf das Verhältnis des Verbrauchers zur Bank zu konzentrieren und ihn nicht zu zwingen, sich zusätzlich aufgrund des ja zunächst beiderseits erfüllten Kaufvertrages auch noch mit dem Verkäufer auseinanderzusetzen. Dies ergibt sich namentlich aus der in § 9 Abs. 2 S. 4 des Gesetzes für die parallele Situation beim Widerruf getroffenen Entscheidung des Gesetzgebers. Fraglich ist gleichwohl, wie weit sich im Rahmen des Gesetzes tatsächlich dieses Ziel beim Einwendungsdurchgriff verwirklichen läßt. Das soll im folgenden für die beiden wichtigsten Fälle, d.h. für die Nichtigkeit des Kaufvertrages sowie für Wandlung und Minderung, näher untersucht werden.

b) *Folgerungen*

aa) Nichtigkeit des Kaufvertrages

Eine Nichtigkeit des Kaufvertrages kommt vor allem in Betracht, wenn der Käufer den Vertrag wegen arglistiger Täuschung durch den Verkäufer anfechten kann (§§ 123 Abs. 1, 142 BGB). Die Besonderheit dieser Fälle besteht darin, daß die Anfechtung dann in aller Regel auch den Darlehensvertrag erfassen wird[38], so daß es sich hier um einen „klassischen" Fall des Doppelmangels handelt, bekanntlich ein Tummelplatz bereicherungsrechtlicher Kontroversen. Diese ganze verwirrende Diskussion[39] braucht indessen im vorliegenden Zusammenhang nicht weiter vertieft zu werden. Selbst wenn man sich nämlich - entsprechend der heute im Bereicherungsrecht wohl vorherrschenden Meinung - auch im Falle des

---

37 Grundlegend Cass. civ., 2. 5. 1989, Bull. civ. I No. 181, p. 120 (121) = D. 1989 Somm. 338 f. (für den Fall der Nichterfüllung eines finanzierten Kfz-Kaufvertrages); wegen der Einzelheiten s. im übrigen *Ph. Malaurie*, in: *Dalloz*, Rep. comm. T. III, 1981/1989, Crédit mobilier, Nos. 73-76; weitere Beispiele für den Einwendungsdurchgriff etwa in Cass. civ., 11. 2. 1986, Bull. civ. I No. 27, p. 23 (24); Paris, 16. 5. 1986, D. 1986, p. 465 (467).

38 Der Verkäufer ist in der Regel nicht Dritter i. S. des § 123 Abs. 2 S. 1 BGB; s. statt aller BGHZ 47, 224 = WM 1967, 450; 47, 233 = WM 1967, 455.

39 Stichworte: Durchgriffskondiktion und Kondiktion der Kondiktion.

Doppelmangels grundsätzlich für die Abwicklung „übers Dreieck" entscheidet, muß man doch in dem hier interessierenden Fall mit Rücksicht auf die vorgehenden Wertungen des VerbrKrG zur Kondiktion der Kondiktion kommen, einfach deshalb, weil nur so das Grundanliegen des Gesetzes verwirklicht werden kann, nach Möglichkeit die Abwicklung auf das Verhältnis zwischen Verbraucher und Kreditgeber zu beschränken[40]. Konkret gesprochen, bedeutet dies, daß der Kreditgeber vom Verbraucher lediglich dessen Bereicherungsanspruch gegen den Verkäufer auf Rückzahlung der Darlehensvaluta kondizieren kann, während er sich anschließend - durchaus sachgerecht - mit dem Verkäufer auseinandersetzen muß. Restlos geht freilich auch diese auf den ersten Blick so „elegant" anmutende Lösung nicht auf, da auf ihrem Boden eine Lösung der schwierigen Fragen, die mit einer etwaigen Anzahlung des Käufers und mit dem Schicksal der Kaufsache zusammenhängen, nur schwer möglich ist. Um hier weiter zu kommen, empfiehlt es sich, im folgenden danach zu unterscheiden, ob sich der Kreditgeber die Kaufsache zur Sicherheit übereignen ließ oder nicht.

Steht dem Kreditgeber *kein* Sicherungseigentum an der Sache zu, so dürfte es in der Regel aufgrund des (erfüllten) Kaufvertrages zu ihrer Übereignung an den Verbraucher gekommen sein. Die Folge ist, daß nach Anfechtung des Kaufvertrages der *Verkäufer* mit der Leistungskondiktion vom Verbraucher Herausgabe der Sache Zug um Zug gegen Rückzahlung der Anzahlung verlangen kann, wobei es im Regelfall keine Rolle spielen dürfte, ob man insoweit der Saldotheorie oder mit der Rechtsprechung[41] der Zweikondiktionentheorie folgt. Mit der Sache kann der Verkäufer dann außerdem Ersatz für die vom Verbraucher in der Zwischenzeit gezogenen Nutzungen verlangen (§§ 818 Abs. 1, 100 BGB). Das Ergebnis ist freilich, daß zumindest in diesem Fall das sonst nicht zu klärende Schicksal der Sache doch eine Auseinandersetzung auch zwischen Verbraucher und Verkäufer erzwingt.

Anders hingegen wohl, wenn die Sache dem Kreditgeber zur Sicherheit *übereignet* worden war. Denn dann entfällt nach Anfechtung des Kaufvertrages und Geltendmachung des Einwendungsdurchgriffs das Besitzrecht des Verbrauchers, so daß die Bank jetzt von ihm Herausgabe der Sache verlangen kann (§§ 985, 986 BGB). Auch die Rücktrittsfiktion des § 13 Abs. 3 S. 2 VerbrKrG steht solchem Verlangen der Bank nicht entgegen, da bei der regelmäßig anzunehmenden Nichtigkeit des Darlehensvertrages für ihre Anwendung kein Raum sein dürfte. Die Bank kann da-

40 Ebenso jedenfalls im Ergebnis BGHZ 71, 358, 365 f. = WM 1978, 875; weitere Nachweise s. o. Fn. 34.

41 S. BGHZ 53, 144 = WM 1970, 666; 57, 137 = WM 1971, 1476; 72, 252, 254 ff.; 78, 216, 222 ff. = WM 1981, 17; BGH LM Nr. 8 zu § 141 BGB = WM 1985, 1000 = NJW 1985, 2579; zur Kritik s. statt aller *Emmerich*, Schuldrecht Besonderer Teil, 5. Aufl. 1989, S. 259 f. m. Nachw.

her jetzt vom Verbraucher Zug um Zug gegen Rückzahlung der schon geleisteten Raten Herausgabe der Sache und Abtretung seines Bereicherungsanspruchs gegen den Verkäufer hinsichtlich der Darlehensvaluta verlangen, so daß die Abwicklung wenigstens hier sachgerecht ganz in das Innenverhältnis zwischen Kreditgeber und Verkäufer verlagert wird. Trotz konstruktiver Bedenken wird man außerdem annehmen dürfen, daß die Bank, wenn sie schon die *ganze* Sache in Anspruch nimmt, dann auch - gegen Abtretung des Bereicherungsanspruchs des Käufers - zur Rückzahlung der Anzahlung verpflichtet ist, weil sie andernfalls insoweit grundlos (in sonstiger Weise) auf Kosten des Verbrauchers bereichert wäre (§ 812 Abs. 1 S. 1 BGB).

bb) *Gewährleistungsrechte*

Andere Fragen stellen sich, wenn der Käufer wegen eines Mangels der gelieferten Sache wandelt, mindert oder sich sogar darauf beschränkt, die allgemeine Mängeleinrede zu erheben. Fest steht hier nur, daß sich im Falle der *Minderung* gemäß den §§ 472 und 634 Abs. 4 BGB seine Rückzahlungspflicht gegenüber dem Kreditgeber im selben Ausmaß ermäßigt, in dem nach den genannten Vorschriften der Kaufpreis herabzusetzen wäre. Fraglich ist jedoch schon, wie die Minderung durchzuführen ist. In Betracht kommt an sich ebensowohl eine verhältnismäßige Herabsetzung aller Raten[42] wie eine absolute Kürzung der Kreditschuld um einen nach denselben Regeln berechneten Betrag, wobei dann freilich wieder zweifelhaft ist, an welcher Stelle die Kürzung vorzunehmen ist[43]. Der gesetzlichen Regelung dürfte aber doch wohl am meisten eine verhältnismäßige Herabsetzung sämtlicher einzelnen Raten entsprechen.
Wählt der Käufer hingegen die *Wandlung*, so stand - jedenfalls ex post gesehen - dem Rückzahlungsanspruch des Kreditgebers von Anfang an eine Einrede entgegen (so ausdrücklich § 9 Abs. 3 S. 1 VerbrKrG), durch die die Geltendmachung des Anspruchs *auf Dauer* ausgeschlossen wurde. Folglich handelt es sich hier um einen Fall des § 813 Abs. 1 BGB mit der Folge, daß der Verbraucher nicht nur die weitere Rückzahlung des Kredits verweigern, sondern auch die schon gezahlten Raten zurückfordern kann. Zwar ist streitig, ob bei nachträglichem Auftreten einer dauernden Einrede - wie hier - Raum für die Anwendung des § 813 Abs. 1 BGB ist; der Wortlaut der Vorschrift steht jedoch ihrer Erstreckung auf diese Fälle (die bisher keine praktische Bedeutung besaßen) nicht entgegen. Und der Fall des § 9 Abs. 3 S. 1 VerbrKrG macht die Notwendigkeit

42 So *Emmerich*, FLF 1989, 168, 173.
43 S. *Reinking/Nießen*, ZIP 1991, 634, 636.

deutlich, hier gleichfalls § 813 Abs. 1 BGB anzuwenden[44]. Dies bedeutet, daß durch § 9 Abs. 3 S. 1 VerbrKrG in Verbindung mit § 813 Abs. 1 BGB im Ergebnis der *Rückforderungsdurchgriff* doch zugelassen worden ist[45], obwohl ihm die Gesetzesverfasser jedenfalls ursprünglich ablehnend gegenübergestanden hatten[46].

Die Bank hat ihrerseits einen Bereicherungsanspruch gegen den Verbraucher, der jedoch nur um seine Rückzahlungsansprüche gegen den Verkäufer bereichert ist (§ 818 Abs. 3 in Verb. mit § 346 S. 1 BGB), so daß er lediglich Zug um Zug - entsprechend der Regeln der Saldotheorie - gegen Rückzahlung der schon geleisteten Raten zur Abtretung dieser Ansprüche verpflichtet ist. Diese Lösung, die die Verlagerung der Auseinandersetzung über den Mangel der Sache in das Verhältnis zwischen Kreditgeber und Verbraucher zur Folge hat, entspricht, wie gezeigt, durchaus den Wertungen des Verbraucherkreditgesetzes und stellt für die Banken keine unzumutbare Belastung dar. In Österreich wird die Rechtslage bezeichnenderweise genauso gesehen. Schwierigkeiten bereitet dann freilich wieder das Schicksal der Kaufsache und einer etwaigen Anzahlung des Käufers:

Wenn die Sache dem Kreditgeber zur Sicherheit übereignet worden war, kann er sie jetzt zwar - mangels eines weiteren Besitzrechts des Käufers - herausverlangen, und zwar wohl nur gegen Rückzahlung der Anzahlung; doch droht dann möglicherweise die Anwendung des § 13 Abs. 3 S. 2 VerbrKrG, so daß die Folge eine Abwicklung nach Rücktrittsrecht wäre, bei der freilich nach allgemeiner Meinung der Kreditgeber ebenfalls zur Erstattung der Anzahlung verpflichtet ist[47].

Verzichtet deshalb der Kreditgeber auf die Rückforderung der Sache, so kann nicht zweifelhaft sein, daß der Herausgabeanspruch jetzt dem Verkäufer zusteht, und zwar wiederum Zug um Zug gegen Rückzahlung der Anzahlung (§§ 346, 348 BGB). Entsprechend der Rechtslage beim Finanzierungsleasing wird man dabei annehmen müssen, daß der Verkäufer in jedem Fall an das Ergebnis des Prozesses zwischen Kreditgeber und Verbraucher gebunden ist, selbst wenn ihm nicht der Streit verkündet worden ist (§§ 72, 74 Abs. 3 und 68 ZPO)[48].

Noch schwieriger gestaltet sich die Rechtslage, wenn der Käufer sich nicht sofort für die Minderung oder die Wandlung entscheidet, sondern

---

44 Ebenso wohl *Lieb* in: MünchKomm, BGB, 2. Aufl. 1986, § 813 Rn. 2; *Staudinger/Lorenz*, BGB, 12. Aufl. 1986, § 813 Rn. 7 (gegen Rn. 2); anders z. B. (ohne Begründung) *Soergel/Mühl*, BGB, 11. Aufl. 1985, § 812 Rn. 1.

45 Ebenso *Reinking/Nießen*, ZIP 1991, 79, 84; ZIP 1991, 634, 636.

46 S. die Begründung zum RefE, bei *Emmerich*, FLF 1989, 168, 173.

47 So jedenfalls die überwiegende Meinung schon unter dem AbzG; s. BGHZ 47, 241, 243 = WM 1967, 458; 47, 246, 247 f. = WM 1967, 461; 57, 112, 114 f. = WM 1971, 1437; 66, 165, 168 f. = WM 1976, 501; 71, 322, 326 f. = WM 1978, 720; 91, 37, 46 f. = WM 1984, 722; BGH LM Nr. 21 zu § 1 AbzG = WM 1988, 1328 = NJW 1989, 163, m. BGH LM Nr. 21 zu § 1 AbzG = WM 1988, 1328 = NJW 1989, 163, m. Anm. *Emmerich*, WuB IV C. § 6 AbzG Nr. 2.88 m. Nachw.

48 Zuletzt BGH WM 1991, 954.

sich darauf beschränkt, zunächst zulässigerweise die allgemeine *Mängeleinrede* zu erheben und alles andere der weiteren Entwicklung zu überlassen[49]. Im Schrifttum wird z.T. angenommen, aus dem Kaufvertrag ergebe sich dann die Nebenpflicht des Verbrauchers zur unverzüglichen Durchsetzung seiner Gewährleistungsrechte gegen den diese bestreitenden Verkäufer, so daß er bei einem Verstoß gegen diese Pflicht - eben durch Beschränkung auf die allgemeine Mängeleinrede - aller seiner Rechte und insbes. des Leistungsverweigerungsrechts gegenüber dem Kreditgeber verlustig gehe[50]. Aber das ist eine offenkundige Verlegenheitskonstruktion ohne Grundlage im Gesetz, die zudem den Nachteil hat, im Ergebnis doch wieder die vom Gesetz gerade abgeschaffte Subsidiarität des Einwendungsdurchgriffs einzuführen. Deshalb empfiehlt es sich, weiter nach anderen Lösungen Ausschau zu halten.

Hier ist daran zu erinnern, daß sich aus einer Reihe von Vorschriften des BGB und des HGB der allgemeine Grundsatz ableiten läßt, daß der Gläubiger stets nach Fristsetzung zum Rücktritt berechtigt ist, wenn durch das Verhalten der anderen Seite, des „Schuldners" ein Schwebezustand entstanden ist, dessen Fortbestand für ihn auf Dauer unzumutbar ist[51]. Folglich ist der Kreditgeber hier gleichfalls befugt, dem Verbraucher eine Frist zur Entscheidung darüber zu setzen, ob und welche Gewährleistungsrechte er geltend machen will. Läßt der Verbraucher die Frist ungenutzt verstreichen, so kann der Kreditgeber zurücktreten. Der Sache nach bedeutet dies, daß jetzt das Wandelungsrecht analog § 264 Abs. 2 S. 2 BGB auf ihn übergeht.

V. *Leasingverträge*

1. *Überblick*

Zusätzliche Schwierigkeiten bereitet die Anwendung des § 9 auf Leasingverträge. Das gilt für alle drei Absätze der Vorschrift und hängt vor allem mit der verwickelten Entstehungsgeschichte des Gesetzes zusammen, auf die deshalb hier zunächst ein kurzer Blick zu werfen ist.

Die Bundesregierung wollte ursprünglich hinsichtlich der Anwendung des Gesetzes auf Finanzierungsleasingverträge der restriktiven Linie des BGH zur Anwendbarkeit des AbzG auf Leasingverträge folgen[52]. Dies fand jedoch nicht die Billigung des Bundesrats, der sich vielmehr auf den

---

49 Dazu grundlegend BGH NJW 1991, 1048 = BB 1991, 447 = WM 1991, 545.

50 So *Reinking/Nießen*, ZIP 1991, 634, 635 f.; ebenso im Ergebnis *Dauner-Lieb*, aaO (Fn. 13).

51 S. die §§ 322, 326, 466, 634 Abs. 4, 636 BGB; § 376 Abs. 1 HGB; eingehend statt aller *Emmerich*, Das Recht der Leistungsstörungen, 3. Aufl. 1991, S. 212 f. m. Nachw.

52 S. § 1 Abs. 2 Satz 2 des RegE und dazu die Begründung, BT-Drucksache 11/5462, S. 7 f.; dagegen z.B. *Emmerich*, JuS 1990, 1, 4.

Standpunkt stellte, daß Finanzierungsleasinghabe für den Verbraucher heute wirtschaftlich dieselbe Funktion wie die herkömmlichen Formen der Kreditfinanzierung, so daß es geboten sei, den Anwendungsbereich des Gesetzes (zumindest) auf Finanzierungsleasingverträge zu erstrekken[53]. Trotz Widerspruchs der Bundesregierung[54] schloß sich der Rechtsausschuß schließlich diesem Vorschlag des Bundesrats an, da das Finanzierungsleasing tatsächlich zu einer alternativen Finanzierungsform geworden sei. Der Rechtsausschuß folgerte daraus, daß vom Gesetz (zumindest) sämtliche Leasingverträge erfaßt werden müßten, bei denen der Leasingnehmer für die Amortisation der Aufwendungen des Leasinggebers einzustehen hat[55]. Dementsprechend bestimmt jetzt § 3 Abs. 2 Nr. 1 des Gesetzes, daß auf Finanzierungsleasingverträge (nur) § 4 Abs. 1 S. 2 und 3 sowie die §§ 6, 13 Abs. 3 und 14 keine Anwendung finden, wohl aber alle anderen Vorschriften.

Welche Folgerungen hieraus speziell für § 9 zu ziehen sind, ist bereits jetzt, ein halbes Jahr nach Inkrafttreten des neuen Gesetzes lebhaft umstritten, und dies, obwohl die Gesetzeslage an sich eindeutig ist. Den Umstand, daß § 9 in § 3 Abs. 2 Nr. 1 des Gesetzes nicht erwähnt ist, läßt eigentlich nur den Schluß zu, daß er auf Finanzierungsleasingverträge grundsätzlich anwendbar sein soll, jedenfalls, soweit die rechtliche Lage bei ihnen mit der bei den herkömmlichen verbundenen Geschäften überhaupt vergleichbar ist[56]. Im Schrifttum findet sich gleichwohl vielfach die Auffassung, bei der Nichterwähnung des § 9 in § 3 Abs. 2 Nr. 1 handele es sich um ein vermutlich allein durch den großen Zeitdruck zu erklärendes Redaktionsversehen des Rechtsausschusses, da die Regelung des § 9 für Finanzierungsleasingverträge überhaupt nicht passe. Denn die Situation sei hier ganz anders als bei den verbundenen Geschäften, weil der Leasingnehmer in aller Regel nicht zwei, sondern nur einen Vertrag, und zwar mit dem Leasinggeber abschließe, während der an dem Kauf- oder Werklieferungsvertrag mit dem Lieferanten gewöhnlich nicht sei. Mit Rücksicht auf die Interessenlage des Verbrauchers wird freilich häufig noch weiter zwischen den Absätzen 2 und 3 des § 9 differenziert und nur der eine oder andere Ansatz von der Anwendung auf Finanzierungsleasingverträge ausgeschlossen[57].

Gewiß ist nicht zu erkennen, daß die rechtliche Gestaltung bei Leasingverträgen in der Regel deutlich von der bei finanzierten Verträgen abweicht, da der Leasingnehmer – von Ausnahmefällen abgesehen – in der

53 Stellungnahme, BT-Drucksache 11/5462, S. 34 (r. Sp.).
54 Gegenäußerung, BT-Drucksache 11/5462, S. 41.
55 Bericht, BT-Drucksache 11/8274, S. 21 (l. Sp. o.).
56 Ebenso *Seibert*, Verbraucherkreditgesetz, § 9 Rn. 12; *Graf von Westphalen*, Der Leasingvertrag, 4. Aufl. 1991; *Zahn*, DB 1991, 687.
57 Wegen der Einzelheiten s. *Martinek*, Moderne Vertragstypen Bd. I: Leasing und Factoring, 1991, S. 111; *Reinking/Nießen*, ZIP 1991, 634, 638; *Schmid-Burgk/Schölermann*, BB 1991, 566, 568; *Seifert*, FLF 1991, 54, 55f.; *Slama*, WM 1991, 569, 573f.; *Zahn*, DB 1991, 81, 83f.

Tat allein in Vertragsbeziehungen zum Leasinggeber und nicht auch zusätzlich zum Lieferanten steht. Gleichwohl kann hieraus angesichts der eindeutigen Gesetzeslage (Nichterwähnung des § 9 in § 3 Abs. 2 Nr. 1) nicht der Schluß gezogen werden, daß kein Raum für die Anwendung des § 9 auf Finanzierungsleasingverträge sei; vielmehr ist deutlich, daß auch nach und gerade § 9 auf Finanzierungsleasingverträge Anwendung finden sollte, um die Rechtsstellung des Verbrauchers als Leasingnehmer gegenüber der bisherigen Rechtslage zu verbessern. Aus den nicht zu leugnenden Unterschieden der Situation bei den meisten Leasingverträgen im Verhältnis zu finanzierten Verträgen kann daher allenfalls der Schluß gezogen werden, daß die Anwendung der Absätze 2 und 3 des § 9 auf Finanzierungsleasingverträge gewisse Modifikationen der gesetzlichen Regelung bedingt, nicht jedoch der weitergehende Schluß daß § 9 für Leasingverträge überhaupt nich tpasse. Vorausgesetzt ist dabei immer, daß der Lesingvertrag überhaupt mit dem Kauf- oder Werkvertrag zwischen dem Leasinggeber und dem Lieferanten eine wirtschaftliche Einheit im Sinne des § 9 Abs. 1 bildet[58].

2. *Verbundenes Geschäft*

Nach § 9 Abs. 1 stellen Leasingvertrag und Kaufvertrag ein verbundenes Geschäft dar, wenn der Leasingvertrag der Finanzierung des Kaufvertrages dient und beide Verträge als wirtschaftliche Einheit anzusehen sind. Streng genommen, ist dies natürlich nur der Fall, wenn der Leasingnehmer zuvor fest einen Kaufvertrag mit dem Lieferanten abgeschlossen hatte und später der Leasinggeber zwecks Finanzierung des Vertrages lediglich *neben* dem Käufer und Leasingnehmer dem Kaufvertrag beitritt, eine Fallgestaltung, die zwar vorkommt, aber doch wohl Ausnahmecharakter trägt. In aller Regel wird es sich vielmehr so verhalten, daß selbst wenn zuvor schon ein Kaufvertrag zwischen Lieferant und Leasingnehmer abgeschlossen worden war, dieser doch nach „Einschaltung" der Leasinggesellschaft wieder aufgehoben wird, so daß dann bei wörtlicher Auslegung des § 9 Abs. 1 nicht mehr die Rede davon sein kann, der Leasingvertrag diene der Finanzierung eines Kaufvertrages mit demselben Verbraucher. Solche Wortinterpretation ist indessen abzulehnen, da sie mit dem offenkundigen Willen des Gesetzgebers im Widerspruch steht, der durch die Einbeziehung der Finanzierungsleasingverträge in das Verbraucherkreditgesetz (§§ 1 Abs. 2, 3 Abs. 2 Nr. 1) die Rechtsstellung der Verbraucher bei solchen Verträgen gerade spürbar verbessern wollte, ein Ziel, das indes-

58 Enger z. B. das neue belgische Verbraucherkreditgesetz von 1991, da nach Art. 1 Nr. 10 des Gesetzes Leasingverträge nur erfaßt werden, wenn mit ihnen ausdrücklich oder konkludent ein Kaufangebot für den Verbraucher verbunden ist.

sen nur erreichbar ist, wenn auch § 9 auf Finanzierungsleasingverträge generell angewandt wird. Und in der Tat handelt es sich hier, um mit dem Bundesrat und dem Rechtsausschuß zu sprechen, um bloße „Finanzierungsalternativen“[59]. Denn es macht, wirtschaftlich gesehen, für den Verbraucher, der z. B. ein Kraftfahrzeug nicht sofort bezahlen kann, wirtschaftlich keinen Unterschied, ob ihm der Händler die Finanzierung durch Einschaltung einer zum selben Konzern gehörenden Leasingtochter oder Banktochter ermöglicht. Vielen Verbrauchern dürfte überhaupt der Unterschied in seiner vollen Tragweite nicht einmal voll bewußt werden. Es wäre daher wenig sachgerecht, nur in dem einen, nicht hingegen auch in dem anderen Fall § 9 über verbundene Geschäfte anzuwenden.
Auch wenn, wie wohl im Regelfall, der Verbraucher an dem Kaufvertrag über das Leasingobjekt nicht oder nicht mehr beteiligt ist, kann daher – unter den weiteren Voraussetzungen des § 9 Abs. 1 – ein verbundenes Geschäft, bestehend aus Leasing- und Kaufvertrag angenommen werden, sofern nur beide eine wirtschaftliche Einheit bilden. Ob dies der Fall ist, läßt sich naturgemäß immer nur aufgrund der Umstände des Einzelfalls beurteilen. In der Mehrzahl der Fälle dürfte die Frage jedoch zu bejahen sein, namentlich, wenn der Abschluß des Leasingvertrages auf Wunsch des Leasingnehmers vom Verkäufer vermittelt wird.
Anders mag die Rechtslage zu beurteilen sein, wenn der Leasingnehmer von sich aus, möglicherweise erst erhebliche Zeit nach Abschluß des Kaufvertrages, eine Leasinggesellschaft in die Finanzierung des Vertrages einschaltet[60] oder wenn sich der Leasingnehmer von vornherein allein an die Leasinggesellschaft wendet und über diese ein standardisiertes Massenprodukt wie z. B. ein Kraftfahrzeug „auf Leasingbasis“ erwirbt, wie es neuerdings immer häufiger vorkommt. Aber selbst in solchen Fällen mag man zweifeln, da hier über den Leasingvertrag doch stets eine „Verbindung“ zu dem zugrundeliegenden Kaufvertrag hergestellt wird. Es läßt sich daher nicht ausschließen, daß aus diesem Grunde beim Finanzierungsleasing dem Merkmal der wirtschaftlichen Einheit im Ergebnis nachzu keine praktische Bedeutung zukommen wird, wofür außerdem sprechen könnte, daß hier seine primäre Funktion, nämlich die Abgrenzung der finanzierten Geschäfte von den Personalkrediten, von vornherein entfällt. Abzusehen ist jedenfalls schon jetzt, daß angesichts der häufigen Einschaltung des Lieferanten in die Vermittlung des Leasingvertrages dieser zusammen mit dem Kaufvertrag in vielen Fällen zu einer wirtschaftlichen Einheit verbunden sein dürfte.

---

59 BT-Drucksache 11/5462, S. 34; 11/8274, S. 21.
60 S. *Schmid-Burgk/Schölermann*, BB 1991, 566, 568.

3. *Widerruf*

Da die Vorschrift des § 7 über den Widerruf in § 3 Abs. 2 Nr. 1 des VerbrKrG nicht erwähnt ist, steht fest, daß das Widerrufsrecht heute sämtliche Finanzierungsleasingverträge erfaßt, soweit sie überhaupt nach § 1 Abs. 2 unter das Gesetz fallen. Weitere Ausführungen dazu erübrigen sich im vorliegenden Zusammenhang. Hier ist vielmehr allein der Frage nachzugehen, welche Konsequenzen sich aus dem Widerruf für den Kaufvertrag zwischen dem Leasinggeber und dem Lieferanten ergeben, sofern die beiden Verträge eine wirtschaftliche Einheit bilden (§ 9 Abs. 2 VerbrKrG).

Wie immer sich der Abschluß des Leasingvertrages vollzieht, in aller Regel wird, wie schon erwähnt, die Folge sein, daß der Leasingnehmer an dem Vertrag zwischen dem Leasinggeber und dem Lieferanten nicht oder nicht mehr beteiligt ist. Die Frage der Auswirkungen des Widerrufs des Leasingvertrages auf den mit ihm verbundenen Vertrag mit dem Lieferanten stellt sich daher in der Regel für den Leasingnehmer überhaupt nicht, so daß der Streit über die unmittelbare oder entsprechende Anwendbarkeit des § 9 Abs. 2 auf Finanzierungsleasingverträge im wesentlichen müßig ist. Es ist in allen diesen Fällen vielmehr allein Sache des Leasinggebers, dagegen Vorsorge zu treffen, daß er nach einem etwaigen Widerruf des Leasingvertrages an den Kaufvertrag mit dem Lieferanten gebunden bleibt. In Betracht kommen hier viele Gestaltungsmöglichkeiten, deren Wahl unbedenklich dem Leasinggeber als Kaufmann überlassen werden kann. Keineswegs auszuschließen ist im übrigen, daß der Leasinggeber, etwa im Falle eines besonders günstigen Vertragsabschlusses, weiterhin an dem Erwerb des Leasingobjektes interessiert bleibt, weil er es sofort anderweitig gewinnbegrenzend verwerten kann. Es ist kein Grund ersichtlich, dann über § 9 Abs. 2 trotzdem die Unwirksamkeit des Leasingvertrages auf den verbundenen Kaufvertrag zu erstrecken.

Anders kann es sich nur in Ausnahmefällen verhalten, etwa, wenn der Leasinggeber dem Kaufvertrag zwischen dem Verbraucher und dem Lieferanten nachträglich lediglich *neben* dem Verbraucher beitritt oder wenn er seinen Beitritt, z.B. im Wege einer aufschiebenden Bedingung davon abhängig macht, daß der Leasingvertrag durch den Ablauf der Widerrufsfrist endgültig wirksam wird. (Nur) in solchen und vergleichbaren Fallgestaltungen, in denen der Verbraucher ohne Anwendung der Vorschrift des § 9 Abs. 2 nach Widerruf des Leasingvertrages an den Kaufvertrag gebunden bliebe, sollte man nach Sinn und Zweck des Gesetzes nicht zögern, sie – entsprechend oder unmittelbar – auch auf Finanzierungsleasingverträge anzuwenden. Doch wird es sich dabei, wie gesagt, immer um Ausnahmefälle handeln, so daß insgesamt die Bedeutung des § 9 Abs. 2 für Finanzierungsleasingverträge eher geringfügig sein dürfte.

Ganz anders verhält es sich hingegen mit § 9 Abs. 3, da die aus ihm zu folgernde endgültige Zulassung des Einwendungsdurchgriffs erhebliche Auswirkungen auf die Leasingpraxis haben dürfte. Während nämlich die Rechtsprechung bisher den üblichen Gewährleistungsausschluß in Leasingverträgen bei gleichzeitiger Abtretung der Gewährleistungsrechte des Leasinggebers gegen den Lieferanten an den Leasingnehmer durchweg gebilligt hat[61], ist fortan bei unter das VerbrKrG fallenden Finanzierungsleasingverträgen für einen derartigen umfassenden Gewährleistungsausschluß, sofern nur Leasing- und Kaufvertrag in dem genannten Sinne eine wirtschaftliche Einheit bilden, kein Raum mehr.

Folglich kann der Verbraucher jetzt – im Widerspruch zur bisherigen Vertragspraxis – sämtliche Einwendungen aus dem Kaufvertrag, wenn ihm die Rechte aus diesem abgetreten sind, direkt dem Leasinggeber entgegensetzen, d.h. die weitere Bezahlung der Leasingraten verweigern, ohne noch gezwungen zu sein, sich dieserhalb zunächst mit dem Lieferanten auseinanderzusetzen. Namentlich die Frage der Mangelhaftigkeit des Leasingobjekts wird daher jetzt – als Vorfrage – durchweg schon im Rechtsstreit mit der Leasinggesellschaft zu prüfen sein, wenn der Leasingnehmer unter Berufung auf Mängel der Sache die weitere Bezahlung der Leasingraten verweigert. Ein zusätzlicher Rechtsstreit hierüber mit dem Lieferanten, dem der Leasinggeber wohl in aller Regel den Streit verkünden wird, ist nicht mehr erforderlich.

Das Ergebnis, daß sich der Verbraucher jetzt nicht mehr mit dem Lieferanten, mit dem er in der Regel auch gar nichts zu tun hat, auseinandersetzen muß, entspricht im übrigen in vollem Umfang den Wertungen des § 11 Nr. 10 lit. a AGBG und hätte daher bereits zwanglos dieser Vorschrift entnommen werden können. Die abweisende Praxis des BGH[62] verdiente schon früher keine Billigung[63].

Die Leasinggeber können sich der geschilderten (neuen) Rechtslage nicht etwa dadurch entziehen, daß sie fortan auf die Abtretung ihrer Rechte aus dem Kaufvertrag an den Leasingnehmer verzichten, da die notwendige Folge das Wiederaufleben ihrer eigenen (weitergehenden) Haftung aufgrund der §§ 537 ff. BGB wäre. Für die sich aus dem Gesagten ergebenden Abwicklungsprobleme bieten sich schließlich vergleichbare Lösungen wie bei den finanzierten Verträgen an, ohne daß dies hier noch weiter ausgeführt werden soll, zumal die Verträge zwischen den Leasinggesellschaften und den Lieferanten ohnehin in aller Regel schon Vorsorge für diese Frage treffen werden.

---

61 S. mit Nachw. *Emmerich*, JuS 1990, 1, 6 f.

62 Insbesondere BGHZ 81, 298, 301 ff. = WM 1981, 1219; 94, 180, 187 ff. = WM 1985, 638.

63 S. statt aller m. Nachw. *Emmerich*, JuS 1990, 1, 6 f.

§ 9 Verbraucherkreditgesetz und Finanzierungsleasing*

Professor Dr. Manfred Lieb,
Universität zu Köln

Inhaltsübersicht

I. *Überblick*

Das neue Verbraucherkreditgesetz (VerbrKrG), das überraschend – und in manchem doch recht übereilt – am Ende der letzten Legislaturperiode noch verabschiedet wurde und bereits zum 1. 1. 1991, die Beteiligten bzw. Betroffenen damit vielfach fast schon rechtsstaatswidrig überfordernd[1], in Kraft trat, bereitet Rechtswissenschaft und Rechtsprechung angesichts vieler schwieriger Probleme erhebliches Kopfzerbrechen und stellt damit dem Gesetzgeber wieder einmal kein gutes Zeugnis aus[2]. Dies gilt insbe-

---

* aus WM 1991, 1533-1542.

1 Wenn man bedenkt, welche Mühe und Schwierigkeiten der Praxis allein schon die Realisierung der Anforderungen der §§ 4, 7 Abs. 2, 9 Abs. 2 in einem noch dazu weithin unklaren Geltungsbereich (§§ 1 ff.) bereitet, wäre eine längere Vorlaufzeit geradezu unabdingbar gewesen, zumal das Gesetz einschneidende Sanktionen (§§ 6, 7 Abs. 2 S. 3, 9 Abs. 2) enthält, die die Kreditgeber schon bei kleineren Versehen außerordentlich hart treffen können (vgl. dazu auch die berechtigte Kritik von *Canaris*, EuZW 1991, 257). So aber war am 1. 1. 1991 weithin noch nicht einmal der Gesetzestext verfügbar.

2 *Seibert* spricht im Vorwort seines Referentenkommentars (Handbuch zum Verbraucherkreditgesetz, 1991) selbst von „schwindelnder Abstraktionshöhe" und setzt sich damit der Frage aus, weshalb sich der Gesetzgeber denn hier nicht mehr Mühe im Detail gegeben hat, zumal Rechtsprechung und Literatur zum alten, nunmehr aufgehobenen Abzahlungsgesetz viel Anschauungsmaterial bereithielten.

sondere für die plötzlich in den Schlußberatungen des Rechtsausschusses vollzogene Einbeziehung jedenfalls des Finanzierungsleasing in den Geltungsbereich des Gesetzes.

Der - freilich insoweit seinerseits wenig befriedigende - Gesetzentwurf der Bundesregierung hatte bekanntlich lediglich die problematische Rechtsprechung des BGH zur ausnahmsweisen, auf Umgehungsaspekten beruhenden Einbeziehung von Leasingverträgen[3] (teilweise) kodifizieren wollen und dementsprechend vorgesehen, daß Leasingverträge (nur) dann als Kreditverträge anzusehen seien, wenn die Leasingsache ihrer Substanz nach endgültig auf den Verbraucher übertragen werden solle (§ 1 Abs. 2 S. 2 des Gesetzentwurfs[4]). Dies hatte der Bundesrat (im Ansatz zu Recht) als wenig glücklich empfunden und daher - ersichtlich ohne vertiefte Überlegungen - empfohlen, § 1 Abs. 2 S. 2 des Gesetzentwurfs der Bundesregierung zu streichen[5]. Demgegenüber hatte die Bundesregierung an ihrem Vorschlag festgehalten[6]. Darüber ist dann freilich der Rechtsausschuß in ganz grundsätzlicher Weise hinausgegangen: Während der Gesetzentwurf der Bundesregierung offenbar von der Vorstellung beherrscht war, Finanzierungsleasingverträge seien nur dann als „sonstige Finanzierungshilfe" im Sinne von § 1 Abs. 2 VerbrKrG anzusehen, wenn „die Leasingsache ihrer Substanz nach endgültig auf den Verbraucher übertragen werden soll", während alle sonstigen (auch Finanzierungs-)Leasingverträge vom Anwendungsbereich des Gesetzes nicht erfaßt werden sollten, ging der Rechtsausschuß offenbar genau umgekehrt von der Vorstellung aus, (zumindest Finanzierungs-)Leasingverträge seien ohne weiteres als „sonstige Finanzierungshilfe" zu begreifen und damit grundsätzlich vom Gesetz erfaßt[7]. Dies ergibt sich zwar nicht aus einer ausdrücklichen klarstellenden Regelung - § 1 Abs. 2 S. 2 des Entwurfs wurde ersatzlos gestrichen -, sondern aus einem Umkehrschluß aus dem jetzigen § 3 Abs. 2 Ziffer 1 VerbrKrG, der eine Reihe wenig passender Vorschriften - zutreffend[8] - in bezug auf Finanzierungsleasingverträge für unanwendbar erklärte. Ob diese mittelbare (teilweise) Einbeziehung der Finanzierungsleasingverträge in den Geltungsbereich des Gesetzes glücklich war, darf hier trotz der darin liegenden begrüßenswerten Distanzierung von der einseitig mietrechtlichen Betrachtungsweise des

3 Vgl. dazu die rückblickende Darstellung des *Grafen von Westphalen*, WM 1991, 529 ff.
4 Abgedruckt bei *Seibert*, aaO (Fn. 2), S. 108 ff.
5 Nr. 2 der Stellungnahme des Bundesrats, BT-Drucks. 11/5462; abgedruckt bei *Seibert*, aaO (Fn. 2), S. 150 (li. Sp.).
6 Gegenäußerung der Bundesregierung aaO (Fn. 2), S. 150 (re. Sp.).
7 Vgl. dazu die Begründung des Rechtsausschusses in BT-Drucks. 11/8274; wiederum abgedruckt bei *Seibert*, aaO (Fn. 2), S. 173.
8 A. A. allerdings offenbar nach wie vor BGH, WM 1991, 1038, 1039.

BGH[9] bezweifelt werden, zumal es der Rechtsausschuß bei dieser im Schnellverfahren erfolgten Einbeziehung der Finanzierungsleasingverträge versäumt hat, zahlreiche, auf der Hand liegende Folgefragen und hier insbesondere das Verhältnis der Neuregelung zum bisher von der Rechtsprechung praktizierten „Recht" des Finanzierungsleasing zu klären bzw. eigenständig zu regeln[10]. Dazu kommt, daß angesichts der problematischen Regelungstechnik des Gesetzes, die Finanzierungsleasingverträge nur im Rahmen einer Ausnahmeregelung (§ 3 Abs. 2 Ziff. 1) erwähnt, offen und unklar bleibt, ob denn nun die Anwendung des Gesetzes damit auf sorgsam zu definierende und abzugrenzende Finanzierungsleasingverträge beschränkt bleibt oder ob andere (welche? alle?) Leasingverträge künftig als „sonstige Finanzierungshilfe" zu begreifen sind. Dies bedarf einer sorgfältigen Einzeluntersuchung, die hier nicht geleistet werden kann. Immerhin sei vorab bemerkt, daß die Unterstellung (auch) anderer als Finanzierungsleasingverträge unter den Begriff der sonstigen Finanzierungshilfe zur dann uneingeschränkten Anwendbarkeit des VerbrKrG (die Einschränkungen des § 3 Abs. 2 Ziff. 1 betreffen ja nur Finanzierungsleasingverträge) und damit insoweit zu einem recht merkwürdigen Ergebnis führen würde, als dann der Schutz des Verbrauchers bei sonstigen Leasingverträgen im Vergleich zu Finanzierungsleasingverträgen weiterreichen würde, obwohl – wie das bereits jetzt diskutierte Beispiel des sogenannten Kilometervertrages zeigt[11] – die Schutzbedürftigkeit etwa wegen des fehlenden Restwertrisikos des Verbrauchers dort meist geringer sein wird.
Dieser Beitrag soll neben ergänzenden Überlegungen zum Anwendungsbereich des Gesetzes (VI.) auf die besonders wichtige, bereits jetzt sehr umstrittene, als „völlig ungeklärt"[12] bezeichnete Frage konzentriert werden, ob die zentrale Vorschrift des § 9 über die Sonderbehandlung verbundener Verträge, die sich als Kodifizierung der bisherigen Rechtsprechung zu Widerruf und Einwendungsdurchgriff beim finanzierten Kauf versteht, auch auf Finanzierungsleasingverträge mit Verbrauchern sowie – im Rahmen der Höchstgrenze des § 3 Abs. 1 Ziff. 2 – in der Existenzgründungsphase anzuwenden ist. Dem kommt deswegen besondere Bedeutung zu, weil die Handhabung der erweiterten Belehrungs- und Widerrufsregelung des § 9 Abs. 2 erhebliche Probleme bereitet und vor allem ganz unklar ist, wie sich denn die (ohnehin lückenhafte) Regelung des sogenannten Einwendungsdurchgriffs des § 9 Abs. 3 zur detaillierten Gewährleistungsrechtsprechung des BGH (Stichwort: leasingtypische

9 Vgl. dazu nur *Martinek*, Moderne Vertragstypen, Bd. I: Leasing und Factoring, 1991, S. 70 ff.
10 Vgl. dazu insbesondere die Überlegungen im Abschnitt IV.
11 Vgl. dazu *Seifert*, FLF 1991, 54; *Schmid-Burgk/Schölermann*, BB 1991, 566, 567; *Slama*, WM 1991, 569, 570; *Reinking/Nießen*, ZIP 1991, 634, 637.
12 *Seifert*, aaO (Fn. 11), S. 55 unter Ziff. 4.

Abtretungskonstruktion) verhält und ob aufgrund des VerbrKrG künftig zwischen dann dem Gesetz unterfallenden Verbraucherleasing und – dann wesentlich freier zu stellendem – Unternehmerleasing zu unterscheiden oder ob die Einheitsbehandlung der bisherigen Rechtsprechung beizubehalten ist.

II. *Vorüberlegungen*

Einige Stimmen halten die Anwendung des § 9 auf Finanzierungsleasingverträge schon deswegen für möglich, weil § 9 in der Ausnahmeregelung des § 3 Abs. 2 Ziff. 1 nicht erwähnt worden sei[13]. Bereits dieser Einstieg ist indessen methodisch unzutreffend: § 9 stellt nämlich gar keine generelle Regelung jeglicher Kredithilfe im Sinne von § 1 Abs. 2 dar – nur dann hätte seine Nichtgeltung ausdrücklich vorgesehen werden müssen –, sondern eine Regelung, die sich nach dem insoweit ganz eindeutigen Gesetzeswortlaut auf solche Kreditverträge beschränkt, die der Finanzierung eines Kaufpreises dienen. Der finanzierte Abzahlungskauf (und die ihm nach § 9 Abs. 4 gleichgestellte Finanzierung des Erwerbs anderer Leistungen) ist es, der in Anknüpfung an die frühere Rechtsprechung in seinen Besonderheiten nur erfaßt werden sollte. Darunter läßt sich das Finanzierungsleasing ganz eindeutig nicht subsumieren: Zwar ist auch ihm ein – im Gegensatz zur bisherigen Rechtsprechung nunmehr vom Gesetzgeber stärker betontes – Finanzierungs- und damit Kreditelement eigen, diese Art von Kredithilfe wird dem Leasingnehmer aber vom Leasinggeber unmittelbar gegenständlich gewährt, ohne daß damit ein weiteres Geschäft finanziert wird, wird doch der Kaufvertrag im Bereich des Finanzierungsleasing bekanntlich im Unterschied zum Bereich des finanzierten Kaufs vom Leasinggeber selbst und nicht vom Leasingnehmer/Verbraucher abgeschlossen[14]. Beim Finanzierungsleasing fehlt damit das für § 9 Abs. 1 typische Dreiecksverhältnis, innerhalb dessen der dem Verbraucher gewährte Kredit von diesem zur Erfüllung der Verpflichtungen aus einem eigenen, weiteren Geschäft bestimmungsgemäß zu verwenden ist: Während der Verbraucher im Bereich des § 9 in einer doppelten Vertragsbeziehung, nämlich sowohl zum Kreditgeber als auch zum Verkäufer, steht, geht es beim Finanzierungsleasing zunächst nur um die eine Vertragsbeziehung des Leasingnehmers zum Leasinggeber[15].

---

13 *Seibert,* aaO (Fn. 2), § 9 Rn. 12; *Seifert,* aaO (Fn. 11), S. 55, wohl auch *Canaris,* aaO (Fn. 1).

14 Zur davon etwas abweichenden Konstellation des sog. Eintrittsmodells noch im Abschnitt III.

15 Ähnlich *Zahn,* DB 1991, 81, 83; *ders.,* DB 1991, 687, 688; *Reinking/Nießen,* aaO (Fn. 11), S. 637; *Slama,* aaO (Fn. 11), S. 572; *Seifert,* aaO (Fn. 11), S. 55.

Eine gewisse Annäherung an die von § 9 Abs. 1 vorausgesetzte Konstellation könnte sich allenfalls daraus ergeben, daß der Leasingnehmer aufgrund der bekannten sogenannten leasingtypischen Abtretungskonstruktion gehalten ist, eventuelle Rechte aus Leistungsstörungen, insbesondere Gewährleistungsrechtsbehelfe, aufgrund abgetretenen Rechts gegenüber dem Hersteller/Lieferanten selbständig zu verfolgen. Dies könnte insbesondere für § 9 Abs. 3, nämlich die dortige Regelung des Einwendungsdurchgriffs, deswegen von Bedeutung sein, weil damit der (eigene) Kaufvertrag des Leasinggebers mit dem Hersteller/Lieferanten bzw. diesbezügliche Leistungsstörungen in gewisser Weise doch auch Relevanz für den Leasingnehmer erlangen können. Aus diesem Grunde kann die Möglichkeit einer *analogen* Anwendung des § 9 auf Finanzierungsleasingverträge mit Verbrauchern nicht von vornherein ausgeschlossen werden[16]. Sie bedarf freilich der sorgfältigen schulmäßigen Herleitung[17]. Dabei sind zwei Prämissen zu beachten: Zum einen muß berücksichtigt werden, daß auch eine analoge Anwendung des § 9 auf Finanzierungsleasingverträge mit Verbrauchern nur unter der *zusätzlichen* Voraussetzung bejaht werden kann, daß Leasinggeber und Lieferant/Hersteller eine wirtschaftliche Einheit bilden. Ein verbundenes Geschäft im Sinne von § 9 Abs. 1 liegt ja nur dann vor, wenn der Kredit der Finanzierung eines Kaufpreises dient und beide Verträge als wirtschaftliche Einheit angesehen werden können. Das Tatbestandsmerkmal der wirtschaftlichen Einheit muß daher auch im Bereich des Finanzierungsleasing *selbständig* festgestellt werden und ergibt sich nicht schon aus dem Tatbestand der Finanzierung bzw. – bei analoger Anwendung – der Finanzierungsähnlichkeit. Dies beruht darauf, daß insbesondere die für verbundene Geschäfte mit § 9 Abs. 3 angestrebte Risikoverlagerung vom Verbraucher auf den Kreditgeber der Rechtfertigung bedarf; die mangelhafte Leistung des Verkäufers muß dem Kreditgeber in gewisser Weise zurechenbar sein, und dies ist eben nur dann der Fall, wenn die Voraussetzungen der darauf bezogenen wirtschaftlichen Einheit gegeben sind. Sie sind nun allerdings selbst seit langem sehr umstritten. Darauf im einzelnen einzugehen ist nicht das Anlie-

---

16 Den Aspekt nur analoger Anwendung betonen auch *Reinking/Nießen* (Fn. 11) S. 637 f.; *Zahn*, aaO (Fn. 15), S. 83.

17 Der Hinweis auf die Notwendigkeit, bei der Anwendung und Auslegung der einzelnen Regelungen des VerbrKrG besonders sorgfältig und schulmäßig verfahren zu müssen, ist insbesondere deswegen angebracht, weil in ersten Stellungnahmen, etwa in Seminaren und wissenschaftlichen Veranstaltungen zum VerbrKrG, nicht selten Grundpositionen zu beobachten sind, die mehr der Komplettierung des Verbraucherschutzes verpflichtet zu sein scheinen als dem althergebrachten, in der pluralistischen Demokratie besonders wichtigen Grundsatz des audiatur et altera pars.

gen dieser Abhandlung[18]. Ungeachtet vieler Einzelfragen ist aber festzuhalten, daß auch das Finanzierungsleasing von § 9 (analog) allenfalls dann erfaßt werden kann, wenn eine wirtschaftliche Einheit vorliegt; dies kann im Bereich des Finanzierungsleasing beim Herstellerleasing und beim sogenannten Vertriebsleasing der Fall sein[19].

Die zweite, vorab zu berücksichtigende Prämisse ergibt sich aus der simplen Tatsache, daß es bei der Analogie um die Erstreckung von Rechtsfolgen auf rechtsähnliche Lebenssachverhalte und Problemlagen geht, die vom Gesetzeswortlaut (der aus dieser Sicht als zu eng erscheint) nicht erfaßt werden. Dementsprechend ist die eventuelle Analogie für jede einzelne in Betracht kommende Rechtsfolge auch einzeln und selbständig zu prüfen. Dies bedeutet für die *beiden*, in § 9 ohnehin nicht ganz glücklich in einer Norm zusammengefaßten Rechtsfolgen, daß auch dort die Analogie je selbständig zu prüfen und zu entscheiden ist: Die Widerrufsregelung des § 9 Abs. 2 und der Einwendungsdurchgriff des § 9 Abs. 3 enthalten jeweils selbständige, je für sich analogiefähige Rechtsfolgeregelungen; dementsprechend ist bei der Prüfung je selbständig anzusetzen[20].

III. *Die Lückenhaftigkeit von § 9 Abs. 2*

Überlegungen über die Möglichkeit einer Analogie setzen zunächst einmal die Ermittlung des Normzwecks der gegenüber § 7 erweiterten Widerrufsmöglichkeit und der darauf bezogenen Belehrungspflicht des § 9 Abs. 2 voraus. Er besteht wohl in der Vorstellung, es müsse verhindert werden, daß der Verbraucher nach Widerruf des zur Finanzierung erforderlichen Kreditvertrages an einen zuvor etwa schon (unbedingt[21]) abgeschlossenen Kaufvertrag gebunden bleibe. Dementsprechend verhindert der Widerruf des Kreditvertrages gemäß § 9 Abs. 2 S. 1 auch das Wirksamwerden des Kaufvertrages, ohne daß der Widerruf auch dem Verkäu-

18 Vgl. dazu umfassend *Dauner-Lieb*, WM 1991, Sonderbeil. 6, S. 7 ff. Unter Verzicht auf alle Einzelheiten könnte ganz grundsätzlich hinzugefügt werden, daß sich die Voraussetzungen der Risikoverlagerung vom Verbraucher auf den Kreditgeber gem. § 9 Abs. 1 S. 2 allein aus der rechtlichen und tatsächlichen Ausgestaltung des Verhältnisses Kreditgeber/Verkäufer ergeben können; die nähere Ausgestaltung des Rechtsverhältnisses Kreditgeber/Verbraucher ist insoweit irrelevant. Insbesondere – dies ist wichtig – wäre es verfehlt, wenn man dem Kreditgeber aus Kenntnissen (Stichwort: Zweckbindung) oder Einzelregelungen (Stichwort: Sicherungsübereignung), die im Eigeninteresse erfolgen oder gar auf fürsorglichen Erwägungen in bezug auf Person oder Leistungsfähigkeit des Verbrauchers beruhen, dergestalt „einen Strick drehen" würde, daß man auch daraus die wirtschaftliche Einheit des § 9 ableiten würde. Die Verbindung von Kauf- und Kreditvertrag des § 9 Abs. 1 S. 1 folgt vielmehr lediglich aus der allein nach § 9 Abs. 1 S. 2 zu beurteilenden wirtschaftlichen Einheit zwischen Kreditgeber und Verkäufer.

19 So auch *Seifert*, aaO (Fn. 11), S. 55.

20 Ähnlich *Zahn*, DB 1991, 687, 689.

21 Vgl. dazu BGH, WM 1990, 1241; dazu noch in Fn. 25.

fer gegenüber erklärt zu werden bräuchte[22]. Der Verbraucher soll also davor bewahrt werden, den Kaufvertrag erfüllen zu müssen, obwohl die Finanzierung angesichts des Widerrufs gescheitert ist; der Verbraucher soll die Entscheidung über die Ausübung des Widerrufsrechts treffen können, ohne befürchten zu müssen, an den Kaufvertrag gebunden zu bleiben.
Eine vergleichbare Situation besteht in denjenigen, der Regel entsprechenden Leasingkonstellationen von vornherein nicht, in denen der Kaufvertrag (nur) vom Leasinggeber mit dem Hersteller/Lieferanten abgeschlossen wird. Es gibt allerdings auch Fälle, in denen der (künftige) Leasingnehmer zunächst einmal selbst bestellt, ehe dann der Leasinggeber nach Abschluß des Leasingvertrages - meist durch Vertragsübernahme - in die Bestellung des Leasingnehmers eintritt (sogenanntes Eintrittsmodell[23]). Insbesondere im Kfz-Leasing - einem Schwerpunkt des Verbraucherleasing - ist es ebenfalls üblich, daß der (künftige) Leasingnehmer zunächst selbst bestellt; dort tritt der Leasinggeber dann allerdings in der Regel nicht in den Kaufvertrag des Leasingnehmers ein, sondern schließt einen eigenen Kaufvertrag mit dem Hersteller/Lieferanten ab, während der Kaufvertrag mit dem Leasingnehmer entfällt, wobei letzteres konstruktiv nicht ganz einfach zu erfassen ist, zumal die einschlägigen Leasingbedingungen darüber meist keine ausreichend klare Regelung enthalten. In diesen Fällen kann daher das Bestehenbleiben einer Bindung des Leasingnehmers an seinen eigenen Kaufvertrag nach Widerruf des Leasingvertrages zumindest nicht ausgeschlossen werden. Dementsprechend wäre - immer unter der primären Voraussetzung des Vorliegens einer wirtschaftlichen Einheit im Sinne von § 9 Abs. 1 - eine analoge Anwendung des § 9 Abs. 2 auf Finanzierungsleasingverträge grundsätzlich möglich, wenn nicht sogar notwendig[24].
Die Schutzbedürftigkeit - und damit die unentbehrliche Voraussetzung jeglicher Analogie - würde freilich entfallen, wenn bereits durch entsprechende Vertragsgestaltung sichergestellt wäre, daß der Verbraucher nach Widerruf des Leasingvertrages auch aller kaufrechtlichen Verpflichtungen ledig wäre. Dies ist nicht selbstverständlich, zumal es der sonst so verbraucherfreundliche BGH abgelehnt hat, aus der in Aussicht genom-

---

22 Nur am Rande bemerkt sei, daß ein solches Hineinwirken der Unwirksamkeit eines Vertrages in ein Vertragsverhältnis zu einem anderen Vertragspartner eine außerordentlich problematische, rechtfertigungsbedürftige Regelung darstellt. Der für eine solche Rechtfertigung allenfalls in Betracht kommende Begriff des verbundenen Geschäfts gemäß § 9 Abs. 1 bedarf daher schon unter diesem Aspekt besonders sorgfältiger Begründung und Begrenzung.

23 Dazu auch *Seifert*, aaO (Fn. 11), S. 55 f.; *Reinking/Nießen*. aaO (Fn. 11), S. 637 f.; *Slama*, aaO (Fn. 11), S. 572; *Zahn*, DB 1991, 687, 688.

24 So wohl *Zahn*, DB 1991, 687, 688; für eine Analogie *Reinking/Nießen*, aaO (Fn. 11), S. 637 f., allerdings nur für den Fall des gleichzeitigen Vertragsabschlusses (?).

menen Leasingfinanzierung eine (aufschiebende oder auflösende) Bedingung des eigenen Kaufvertrags des Leasingnehmers abzuleiten[25]. Selbst wenn man dem nicht folgen, sondern für den Regelfall annehmen wollte, daß der (zunächst) zwischen Hersteller/Lieferant und (künftigem) Leasingnehmer abgeschlossene eigene Kaufvertrag entfällt, wenn der von beiden Vertragspartnern in Aussicht genommene Leasingvertrag nicht rechtswirksam zustande kommt, wäre damit das notwendige Ergebnis, nämlich die Sicherheit des Verbrauchers in bezug auf den Wegfall seiner eigenen kaufvertraglichen Verpflichtung bei Widerruf des Leasingvertrages, wohl doch noch nicht ausreichend gewährleistet, zumal damit gerechnet werden muß, daß der Verkäufer auf unbedingter Bestellung besteht und der Verbraucher damit zumindest in einen Rechtsstreit verwikkelt werden kann, vor dem ihn § 9 Abs. 2 S. 1 gerade bewahren will.
Ergibt demnach die Auslegung des eigenen Kaufvertrags des Leasingnehmers zumindest keine ausreichende Sicherheit, so ist als nächstes zu fragen, ob die erforderliche rechtsgeschäftliche Gestaltung im Leasingvertrag angesiedelt werden kann. Auch dieser Gedanke befriedigt deswegen nicht, weil der Leasingvertrag auf den mit einem Dritten, dem Verkäufer, geschlossenen Vertrag nicht unmittelbar einwirken kann. Denkbar wäre allenfalls, daß der Leasinggeber dem Leasingnehmer im Leasingvertrag für den Fall des Widerrufs verspricht, ihn von eventuell noch bestehenden Ansprüchen des Verkäufers freizustellen; damit wäre dem mit § 9 Abs. 2 verfolgten Anliegen - freie Widerrufsmöglichkeit ohne Belastung durch eventuell fortbestehende eigene Abnahmeverpflichtungen - im Ergebnis auf andere Weise Rechnung getragen. Trotzdem bleibt zweifelhaft, ob bereits eine solche Freistellungsverpflichtung des Leasinggebers die durch § 9 Abs. 2 S. 1 anerkannte Schutzbedürftigkeit bereits völlig entfallen läßt.
Zu erwägen ist daher ein dritter Ansatz, nämlich am Kaufvertrag des Leasinggebers mit dem Hersteller/Lieferanten[26]. An dieser Stelle könnte und sollte nämlich der Leasinggeber durch entsprechende Vertragsgestaltung dafür sorgen, daß der Kaufvertrag des Leasingnehmers auch dann aufgehoben *bleibt,* wenn die eigene Bestellung des Leasinggebers wegen des eventuellen Widerrufs des Leasingnehmers aufgrund entsprechender vertraglicher Vereinbarung entfallen sollte (Der Leasinggeber selbst wird in aller Regel ohnehin nur unter dem Vorbehalt des Widerrufs seitens des widerrufsberechtigten Leasingnehmers kontrahieren, um eine eigene Abnahmeverpflichtung bei Widerruf zu vermeiden).

---

25 BGH WM 1990, 1241; im Ergebnis traf die Entscheidung im Hinblick auf den Rechtsgedanken des § 162 BGB wohl zu; angesichts der dem Verbraucher vom Gesetzgeber bewußt zur Verfügung gestellten freien Widerrufsmöglichkeit dürfte es jedoch schwerfallen, auch künftig in solchen Problemlagen mit § 162 BGB zu arbeiten (so auch *Zahn,* DB 1991, 687, 685 in Fn. 24).
26 Ähnlich *Schmid-Burgk/Schölermann,* aaO (Fn. 11), S. 568.

Eine solche Lösung wäre - dieser Hinweis ist wichtig - der gesetzlichen Regelung deswegen sogar deutlich überlegen, weil die verbraucherschützende Regelung des § 9 Abs. 2 S. 1 eine große, freilich unvermeidliche Schwäche enthält: Sie kann nämlich nur dann zu Lasten des Verkäufers eingreifen, wenn die primäre Voraussetzung der wirtschaftlichen Einheit wirklich gegeben ist. Dies kann durchaus zweifelhaft sein; insbesondere sagt die häufig aus verständlicher Rechtsungewißheit nur vorsorglich[27] erfolgte weitergehende Belehrung des Kreditgebers (Leasinggebers) gemäß § 9 Abs. 2 S. 1 darüber verläßlich nichts aus; vor allem bindet die darin zum Ausdruck kommende bloße Rechtsauffassung des Kreditgebers/Leasinggebers den Verkäufer nicht; dieser kann sich vielmehr durchaus auf den Standpunkt stellen, eine wirtschaftliche Einheit und damit ein verbundenes Geschäft im Sinne von § 9 Abs. 1 lägen in Wahrheit gar nicht vor und demzufolge versuchen, den Verbraucher/Leasingnehmer trotz Widerrufs des Kredit/Leasingvertrages in Anspruch zu nehmen. Es ist also durchaus möglich, daß ein vom Verkäufer angerufenes Gericht das Vorliegen einer wirtschaftlichen Einheit bei der erforderlichen selbständigen Prüfung verneint und den Verbraucher infolgedessen zur Abnahme und Zahlung verurteilt. Davor kann die vorsorgliche, aber materiell falsche Belehrung des Kreditgebers/Leasinggebers den Leasingnehmer also nicht bewahren. § 9 Abs. 2 S. 1 greift nicht bei jeder Belehrung gemäß § 9 Abs. 2 S. 2, sondern nur dann ein, wenn die Voraussetzungen des § 9 Abs. 1 wirklich vorgelegen haben[28].
Angesichts dieser Schwäche der gesetzlichen Regelung bietet es sich geradezu an, die *weitergehende* Schutzmöglichkeit, die sich aus der Tatsache des Abschlusses eines eigenen Kaufvertrags zwischen Leasinggeber und Hersteller/Lieferant ergibt, im dargestellten Sinn zu nutzen und damit durch eine entsprechende rechtsgeschäftliche Gestaltung *wirklich sicherzustellen,* daß der ursprüngliche Kaufvertrag des Leasingnehmers auch dann aufgehoben *bleibt,* wenn der Leasingvertrag widerrufen worden sein sollte. Wird so verfahren, setzen die Leasinggeber mit ihrer Marktmacht also entsprechende Regelungen im Verbraucherbereich gegenüber den Herstellern/Lieferanten durch, ist der Schutz des Leasingnehmers damit sogar weitergehend sichergestellt als durch die vom Vorliegen der Voraussetzung des § 9 Abs. 1 abhängige Regelung des § 9 Abs. 2 S. 1. Eine analoge Anwendung des § 9 Abs. 2 auf Finanzierungsleasingver-

27 Eine solche vorsorgliche Belehrung wird verschiedentlich empfohlen, ohne daß deren besondere Problematik immer erkannt wird; vgl. etwa *Zahn,* DB 1991, 687, 688 unter Ziff. 2.5; *Schmid-Burgk/Schölermann,* aaO (Fn. 11), S. 568.

28 Offenbleiben muß, ob und ggf. inwieweit dem Verbraucher gegen den Kredit-/Leasinggeber bei falscher Belehrung etwa Schadensersatzansprüche zustehen könnten; bei vorherigem Abschluß des eigenen Kaufvertrags des Leasingnehmers wird es insoweit wohl an der Kausalität fehlen.

träge mit Verbrauchern ist dann nicht mehr erforderlich; mangels Schutzbedürftigkeit entfällt die Notwendigkeit einer Analogie.

IV. *Die Lückenhaftigkeit von § 9 Abs. 3*

Nunmehr und – wie bereits ausgeführt – ganz unabhängig davon, ob § 9 Abs. 2 auf Leasingverträge anzuwenden ist, stellt sich die besonders wichtige Frage, wie es denn insoweit mit dem sogenannten Einwendungsdurchgriff gemäß § 9 Abs. 3 steht. Auch dafür gilt zunächst, daß eine unmittelbare Anwendung schon angesichts des Gesetzeswortlauts ausscheidet und daß infolgedessen aus der fehlenden Erwähnung des § 9 in § 3 Abs. 2 Ziff. 1 kein Schluß gezogen werden kann. Auch § 9 Abs. 3 kann daher nur dann analog angewandt werden, wenn das Gesetz insofern eine Regelungslücke enthalten sollte, wenn also die aus der Nichtanwendung des § 9 Abs. 3 auf Leasingverträge mit Verbrauchern folgende Versagung des sogenannten Einwendungsdurchgriffs eine unvertretbare Anders- und Schlechterbehandlung des Leasingnehmers zur Folge haben würde. Dies ist jedoch – wie sich zeigen wird – jedenfalls unter Zugrundelegung der Rechtsprechung des BGH nicht der Fall, vielmehr würde die Anwendung des § 9 Abs. 3 den Verbraucher letztlich schlechter stellen als nach der bisherigen Rechtsprechung zum Finanzierungsleasing[29]:
1. Die Beantwortung der Frage, ob und ggf. inwieweit neben der bisherigen Rechtsprechung des BGH zum Finanzierungsleasing, die trotz ihrer problematischen Einseitigkeit[30] als derzeit praktiziertes und damit „geltendes“ Recht zugrunde gelegt werden muß, für die Anwendung des § 9 Abs. 3 überhaupt noch Raum ist, hängt von einem Vergleich der bisher im Bereich des Finanzierungsleasing insbesondere bei Mangelhaftigkeit des Leasinggegenstandes verfügbaren Rechtsfolgen mit denjenigen des § 9 Abs. 3 ab, wobei dieser Vergleich freilich dadurch außerordentlich erschwert wird, daß die gesetzliche Regelung des § 9 Abs. 3 in ganz wesentlichen Punkten undurchdacht und infolgedessen lückenhaft und unsicher ist[31]:
a) Für den Bereich des Finanzierungsleasing kann auf der Grundlage der bisherigen Rechtsprechung davon ausgegangen werden, daß der Leasingnehmer zwar aufgrund der erwähnten leasingtypischen Abtretungskonstruktion gehalten ist, den Gewährleistungsprozeß gegen den Hersteller/Lieferanten zu führen (und dabei – ein wichtiger Punkt – auch auf die

29 So auch *Reinking/Nießen*, aaO (Fn. 11), S. 638.
30 Vgl. dazu *Lieb*, DB 1988, 946 ff., 2495 ff.; großzügiger, aber ohne vollständige Problematisierung *Flume*, DB 1991, 265 ff.; im Ergebnis weitgehend BGH-konform *Martinek*, aaO (Fn. 9), S. 172 ff. (dazu noch in Fn. 34).
31 Dazu im einzelnen *Dauner-Lieb*, aaO (Fn. 18), S. 24 ff.

Verjährungsfristen achten muß![32]), daß ihn dies aber wirtschaftlich deswegen kaum belastet, weil er nach der Rechtsprechung die Zahlung der Leasingraten ab Rechtshängigkeit des Wandlungsprozesses (vorläufig) einstellen kann[33]. Für den Fall, daß er den Gewährleistungsprozeß gewinnt, also etwa den rechtskräftigen Vollzug der Wandlung erreichen kann, gewährt die Rechtsprechung dem Leasingnehmer sogar (wenn auch wertungsmäßig erneut sehr zweifelhaft[34]) eine Art von „Rückforderungsdurchgriff", da der Leasingnehmer wegen angeblichen Wegfalls der Geschäftsgrundlage des Leasingvertrages auch die schon gezahlten Leasingraten zurückfordern kann und sich dabei nicht einmal - hier kumulieren die von der Rechtsprechung verfügten einseitigen Belastungen des Leasinggebers - auf Wegfall der Bereicherung soll berufen können[35].

b) Will man nun diese Rechtslage mit derjenigen nach dem VerbrKrG vergleichen, so stößt man auf die Schwierigkeit, daß die zu vergleichenden Rechtsfolgen weithin sehr umstritten sind:

aa) Dies gilt selbst für den zweitgenannten Punkt, nämlich denjenigen des Rückforderungsdurchgriffs: Das Gesetz enthält zwar trotz mancher dahingehenden rechtspolitischen Forderungen eine entsprechende Anspruchsgrundlage *nicht;* es beschränkt sich vielmehr auf die Zurverfügungstellung einer Einrede („kann verweigern"). Dies entspricht ausweislich der Begründung[36] dem Willen des Gesetzgebers, der das Problem kannte und negativ entschied: Einen Rückforderungsdurchgriff, mit Hilfe dessen der Verbraucher die bis zur Rechtshängigkeit des Wandlungsprozesses an den Kreditgeber gezahlten Raten zurückfordern könnte, sollte es nicht geben[37]. Es ist freilich damit zu rechnen, daß diese Entscheidung des Gesetzgebers nicht ohne weiteres respektiert wird. So hat etwa *Emmerich* anläßlich einer Vortragsveranstaltung der Wissenschaftlichen Gesellschaft für Bankrecht in Frankfurt a. M.[38] die Gesetzesmateria-

---

32 Vgl. dazu die besonders weitreichende, ein nach Verjährungseintritt vom Leasingnehmer gegenüber dem Verkäufer erwirktes Versäumnisurteil anerkennende Entscheidung BGH, WM 1991, 954, in der sich der BGH - wohl bewußt - entgegen allen wissenschaftlichen Auflockerungstendenzen (vgl. dazu insbesondere die Beiträge von *Leenen, Roth* und *Canaris* in AcP 190 [1990], 260 ff., 292 ff. und 410 ff.) auf eine besonders weitgehende leasingnehmerfreundliche Konzeption festgelegt hat.

33 BGHZ 94, 137 = WM 1985, 1294.

34 Zustimmend allerdings *Martinek*, aaO (Fn. 9), S. 168 ff., 175 ff. mwN; widersprüchlich erscheint es freilich, wenn Martinek der ex tunc wirkenden Geschäftsgrundlagenlösung des BGH zustimmt, obwohl er - im Ansatz zutreffend - auftretende Leistungsstörungen als „risikoneutralen Umstand" einordnet, dann aber doch die daraus resultierenden Folgen fast vollständig einseitig dem Leasinggeber auferlegt und ihm selbst Aufwendungsersatzansprüche versagt (S. 184 ff.).

35 BGHZ 109, 139 = WM 1990, 25; dagegen *Schröder*, JZ 1989, 717 ff.; wiederum in sich wenig stimmig: *Martinek*, aaO (Fn. 9), S. 183.

36 Vgl. den Abdruck bei *Seibert*, aaO (Fn. 2), S. 118 (re. Sp.): „Der Entwurf beschränkt sich des weiteren darauf, dem Kreditnehmer ein Zurückbehaltungsrecht einzuräumen"; irrig daher die Passage bei *Seibert*, aaO (Fn. 2), § 9 Rn. 11 (die Begründung falsch zitierend).

37 So auch *Reinking/Nießen*, aaO (Fn. 11), S. 635.

38 Siehe oben S. 67 ff.

lien für völlig irrelevant erklärt und deswegen auch - über den Gesetzeswortlaut hinaus - die Zulassung eines Rückforderungsdurchgriffs bejaht. Nun mag man über die Relevanz der Entstehungsgeschichte von Gesetzen streiten; zumindest bei neueren Gesetzen und einem - wie hier - ganz eindeutigen Willen des Gesetzgebers wird man sie jedoch schwerlich gänzlich ignorieren können[39]. Diese Frage kann indessen dahingestellt bleiben. Die Zulassung eines Rückforderungsdurchgriffs scheitert nämlich nicht nur an der Entstehungsgeschichte, sondern schlicht daran, daß ihn das Gesetz nicht zur Verfügung stellt, sich vielmehr mit der Möglichkeit der Erhebung einer ex nunc wirkenden Einrede begnügt hat. In der damit gegebenen Beschränkung der Rechtsbehelfe des Verbrauchers gegenüber dem Kreditgeber liegt zugleich die gesetzliche Verweigerung *weitergehender* Rechte, es sei denn, man wolle den Gesetzgeber künftig zwingen, weitergehende rechtspolitische Forderungen im Gesetzestext ausdrücklich negativ zu bescheiden! Die Verneinung eines Rückforderungsdurchgriffs ist im übrigen bei wertender Betrachtung fast selbstverständlich: *Hadding* hat in der Frankfurter Diskussion[40] sehr zu Recht sofort auf den altbekannten, unmittelbar einleuchtenden Satz verwiesen, der tragende Grundsatz des Rechts des finanzierten Abzahlungskaufs sei immer gewesen, den Käufer/Verbraucher durch die rechtstechnische Aufspaltung der wirtschaftlichen Einheit nicht schlechter (aber auch nicht besser!) zu stellen, als er im Zweipersonenverhältnis, also bei Kreditgewährung durch den Verkäufer selbst, stehen würde[41]. Dieser Vergleich ist in der Tat erhellend, weil nämlich der Käufer des Zweipersonenverhältnisses nach Entdeckung des Mangels zunächst lediglich die Zahlung weiterer Raten gegenüber dem Verkäufer verweigern kann und auch nach Obsiegen im Gewährleistungsprozeß darauf verwiesen ist, die Rückzahlung bereits geleisteter Raten (sowie einer etwaigen Anzahlung) *vom Verkäufer* zu verlangen, wobei der Käufer dann insoweit ganz selbstverständlich das Insolvenzrisiko des Verkäufers trägt, ohne es - durch Geltendmachung von Ansprüchen gegenüber dem Kreditgeber - auf diesen abwälzen zu können. Dementsprechend erfordert die Gleichstellung des Verbrauchers im Dreipersonenverhältnis des § 9 nur, daß er keine weiteren Raten mehr zu zahlen hat und damit sein Insolvenzrisiko, d. h. das Risiko, seine Zahlungen vom etwa insolventen Verkäufer nicht mehr zurückerlangen zu können, nicht noch zu vergrößern braucht[42]. Ihm dieses In-

39 Vgl. dazu *Larenz*, Methodenlehre, 6. Aufl. 1991, S. 316; *Bydlinski*, Juristische Methodenlehre und Rechtsbegriff, 1982, S. 432 f.; *Fikentscher*, Methoden des Rechts, Bd. IV, 1977, 360; sowie BGHZ 46, 74 ff., 79 ff.

40 Siehe oben Fn. 38.

41 So auch die Begründung des Gesetzentwurfs der Bundesregierung, abgedruckt bei *Seibert*, aaO (Fn. 2).

42 So auch *Dauner-Lieb*, aaO (Fn. 18) S. 28; ich danke der Verfasserin für wichtige, im folgenden verwertete Hinweise.

solvenzrisiko qua Rückforderungsdurchgriff gegenüber einem Dritten, nämlich dem Kreditinstitut, *abzunehmen,* besteht daher nicht der geringste Anlaß. Es bleibt vielmehr dabei: Wenn der Gesetzgeber die je selbständigen Verträge des Verbrauchers mit Kreditgeber und Verkäufer weitergehend, als dies durch die bloße Einredemöglichkeit des § 9 Abs. 3 geschehen ist, hätte verklammern wollen, hätte er dies anordnen, hätte er dies ausdrücklich regeln müssen. Indem er dies nicht getan hat, hat er insoweit eine bindende Entscheidung getroffen, die man nicht alsbald nach Erlaß des Gesetzes durch Interpretationskunststücke aushebeln kann; zumindest wissenschaftlicher Betrachtungsweise ist dies verwehrt.

bb) Möglicherweise noch schwieriger ist die Sach- und Rechtslage in bezug auf die Frage, wie insbesondere prozessual weiter verfahren werden soll, wenn der Verbraucher das Leistungsverweigerungsrecht des § 9 Abs. 3 gegenüber dem Kreditgeber geltend gemacht hat. Dies ist eine *zentrale Frage,* die der Gesetzgeber im Gegensatz zur Problematik des Rückforderungsdurchgriffs völlig übersehen hat. Insoweit gilt es zunächst ganz simpel zu bedenken, daß der Verbraucher mit der Erhebung der Einrede etwa der Mangelhaftigkeit des Kaufgegenstandes zunächst nur etwas *behauptet,* ohne daß damit in bezug auf Existenz bzw. Beweisbarkeit dieses Mangels das Geringste feststehen würde, und wobei außerdem zu bedenken ist, daß in nicht seltenen Fällen ein solcher Mängeleinwand insbesondere bei Liquiditätsschwierigkeiten zunächst einmal vorgeschoben sein kann. *Zentrale Bedeutung* kommt daher zunächst einmal der Frage zu, wie es denn nach der Erhebung der Einrede des § 9 Abs. 3 weitergehen soll; insbesondere ist zu klären, wer in welchem Prozeß die behaupteten Mängel dartun und beweisen muß. Da das Gesetz (auch) dazu schweigt, die durch die Trennung von Kredit und Kauf nach wie vor vorgegebene Rechtslage insoweit also ebenfalls *nicht* verändert hat, bietet sich schon von daher der Schluß an, das Gesetz habe dem Verbraucher die ihn als Vertragspartner treffende „Prozeßführungslast“ belassen; es sei infolgedessen seine Sache, die Mangelhaftigkeit zu beweisen und deren Rechtsfolgen durchzusetzen, und zwar im Verhältnis zu seinem Verkäufer, demgegenüber er infolgedessen bei Bestreiten den Gewährleistungsprozeß nicht anders als der Käufer im Zweipersonenverhältnis zu führen hat. Je nach Ausgang dieses Prozesses bliebe es dann bei der Einstellung der Zahlung der Kreditraten; ginge der Gewährleistungsprozeß verloren, so würde sich die Einrede nachträglich als unbegründet erweisen; der Verbraucher müßte dann nach- und weiterzahlen.

Diese erneut ganz simple Lösung hätte den großen Vorteil, daß die Ernsthaftigkeit der Leistungsverweigerung gemäß § 9 Abs. 3 alsbald auf die Probe gestellt werden könnte, wenn der Verbraucher dergestalt aktiv werden und bei Leistungsverweigerung gemäß § 9 Abs. 3 die Klageerhebung nachweisen müßte. Auch insoweit gilt, daß der Gesetzgeber weitergehend, als durch § 9 Abs. 3 geschehen, hätte eingreifen müssen, wenn er

den Verbraucher bezüglich der zentralen Frage der Prozeßführungslast hätte entlasten wollen. Im übrigen wird der Verbraucher durch diese Prozeßführungslast auch nicht überfordert, weil sich seine Position nach der vom Gesetz durch § 9 Abs. 3 gewährleisteten (vorläufigen) Einstellung weiterer Ratenzahlungen nicht weiter verschlechtern kann.
Die Richtigkeit dieses Standpunkts wird bekräftigt, wenn man die Alternativen überlegt: Sie könnten nur darin bestehen, die Prozeßführungslast dem Kreditgeber aufzuerlegen, ihn also für verpflichtet zu halten, bei Geltendmachung eines streitigen Leistungsverweigerungsrechts gemäß § 9 Abs. 3 entweder den Verbraucher unter Bestreiten der Mängel oder aber - auf höchst unsicherer Rechtsgrundlage[43] - genau umgekehrt unter Übernahme der Mängelbehauptung des Verbrauchers den Verkäufer auf Rückabwicklung in Anspruch zu nehmen. Dies wäre ungeachtet vieler schwieriger rechtstechnischer Details schon deswegen ein merkwürdiges Ergebnis, weil der Kreditgeber aus seiner Position heraus über keinerlei auch nur einigermaßen verläßliche Möglichkeiten der Beurteilung der zentralen Frage verfügt, ob denn nun die Sache - den *Behauptungen* des Verbrauchers entsprechend - wirklich mangelhaft ist - dann müßte er den Verkäufer in Anspruch nehmen - oder ob die Mängel, die der Verkäufer ohnehin bestreiten wird, möglicherweise nur vorgeschoben sind und infolgedessen der Prozeß gegen den Verbraucher eher aussichtsreich erscheint. Ein solches Lotteriespiel kann der Gesetzgeber dem Kreditgeber schwerlich auferlegt haben, zumal die jeweilige Prozeßführung noch durch die Problematik der Streitverkündung, sei es gegenüber dem Verbraucher (nämlich im Prozeß gegen den Verkäufer), sei es gegenüber dem Verkäufer (nämlich im Prozeß gegen den Verbraucher) belastet wäre. Meines Erachtens müßte ein derartiges Auslegungsergebnis schon deswegen als unzulässig angesehen werden, weil es den Kreditgeber in einer Weise und einem Ausmaß Prozeßführungslasten auferlegen würde, die unter Berücksichtigung des sehr viel geringeren Entlastungsbedürfnisses des Verbrauchers als nahezu unverhältnismaßig angesehen werden müßten[44]. Im übrigen ist auch insoweit ein weiterer Blick auf die Rechtsstellung des Verbrauchers aufschlußreich: Oben wurde bereits ausgeführt, daß der Sinn des Einwendungsdurchgriffs seit jeher - und allein so läßt er sich rechtfertigen - darin gesehen wurde, den Käufer im Dreipersonenverhältnis des finanzierten Geschäfts nicht schlechter zu stellen als im vergleichbaren Zweipersonenverhältnis: Auch dort, so kann unschwer festgestellt werden, hätte sich der Verbraucher aber im Streitfall auf einen Prozeß mit dem Verkäufer über die Mangelhaftigkeit der Sache einlassen müssen. Für eine Besserstellung besteht daher im Vergleich erneut kein

43 Vgl. dazu die Analyse von *Dauner-Lieb*, aaO (Fn. 18), S. 26.
44 Vgl. dazu die beherzigenswerten Hinweise von *Canaris*, aaO (Fn. 1) auf das Übermaßverbot, das auch hier zu beachten ist.

Anlaß[45]. Man kann es auch noch anders ausdrücken: Die Vorschrift des § 9 Abs. 3 ist letztlich - darauf wird noch zurückzukommen sein - eine Risikoverlagerungsnorm: Insbesondere das Risiko der Insolvenz des Verkäufers (in bezug auf die Rückgewähr des Kaufpreises) wird unter den Voraussetzungen des § 9 Abs. 1 vom Verbraucher auf den Kreditgeber verlagert, d.h. der Kreditgeber und nicht der Verbraucher trägt (angesichts der Ablehnung eines Rückforderungsdurchgriffs begrenzt auf die noch ausstehenden Darlehensraten) den wirtschaftlichen Schaden, wenn der Verkäufer insolvent sein sollte, den dann zu Unrecht empfangenen Kaufpreis also ganz oder teilweise nicht mehr erstatten kann. Dies hat aber mit der Feststellung der *Voraussetzungen* für die Risikoverlagerung, nämlich die Feststellung der Mängel, nichts zu tun. Sie bleibt Sache des Verbrauchers; der Kreditgeber hat - nach nur vorläufiger Leistungsverweigerung gemäß § 9 Abs. 3 - erst die *Folgen* zu tragen.

cc) Dagegen könnte vordergründig eingewandt werden, damit werde doch letztlich nur die sogenannte Subsidiarität des Einwendungsdurchgriffs wiederbelebt, obwohl der Gesetzgeber mit Ausnahme des - undurchsichtigen - § 9 Abs. 3 S. 3 darauf im Gegensatz zu einigen früheren Entscheidungen[46] gerade verzichtet habe. Dies träfe indessen nicht zu: Subsidiarität des Einwendungsdurchgriffs bedeutete bisher, daß sich der Käufer/Kreditnehmer gegenüber dem Kreditgeber auf die Mangelhaftigkeit der Kaufsache erst dann berufen, die (Weiter-)Zahlung der Darlehensraten also erst dann verweigern konnte, wenn sowohl der Mangel als auch feststand, daß die Rechte des Käufers gegenüber dem insolventen Verkäufer nicht mehr durchsetzbar waren. Dies wurde zu Recht als unangemessen empfunden. *Reinicke/Tiedtke* haben dazu ebenso repräsentativ wie zutreffend ausgeführt, wenn der Käufer den Verkäufer auf Rückzahlung verklagen müsse und sich infolgedessen gegen die Zahlung der restlichen Darlehensraten erst wehren dürfe, wenn feststehe, daß er seine Rechte gegen den zahlungsunfähigen Verkäufer nicht verwirklichen könne, nütze ihm die Lehre vom Einwendungsdurchgriff in den meisten Fällen deshalb nichts, weil er die restlichen Darlehensraten bis zum Zeitpunkt der Streitentscheidung bereits bezahlt haben werde. Die schutzwürdigen Belange des Käufers seien daher nur dann gewahrt, wenn er von vornherein die Einwendungen gegen den Kaufpreisanspruch auch gegen die Forderung auf Zahlung der noch offenstehenden Darlehensraten erheben könne[47]. Genau dies ist dem Verbraucher aber in entscheidender

45 Auf den ersten Blick könnte es scheinen, als ob sich der Käufer im Zweipersonenverhältnis auf ein schlichtes Leistungsverweigerungsrecht hätte beschränken können. Bedenkt man indessen, daß er sich in den meisten Fällen nicht mit Minderung begnügen, sondern Wandlung wird erreichen wollen, bleibt ihm auch dort nichts anderes übrig, als einen Aktivprozeß gegenüber dem Verkäufer zu führen.

46 BGH, WM 1978, 459; 1979, 1180; 1984, 986; einschränkend WM 1979, 489 und 1987, 1308.

47 *Reinicke/Tiedtke,* Kaufrecht, 4. Aufl. 1989, S. 399.

Abkehr vom Subsidiaritätsprinzip gemäß § 9 Abs. 3 nunmehr möglich: Die Einwendungen des Verbrauchers können dem Kreditgeber auch im Stadium bloßer Behauptung bereits entgegengehalten werden, ohne daß der Verbraucher im Gegensatz zur früheren Subsidiarität den Ausgang des Gewährleistungsprozesses und gar einen Versuch der Durchsetzung der sich daraus ergebenden Ansprüche abwarten müßte. Damit ist seinem Anliegen Genüge getan; die – um den Ausdruck noch einmal zu gebrauchen – Prozeßführungslast braucht ihm nicht auch noch abgenommen zu werden. Auch dies haben *Reinicke/Tiedtke* trotz ihrer ansonsten sehr ausgeprägt verbraucherfreundlichen Grundhaltung bereits mit den Worten bekundet: „Soweit der Käufer Gewährleistungsansprüche geltend macht, muß er sich allerdings zunächst an den Verkäufer wenden, auch dann braucht er aber die Darlehensraten (vorläufig) nicht zu zahlen"[48]. Dem ist für das neue Verbraucherkreditgesetz nichts hinzuzufügen[49].

2. Für den nunmehr vorzunehmenden wertenden Vergleich mit der Rechtslage beim Finanzierungsleasing kann daher davon ausgegangen werden, daß der Verbraucher zwar – ebenso wie bisher schon generell der Leasingnehmer – die Erbringung weiterer Teilleistungen sofort, d.h. bei bloßer Mangelbehauptung[50] verweigern kann, die bisher diskutierte Subsidiarität insofern also beseitigt ist, daß ihn dies aber ebensowenig wie den Leasingnehmer (jenen aufgrund der bekannten leasingtypischen Abtretungskonstruktion) der Notwendigkeit enthebt, *streitige* Mängel im Eigenprozeß mit dem Verkäufer darzutun, zu beweisen und rechtskräftig entscheiden zu lassen. Insofern besteht daher zwischen dem Finanzierungsleasing und der Rechtslage gemäß § 9 Abs. 3 kein Unterschied; für eine eventuelle Analogie fehlt es schon an der primären Voraussetzung einer Regelungslücke[51]. Schlimmer noch: Angesichts des bereits nachgewiesenen Fehlens einer Anspruchsgrundlage für einen Rückforderungsdurchgriff im Bereich des § 9 Abs. 3 würde eine Analogie den Leasingnehmer, der sich bisher ex tunc auf den Wegfall der Geschäftsgrundlage berufen kann, sogar schlechter stellen als bisher[52]. Dies kann schwerlich der Sinn einer Besserstellung des Verbrauchers durch ein neues Gesetz sein.

Selbst für den, auf dem Hintergrund der Verbraucherschutzideologie nicht ganz ausgeschlossenen Fall, daß dem Verbraucher bei § 9 Abs. 3 auch die Prozeßführungslast abgenommen werden sollte, könnte dies auf

---

48 *Reinicke/Tiedtke*, aaO (Fn. 47).

49 So auch *Reinking/Nießen*, aaO (Fn. 11), S. 636, li. Sp. oben; nicht bedacht von *Zahn*, DB 1991, 81, 83 und *Seifert*, aaO (Fn. 11), S. 56.

50 Freilich muß der Verbraucher, wie oben herausgearbeitet, bei der Geltendmachung des Leistungsverweigerungsrechts gemäß § 9 Abs. 3 die Klageerhebung gegenüber dem Verkäufer nachweisen.

51 So im Ergebnis auch *Slama*, aaO (Fn. 11), S. 573.

52 So auch *Reinking/Nießen*, aaO (Fn. 11), S. 638.

den Bereich des (Verbraucher-)Finanzierungsleasings kaum übertragen werden: Der Leasingnehmer würde dann zwar angesichts der leasingtypischen Abtretungskonstruktion, die ihn zur Prozeßführung zwingt, insoweit schlechter stehen als der Verbraucher/Kreditnehmer im Bereich des § 9 Abs. 3, dem die Prozeßführungslast bei dieser extremen „Auslegung" des § 9 Abs. 3 dann abgenommen würde. Erhalten bliebe aber auf der Grundlage der Rechtsprechung der leasingbedingte Unterschied zwischen der ex tunc wirkenden Geschäftsgrundlagenlösung des BGH und der Verneinung eines Rückforderungsdurchgriffs im Bereich des § 9 Abs. 3. Finanzierungsleasing und finanzierter Kauf hätten daher dann in den beiden zentralen Fragen der Prozeßführungslast und der Rückwirkung des Wandlungsvollzugs eine je unterschiedliche und eigenständige Regelung erfahren, die selbständig nebeneinanderstehen würden[53], ohne daß sich eine Harmonisierung und damit eine Verdrängung des bisherigen Richterrechts des Finanzierungsleasing und seine Ersetzung durch eine (analoge!) Anwendung des § 9 Abs. 3 auf Finanzierungsleasingverträge mit Verbrauchern methodisch und sachlich rechtfertigen ließe.

V. *Konsequenzen einer eventuellen analogen Anwendung des § 9 Abs. 3 auf Finanzierungsleasingverträge*

1. Es ist unter manchen Aspekten reizvoll und aufschlußreich, sich quasi zu Kontrollzwecken einmal auf den Gegenstandpunkt zu stellen und dementsprechend davon auszugehen, die künftige Rechtsentwicklung werde den Verbraucher auch im Bereich des Finanzierungsleasing der (analogen) Geltung des § 9 Abs. 3 unterstellen. Daraus würde sich dann nämlich die weitreichende Frage ergeben, wie denn dann die Rechtsstellung derjenigen Leasingnehmer bestimmt werden müßte, die keine Verbraucher sind, sondern Finanzierungsleasingverträge insbesondere (rechtstatsächlich weit überwiegend) im Bereich ihrer („bereits ausgeübten" - arg. § 1 Abs. 1, Hs. 2) gewerblichen oder selbständigen beruflichen Tätigkeit abschließen. Sie müßte in einem unvermeidlichen Umkehrschluß dahingehend beantwortet werden, daß die durch § 9 Abs. 3 vollzogene Privilegierung des Verbrauchers dann auch im Bereich des Finanzierungsleasing auf diesen zu beschränken sei. Daraus würde sich ergeben, daß bei allen Finanzierungsleasingverträgen außerhalb des Geltungsbereichs des § 9 Abs. 1, also bei fehlender Verbundenheit von Leasinggeber

53 *Seibert*, aaO (Fn. 2), § 9 Rn. 12 meint allerdings, bei Wandlung des Liefervertrages könne es beim Finanzierungsleasing auch im Bereich des § 9 Abs. 3 bei der bisherigen Rechtsprechung zum Wegfall der Geschäftsgrundlage bleiben. Für eine solche Kombination der ganz unterschiedlichen Rechtsfolgen von Rechtsprechung und Gesetz gibt es jedoch keine methodische Rechtfertigung.

und Hersteller/Lieferant, Mängel des Leasinggegenstandes die Verpflichtung zur (Weiter-)Zahlung der Leasingraten deswegen nicht berühren könnten, weil das Leistungsverweigerungsrecht des § 9 Abs. 3 außerhalb des Verbraucherleasing nicht zur Verfügung stände, und es müßte dann sogar - noch weitergehend - angenommen werden, die Geschäftsgrundlagenkonstruktion des BGH, die mangels eines Rückforderungsdurchgriffs im Bereich des § 9 Abs. 3 nicht einmal beim Verbraucherleasing aufrechterhalten werden könnte, müsse selbstverständlich auch und erst recht im Bereich des Unternehmerleasing verabschiedet werden. Damit würde als Ausfluß des Erlasses des VerbrKrG, sollte § 9 auch auf Finanzierungsleasingverträge anwendbar sein, für das Unternehmerleasing genau diejenige Risikoverteilung zu Lasten des Leasingnehmers anzunehmen sein, die die Leasinggesellschaften seit langem erstreben und die in der Literatur[54] zunehmend als Ausfluß zulässiger privatautonomer Gestaltung akzeptiert wird. Dafür sprechen gute Gründe und man könnte daher die entsprechende Korrektur der Rechtsprechung durch den Gesetzgeber nur erleichtert zur Kenntnis nehmen. So wünschenswert dies insbesondere aus der Sicht des Verfassers[55] wäre, so wenig kann freilich angenommen werden, daß ausgerechnet der Gesetzgeber des Verbraucherkreditgesetzes, dem all diese Zusammenhänge und Zusatzprobleme offensichtlich verborgen geblieben sind, so weitreichende Eingriffe in das bisher praktizierte Recht des Finanzierungsleasings vornehmen wollte. Man wird vielmehr annehmen müssen, daß der Bereich der Gewährleistung beim Finanzierungsleasing überhaupt nicht ins Blickfeld des Gesetzgebers geriet und sich infolgedessen insoweit an der bisherigen autonomen richterrechtlichen „Regelung" dieses Fragenkreises nichts ändern sollte und dementsprechend - mit dem Gesetzeswortlaut übereinstimmend - § 9 Abs. 3 auf Finanzierungsleasingverträge unanwendbar ist.
2. Dennoch sollte die weitere Diskussion des Finanzierungsleasing die Wertungen des Verbraucherkreditgesetzes nicht ganz außer acht lassen. Ihm liegt nämlich - mag man das rechtspolitisch bedauern oder begrüßen - die Auffassung zugrunde, es sei in der Schutzbedürftigkeit zwischen Verbrauchern und Unternehmern deutlich zu unterscheiden: Der Schutz des Verbrauchers sollte verbessert, die offenbar weiterreichende Privatautonomie der Unternehmen dagegen unangetastet bleiben. Die Tendenz, aus diesem Grunde auch das Verbraucherleasing zumindest teilweise in den Schutzbereich des Gesetzes einzubeziehen, ging zwar jedenfalls im Gewährleistungsbereich deswegen ins Leere, weil der BGH dort den denkbar umfassendsten Schutz bereits *jedem* Leasingnehmer gewährt; insofern waren daher Steigerungen gar nicht mehr denkbar. Um so nach-

54 Nachweise bereits in Fn. 32.
55 Nachweise bereits in Fn. 30.

drücklicher stellt sich die Frage, ob dieser Maximalschutz, wenn man ihn denn schon Verbrauchern gewähren will, nicht - systemkonform - auf diese beschränkt, Unternehmen aber ein wesentlich größerer Spielraum zulässiger privatautonomer Gestaltung eingeräumt werden sollte. Die zunehmende Verhärtung der Rechtsprechung, wie sie sich insbesondere in der extremen Entscheidung vom 13. 3. 1991 zeigt[56], sollte diese nicht hindern, darüber noch einmal nachzudenken und die Differenzierung zwischen Verbrauchern und Unternehmern auch für den Bereich des Finanzierungsleasing fruchtbar zu machen.

VI. *Exkurs: Zum Anwendungsbereich des VerbrKrG*

In der immer intensiver werdenden Diskussion des VerbrKrG ist neuerdings ein Zusatzproblem aufgetaucht, das des methodischen Zusammenhangs wegen auch hier aufgegriffen werden soll, zumal es auch für den Bereich des Verbraucherleasing von Bedeutung ist: Es geht um die richtige Bestimmung des Anwendungsbereichs des Gesetzes, genauer um die Frage, ob auch Minderkaufleute in den Schutz des Gesetzes einbezogen werden können. Nach dem Gesetzeswortlaut ist diese Frage schon deswegen zu verneinen, weil das Gesetz - in bewußter Abkehr von der Regelung des alten § 8 AbzG - den Kaufmannsbegriff überhaupt nicht mehr zur Abgrenzung verwendet, sondern statt dessen den Verbraucherbegriff in § 1 Abs. 1 in negativer Abgrenzung selbständig definiert und dabei als Gegenbegriff nicht denjenigen des Kaufmanns, sondern - sehr viel umfassender - den Begriff der (bereits ausgeübten) gewerblichen oder selbständigen beruflichen Tätigkeit gewählt hat. Dies ist eine qualitativ ganz andere, auf anderen Kriterien und Überlegungen aufbauende Differenzierung als diejenige zwischen (eingetragenen) Voll- und Minderkaufleuten. Besonderes Gewicht bekommt diese Entscheidung des Gesetzgebers auf dem Hintergrund der Tatsache, daß der Bundesrat im Gesetzgebungsverfahren ausdrücklich gefordert hatte, eine solche Veränderung des Schutzbereichs *nicht* vorzunehmen, sondern weiterhin an § 8 AbzG anzuknüpfen[57]. Die Bundesregierung ist dem bekanntlich entgegengetreten[58], hat dann aber den Vorschlag gemacht, der Schutzbedürftigkeit gewisser Gruppen von Gewerbetreibenden (genannt werden: „Landwirte, Handwerker und Einzelhändler") wenigstens in der Phase der Existenzgründung Rechnung zu tragen[59]. Dem ist der Rechtsausschuß gefolgt, so daß nunmehr anstelle der behaupteten generellen Schutzbedürftigkeit

56 BGH WM 1991, 954.
57 Stellungnahme des Bundesrats, abgedruckt bei *Seibert*, aaO (Fn. 2), S. 149.
58 Gegenäußerung der Bundesregierung, abgedruckt bei *Seibert*, aaO (Fn. 2), S. 149 unten.
59 AaO, S. 149/150.

von Kleingewerbetreibenden eine solche (betragsmäßig begrenzt – § 3 Abs. 1 Ziff. 2) nur für die Existenzgründungsphase anerkannt worden ist. Damit liegt nach Wortlaut und Entstehungsgeschichte eine eindeutige Entscheidung *gegen* eine Differenzierung zwischen Voll- und Minderkaufleuten vor; sie wäre angesichts der neuen Abgrenzungstechnik sogar systemfremd.

Wie angesichts des auch in der Wissenschaft immer mehr schwindenden Bewußtseins der Bindung an das Gesetz zu befürchten, werden aber nunmehr trotzdem bereits wieder Stimmen laut, die fordern, diese Entscheidung des Gesetzgebers durch eine analoge Anwendung des VerbrKrG auf Minderkaufleute zu korrigieren[60]. Begründet wird dies mit dem beliebten Satz, es könne doch nicht angenommen werden, daß der Gesetzgeber mit einem Gesetz, das insgesamt die Rechtsstellung des Verbrauchers verbessern wollte, zugleich eine (partielle) Schlechterstellung in Kauf genommen habe. Diese Argumentation geht angesichts der referierten Entstehungsgeschichte und der darauf aufbauenden ausdrücklichen und bewußten gesetzgeberischen Entscheidung schon der Sache nach ins Leere: Der Gesetzgeber hat die Problematik der Schutzbedürftigkeit und damit des Anwendungsbereichs des Gesetzes im hier streitigen Bereich der Kleingewerbetreibenden eindeutig selbst erwogen und die Schutzbedürftigkeit nach Ablauf der Existenzgründungsphase verneint. Es wäre ein Akt offenen Gesetzesungehorsams, wenn diese eigenständige Anwendungsbereichsbestimmung des Gesetzgebers ohne besondere Rechtfertigung korrigiert würde. Eine solche Rechtfertigung könnte allenfalls erwogen werden, wenn die vom Gesetzgeber gewählte Abgrenzung gegen übergeordnete zwingende Rechtsprinzipien, insbesondere also etwa gegen den Gleichheitssatz, verstoßen würde. Dann müßte die Schutzbedürftigkeit der Kleingewerbetreibenden auch nach Ablauf der Existenzgründungsphase derjenigen des Verbrauchers quantitativ und qualitativ gleichgestellt werden können. Dies erscheint außerordentlich zweifelhaft: Problematisch ist insoweit schon die Frage, worauf denn nun die vom Gesetz unterstellte, aber selbst nicht genauer definierte besondere Schutzbedürftigkeit des Verbrauchers, die offenbar unabhängig von Vermögen, Einkommen, Bildung, Beruf etc. sein soll, besteht[61]. Hier rächt es sich, daß trotz jahrzehntelanger Diskussion die Schutzbedürftigkeit des Verbrauchers immer nur postuliert und als Prämisse vorausgesetzt wurde, ohne daß es gelungen wäre, deren tragende Elemente herauszuarbeiten und in entsprechenden Tatbestandsmerkmalen zu fixieren. Schon daran muß die Behauptung, Kleingewerbetreibende seien ebenso schutzbedürftig wie (jeder) Privatmann, scheitern. Dazu kommt, daß es dem Gesetzge-

60 So insbesondere *Emmerich*, aaO S. 73 f.

61 Vgl. die eingehenden kritischen Überlegungen von *Dauner-Lieb*, Verbraucherschutz durch Ausbildung eines Sonderprivatrechts für Verbraucher?, 1983, S. 82 ff.

ber selbstverständlich frei steht, eine althergebrachte Differenzierung wie diejenige zwischen Voll- und Minderkaufleuten zugunsten einer aus mancher Sicht „moderneren" Differenzierung zwischen Privatpersonen einerseits und gewerblicher und selbständiger beruflicher Tätigkeit andererseits aufzugeben. Dies war schon deswegen ebenso zulässig wie gerechtfertigt, weil bekanntlich aus heutiger Sicht der tradierte Kaufmannsbegriff ohnehin in manchen Punkten zu eng ist[62] und daher schon in seinem ursprünglichen Anwendungsbereich immer weniger überzeugt. Zuzugeben ist allerdings, daß die vom Gesetzgeber gewählte Definition des Verbraucherbegriffs nicht nur unter Schutzbedürftigkeitsaspekten undurchsichtig, sondern auch deswegen wenig erfreulich ist, weil nunmehr in verschiedenen neueren Gesetzen jeweils ganz unterschiedliche Verbraucherbegriffe zu bewältigen sind[63]. Auch dies rechtfertigt es jedoch nicht, die – nicht verfassungswidrige und damit gültige – bewußte Bestimmung des Anwendungsbereichs eines einzelnen Gesetzes zu negieren.

Zu erwägen ist allerdings noch ein anderer (verführerischer) Weg zu einer das Gesetz zumindest im Ergebnis ausdehnenden Betrachtungsweise: Er könnte – jedenfalls bezogen auf § 9 Abs. 3 – in der Erwägung bestehen, der vom Gesetzgeber nunmehr positiv geregelte Einwendungsdurchgriff stelle – etwa auf der Grundlage des § 242 BGB – eine allgemeine Rechtsfigur dar, die der Gesetzgeber nur partiell aufgegriffen und geregelt habe und die infolgedessen neben dem Gesetz einen eigenständigen, weiterhin auf § 242 BGB gegründeten Anwendungsbereich behalten haben könne[64]. Auch solche Überlegungen wären indessen bei genauerer Betrachtung schwerlich tragfähig: Es ist zwar richtig, daß sich der sogenannte Einwendungsdurchgriff zunächst aufgrund allgemeiner Gerechtigkeitsvorstellungen, mögen sie nun aus § 242 BGB ableitbar sein oder nicht, herauskristallisiert hatte. Es handelte sich dabei um einen Akt offener Rechtsfortbildung: Angesichts des Offenbarwerdens einer (jedenfalls überwiegend bejahten) Rechtslücke wurde diese in weitgehendem Konsens von Wis-

---

62 Vgl. zu einigen neuralgischen Punkten *Hopt*, ZGR 1987, 150 ff.

63 Vgl. Art. 85 Abs. 3, 86 lit. d. EWGV; § 1 lit. d ZugabeVO; § 8 AbzG; § 24 AGBG; §§ 29, 38, 1027 Abs. 2 ZPO; §§ 6 a – 6 e, 13 a UWG; §§ 1 Abs. 1, 7 Abs. 1 PAngVO; § 1 PAngG; §§ 1Abs. 1, 9 Nr. 1 RabattG; § 1 Abs. 1 ProdHG; §§ 1, 6 HausTWG; § 6 LMBG; § 609 a BGB; Art. 29 Abs. 1 EGBGB.

64 Ein Beispiel für ein höchst unglückliches, kaum vertretbares Nebeneinander von früherer Rechtsprechung und neuem Gesetz bildet etwa § 15 Abs. 2 ProdHG, der von der herrschenden Lehre so verstanden wird, als sei dadurch die gesamte bisherige lückenfüllende Rechtsprechung zur Produkthaftung (Stichwort: Beweislastumkehr bezüglich des deliktischen Verschuldens) neben dem dadurch weithin zur Bedeutungslosigkeit verurteilten, weil wesentlich weniger weitreichenden Gesetz anwendbar geblieben (vgl. dazu *Hommelhoff*, Festschrift für Fritz Rittner, 1991, S. 165 ff.). Offenbar wird bisher insoweit nicht einmal erwogen, § 15 Abs. 2 auf diejenigen Ansprüche zu begrenzen, die sich ohne die Beweislastumkehr der Rechtsprechung aus normaler deliktischer Verantwortlichkeit ergeben (und damit etwa auch die weitergehende Rechtsfolge des § 847 BGB rechtfertigen würden). Im Gegensatz zu § 15 Abs. 2 ProdHG hat der Gesetzgeber des VerbrKrG freilich eine eigenständige und abschließende Regelung getroffen; um so mehr sollte sie beachtet werden.

65 BGHZ 90, 378 f. = WM 1984, 652.

senschaft und Rechtsprechung rechtsfortbildend geschlossen, wobei man sich – dies ist sehr aufschlußreich – aber durchaus an die seinerzeit durch § 8 AbzG markierten Grenzen hielt. Im Vergleich dazu steht es dem Gesetzgeber frei, das offenbar gewordene Problem nun seinerseits aufzugreifen und eine Regelung nach seinen eigenen Vorstellungen und im Rahmen eines eigenständig bestimmten Anwendungsbereichs zu schaffen. Einer solchen Regelung kommt, jedenfalls bezüglich des vom Gesetzgeber ausgewählten Problembereichs, abschließende Regelung dann zu, wenn der Anwendungsbereich – wie hier – sorgsam bedacht und ausdrücklich geregelt wurde. Neben einer solchen Regelung muß das Weiterbestehen einer ausfüllungsbedürftigen Rechtslücke in aller Regel verneint werden; alles andere würde zu einem merkwürdigen, den Primat des Gesetzgebers negierenden Wettlauf von Gesetzgeber und Rechtsprechung führen.
In diesem Zusammenhang ist in der Diskussion als Gegenbeispiel schon auf die Rechtsprechung zum Weiterbestehen der alten, rechtsfortbildend entwickelten Rechtsprechungsgrundsätze zu §§ 30, 31 GmbHG neben den später vom Gesetzgeber erlassenen Sonderregelungen der §§ 32 a, b GmbHG und § 32 a KO[65] hingewiesen worden. Dies ist ein unglückliches Beispiel: Schon die erwähnte Rechtsprechung des BGH zum Fortbestehen seiner Rechtsprechung im Bereich der kapitalersetzenden Gesellschafterdarlehen[66] ist in ihrer Zulässigkeit methodisch nicht unanfechtbar; die erheblichen Anstrengungen, die zu ihrer Rechtfertigung unternommen werden mußten[67], belegen dies. Selbst wenn man insoweit weniger skeptisch sein wollte, müßte darauf hingewiesen werden, daß die im Bereich der §§ 32 a, b GmbHG vom Gesetzgeber gewählte Lösung in der Tat sachlich wenig befriedigend war und vor allem das Zurückbleiben der gesetzlichen Regelung im Vergleich zur früheren Rechtsprechung zumindest in ihrem Ausmaß nicht ausreichend reflektiert war; eine ausreichend deutliche und abschließende Entscheidung des Gesetzgebers lag jedenfalls insoweit nicht vor. Angesichts dessen mag die Beibehaltung der zitierten Rechtsprechung vertretbar sein. Keinesfalls kann daraus aber der Schluß gezogen werden, daß jegliche gesetzgeberische Entscheidung, die dem wissenschaftlichen Interpreten oder dem entscheidenden Richter rechtspolitisch nicht paßt, ohne weiteres korrekturfähig wäre. Dies gilt jedenfalls dann, wenn sich der Gesetzgeber – wie hier – bewußt dafür entschieden hat, althergebrachte Differenzierungskriterien zugunsten neuerer, anders gelagerter aufzugeben. Auch unter Berücksichtigung früherer Problemlagen hat es daher dabei zu bleiben: Die Unterscheidung zwischen Voll- und Minderkaufleuten ist dem VerbrKrG ebenso

65 BGHZ 90, 378 f. = WM 1984, 652.
66 Eingehende Darstellung bei *Hachenburg/Ulmer,* GmbH-Gesetz, 8. Aufl. 1991, §§ 32 a, b, Rn. 14 f.; *Lutter/Hommelhoff,* GmbH-Gesetz, 13. Aufl. 1991, §§ 32 a, b, Rn. 4 ff., 10.
67 Siehe nur *Hommelhoff,* ZGR 1988, 460, 478 ff.

fremd wie etwa dem § 24 AGBG. Jedenfalls dies beruht auf einer bewußten und abschließenden Entscheidung des Gesetzgebers und muß daher hingenommen werden.

VII. *Zusammenfassung*

1. § 9 VerbrKrG ist auf Finanzierungsleasingverträge unmittelbar nicht anwendbar; infolgedessen brauchte § 9 in § 3 Abs. 2 Ziff. 1 überhaupt nicht aufgeführt zu werden.
2. Dies steht – bei Nachweis von Lücke und Schutzbedürftigkeit – einer *analogen* Anwendung nicht entgegen.
3. Eine analoge Anwendung würde unter dem Vorbehalt stehen, daß die Voraussetzungen des § 9 Abs. 1 (wirtschaftliche Einheit zwischen Leasinggeber und Hersteller/Lieferant) auch beim Verbraucherleasing erfüllt sind (z. B. beim Hersteller- und beim sogenannten Vertriebsleasing).
4. Eine eventuelle Analogie ist für § 9 Abs. 2 (Widerrufsproblematik) und § 9 Abs. 3 (Einwendungsdurchgriff) je selbständig zu prüfen und zu entscheiden.
5. Wenn der Leasingnehmer (zunächst) mit dem Hersteller/Lieferanten einen eigenen Vertrag abgeschlossen haben sollte (so etwa beim sogenannten Eintrittsmodell und beim Kfz-Leasing), kann eine dem § 9 Abs. 2 ähnliche Schutzbedürftigkeit bestehen. Das Vorliegen einer Regelungslücke ist jedoch dann zu verneinen, wenn der Leasinggeber in seinem Vertragsverhältnis zum Hersteller/Lieferanten generell vertraglich sicherstellt, daß der zwischen Leasingnehmer und Hersteller/Lieferanten abgeschlossene Vertrag bei Widerruf des Leasingvertrages aufgehoben bleibt. Eine solche Lösung wäre derjenigen des Gesetzes deswegen sogar überlegen, weil eine vorsorgliche, wegen Fehlens der wirtschaftlichen Einheit an sich gar nicht erforderliche Belehrung durch den Leasinggeber den Verkäufer nicht binden, die Rechtsfolge des § 9 Abs. 2 S. 1 zu seinen Lasten also gar nicht auslösen könnte.
6. Für eine analoge Anwendung des § 9 Abs. 3 auf Finanzierungsleasingverträge mit Verbrauchern ist schon deswegen kein Raum, weil die Regelung des § 9 Abs. 3 dem Leasingnehmer keinerlei Vorteile verschaffen könnte. Dies ergibt sich daraus, daß auch der Verbraucher – ebenso wie der Leasingnehmer – bei Geltendmachung der Einrede des § 9 Abs. 3 zugleich seine Gewährleistungsrechtsbehelfe gegenüber dem Verkäufer geltend machen muß und daß § 9 Abs. 3 – im Gegensatz zum Bereich des Finanzierungsleasing (Stichwort: Wegfall der Geschäftsgrundlage ex tunc) – einen Rückforderungsdurchgriff nicht kennt.
7. Angesichts der auf Verbraucher beschränkten Regelung des VerbrKrG sollte auch im Bereich des Finanzierungsleasing eine Differenzierung

zwischen Verbrauchern und Unternehmern erwogen, d.h. die bisherige Rechtsprechung auf das Verbraucherleasing beschränkt werden.

8. Einer Ausdehnung des Geltungsbereichs des VerbrKrG auf Minderkaufleute stehen unüberwindbare methodische und sachliche Hürden entgegen.

Nochmals: Verbundene Geschäfte im Verbraucherkredit – Eine Erwiderung zu V. Emmerich

Professor Dr. Manfred Lieb,
Universität zu Köln

Inhaltsübersicht

Emmerich hat nunmehr das Manuskript seines Frankfurter Vortrags vorgelegt[1], aus dem sich in einigen wichtigen Punkten recht erhebliche Unterschiede zu derjenigen Rechtsauffassung ergeben, die vorstehend entwickelt wurde. Darauf soll im Interesse einer raschen Klärung mit freundlicher Erlaubnis der Herausgeber sofort eingegangen werden:

I. *Unmittelbare Anwendbarkeit des § 9 VerbrKrG auf Finanzierungsleasingverträge?*

Die Divergenzen beginnen bereits bei der zentralen Frage, ob § 9 VerbrKrG auf Finanzierungsleasingverträge überhaupt unmittelbar anwendbar ist. *Emmerich* vertritt insoweit die Auffassung, aus der „eindeutigen Gesetzeslage (Nichterwähnung des § 9 in § 3 Abs. 2 Nr. 1)"[2] folge, daß § 9 auf Finanzierungsleasingverträge „grundsätzlich" (?) anwendbar sein solle. Dies ist – wie oben bereits herausgearbeitet[3] – deswegen offen-

1 Abgedruckt oben S. 67 ff.
2 *Emmerich*, aaO (Fn. 1), S. 85.
3 *Mein* Beitrag, abgedruckt oben S. 91 ff.

sichtlich unrichtig, weil § 9 nach seinem *insoweit* eindeutigen Wortlaut den Abschluß eines (finanzierten) Kaufvertrags zwischen Verbraucher und Verkäufer voraussetzt. Dies ist beim Finanzierungsleasing in der Regel überhaupt nicht oder – beim sogenannten Eintrittsmodell[4] – nach Abschluß des Leasingvertrages nicht mehr der Fall; vertragliche (Liefer-) Beziehungen bestehen beim Finanzierungsleasing nur zwischen Leasinggeber und Verbraucher. Angesichts dessen fehlt es für die Anwendung des § 9 auf Finanzierungsleasingverträge an einem gesetzlichen Tatbestandsmerkmal mit der Folge, daß die Vorschrift jedenfalls unmittelbar schlicht unanwendbar ist. Aus diesem Grunde brauchte sie in § 3 Abs. 2 Nr. 1 gar nicht ausdrücklich aufgeführt zu werden; ihre Unanwendbarkeit ergab sich vielmehr schon aus der Fassung ihres Tatbestandes. Dies schließt eine Analogie[5] nicht aus. Der diesbezüglichen Begründungslast kann man sich aber nicht einfach durch die Behauptung der unmittelbaren Anwendbarkeit entziehen.

II. *Begriff des verbundenen Geschäfts*

Die nächste Divergenz stellt sich beim Begriff des verbundenen Geschäfts ein. Insoweit erkennt *Emmerich* zwar zunächst, daß „bei wörtlicher Auslegung des § 9 Abs. 1 nicht mehr die Rede davon sein kann, der Leasingvertrag diene der Finanzierung eines Kaufvertrags mit demselben Verbraucher“[6], meint dann aber, eine „solche Wortinterpretation ist indessen abzulehnen, da sie mit dem offenkundigen Willen des Gesetzgebers in Widerspruch steht, der durch die Einbeziehung der Finanzierungsleasingverträge in das Verbraucherkreditgesetz (§§ 1 Abs. 2, 3 Abs. 2 Nr. 1) die Rechtsstellung der Verbraucher bei solchen Verträgen gerade spürbar verbessern wollte“[7]. Auch dies kann so nicht stehen bleiben: Zunächst einmal ist darauf hinzuweisen, daß der pathetische Begriff der „spürbaren Verbesserung“ weder in der Stellungnahme des Bundesrats noch im Bericht des Rechtsausschusses vorkommt; die Rede ist vielmehr lediglich von der Einbeziehung des Finanzierungsleasing in den Geltungsbereich des Gesetzes. Daraus mag man die Absicht einer (möglicherweise vermeintlichen!) Besserstellung ableiten. Sie wäre jedoch völlig unspezifiziert; insbesondere bliebe unklar, ob sie sich etwa im wesentlichen auf die Widerrufsregelung des Gesetzes beschränken oder aber auch auf den (dem Finanzierungsleasing bis dahin völlig unbekannten!) Einwendungsdurchgriff beziehen sollte. Dafür gibt der Wille des Gesetz-

4 Dazu *Lieb*, aaO (Fn. 3), S. 97.
5 Dazu eingehend *Lieb*, aaO (Fn. 3), S. 97 f.
6 *Emmerich*, aaO (Fn. 1), S. 86.
7 *Emmerich*, aaO (Fn. 1), S. 86.

gebers nichts her; von Offenkundigkeit kann ohnehin nicht die Rede sein. Dies schließt die - oben im einzelnen durchgeführte[8] - Prüfung einer entsprechenden Schutzbedürftigkeit des Verbrauchers beim Abschluß von Finanzierungsleasingverträgen nicht aus; sie bedarf dann aber des Nachweises. Auch insoweit liegt die wissenschaftliche Beweislast bei denjenigen, die § 9 VerbrKrG entgegen seinem Wortlaut doch auf das Finanzierungsleasing anwenden wollen.
Die Ausführungen zum verbundenen Geschäft leiden aber noch an einem weiteren Mangel: *Emmerich* übersieht nämlich, daß es nicht genügt, mit vagen Überlegungen über die Verwandtschaft von „Finanzierungsalternativen"[9] das Merkmal „wenn der Kredit der Finanzierung des Kaufpreises dient" doch noch zu begründen, sondern daß das Gesetz mit dem nachfolgenden Erfordernis der wirtschaftlichen Einheit ein *zweites,* weiteres Tatbestandsmerkmal enthält, das nicht auf das Verhältnis Kreditgeber/*Verbraucher,* sondern auf das Verhältnis Kreditgeber/*Verkäufer* abstellt. Dies erzwingt, wie oben dargestellt, zusätzliche Überlegungen darüber, welche Intensität diese Verbindung erreichen muß; insbesondere gibt es dabei auch beim Finanzierungsleasing eine - wahrscheinlich sogar weiterreichende - Parallele zum sogenannten Darlehen „auf eigene Faust", nämlich den Abschluß von Finanzierungsleasingverträgen mit unabhängigen, allein auf Initiative des Leasingnehmers tätig werdenden Leasinggesellschaften. Für den Bereich des § 9 Abs. 1 VerbrKrG, sollte er analog anwendbar sein, käme daher im wesentlichen nur der Bereich des Hersteller- und des sogenannten Vertriebsleasing in Betracht. Angesichts dessen ist es unhaltbar, wenn *Emmerich* ausführt, „daß aus diesem Grunde beim Finanzierungsleasing dem Merkmal der wirtschaftlichen Einheit im Ergebnis nahezu keine praktische Bedeutung zukommen wird"[10].

III. *Widerruf*

Die Überlegungen von *Emmerich* zum Widerruf[11] gehen an den eigentlich problematischen Fällen des sogenannten Eintrittsmodells und des Kilometervertrags vorbei; insoweit genügt der Verweis nach oben[12].

IV. *Probleme des Einwendungsdurchgriffs*

Zum zentralen Thema des Einwendungsdurchgriffs begnügt sich *Emmerich* mit der Behauptung, aus dem (seiner Grundauffassung nach an-

8 *Lieb,* aaO (Fn. 3), S. 96 ff, 100 ff.
9 *Emmerich,* aaO (Fn. 1), S. 87 zu Fn. 59.
10 *Emmerich,* aaO (Fn. 1), S. 87.
11 *Emmerich,* aaO (Fn. 1), S. 88.
12 *Lieb,* aaO (Fn. 3), S. 96 ff.

wendbaren) § 9 Abs. 3 VerbrKrG ergebe sich fortan für Finanzierungsleasingverträge mit Verbrauchern die Unzulässigkeit der bisherigen sogenannten leasingtypischen Abtretungskonstruktion; der Leasingnehmer könne infolgedessen „die weitere Bezahlung der Leasingraten verweigern, ohne noch gezwungen zu sein, sich dieserhalb zunächst mit dem Lieferanten auseinanderzusetzen"[13]. Dementsprechend müsse die Frage der Mangelhaftigkeit jetzt im Rechtsstreit mit dem Leasinggeber geprüft und entschieden werden; der Leasingnehmer soll offenbar von jeder Prozeßführungslast freigestellt werden.

Diese in krassem Gegensatz zu ihrer Tragweite nicht weiter begründete These beruht offenbar auf einem bestimmten, ebenso weitreichenden wie problematischen Vorverständnis der aus § 9 Abs. 3 VerbrKrG zu ziehenden Folgerungen, die *Emmerich* zuvor zum klassischen finanzierten Geschäft entwickelt hat. Darauf ist daher nunmehr einzugehen:

1. Es ist, wie oben schon hervorgehoben[14], eine in der Tat „ganz grundsätzliche Frage"[15], ob sich der Verbraucher mit der Erhebung der Mängeleinrede begnügen und alles weitere, insbesondere die Klärung der ja (oft vorgeschoben) nur *behaupteten* Mangelhaftigkeit der Kaufsache, dem Kreditgeber überlassen kann. *Emmerich* bejaht dies, obwohl er zuvor eingeräumt hat, daß gerade all diese vielfältigen Abwicklungsfragen ungeregelt geblieben sind[16]. Um so neugieriger ist man auf die Begründung eines so weitreichenden (und die Risiken so einseitig verteilenden) Ergebnisses. Sie ist bezeichnenderweise schmal, erschöpft sie sich doch in der Behauptung, es könne „eigentlich nicht ernstlich zweifelhaft sein, daß es den Wertungen des Gesetzes am meisten entsprechen dürfte, die Abwicklung nach Geltendmachung des Einwendungsdurchgriffs möglichst auf das Verhältnis des Verbrauchers zur Bank zu konzentrieren und ihn nicht zu zwingen, sich zusätzlich aufgrund des ja zunächst beiderseits erfüllten Kaufvertrages auch noch mit dem Verkäufer auseinanderzusetzen"[17]. Und das soll sich dann auch noch aus der für den Widerruf geschaffenen Regelung des § 9 Abs. 2 S. 4 ergeben, obwohl der nachfolgende Abs. 3 – einen Umkehrschluß nahelegend – eine solche Regelung gerade nicht enthält. Demgegenüber ist erneut auf die dringliche Notwendigkeit sauberer Argumentation zu verweisen. Sie hat von der nicht zu leugnenden (und auch durch fast beliebige, punktuelle „Rechtsvergleichung"[18] ohne Aussagekraft nicht zu erschütternden) Tatsache auszuge-

13 *Emmerich,* aaO (Fn. 1), S. 89.
14 *Lieb,* aaO (Fn. 3), S. 103.
15 *Emmerich,* aaO (Fn. 1), S. 79.
16 *Emmerich,* aaO (Fn. 1), S. 77.
17 *Emmerich,* aaO (Fn. 1), S. 80.
18 An einer ganzen Reihe wichtiger Stellen begnügt sich *Emmerich* mit rechtsvergleichenden Hinweisen auf Gesetzeslage und Rechtsprechung in anderen Ländern, insbesondere in Frankreich und Österreich.

hen, daß dem deutschen Recht auch des Verbraucherkreditgesetzes nach wie vor die Trennungstheorie, d.h. die Vorgabe zugrundeliegt, daß der Verbraucher auch im Bereich des § 9 VerbrKrG zwei selbständige Verträge schließt, die das Gesetz unter den Voraussetzungen des § 9 Abs. 1 durch Abs. 3 nur in *bestimmtem Umfang* miteinander verknüpft. Diese Verknüpfung *beschränkt* sich auf die Zurverfügungstellung einer Einrede, der Mängeleinrede, mit Hilfe derer der Verbraucher unmittelbar nach Entdeckung des (möglicherweise noch immer nur vermeintlichen) Mangels zunächst einmal die Zahlung weiterer Raten verweigern kann. Mehr sagt das Gesetz nicht; eine weitergehende Verknüpfung der beiden Verträge liegt nicht vor! Mehr ist dem Verbraucher vom Gesetzgeber nicht abgenommen worden. Es ist daher nichts als (unerfüllt gebliebenes) rechtspolitisches Wunschdenken, wenn *Emmerich* meint, dem Verbraucher die ihn als Vertragspartner ganz selbstverständlich nach wie vor treffende Prozeßführungslast abnehmen und auf den Kreditgeber verlagern zu können. Eine solche Verlagerung hat das Gesetz gerade nicht vorgenommen; infolgedessen ist und bleibt es Sache des Verbrauchers, die Mängelfrage, wenn sie streitig geblieben ist, in einem eigenen Prozeß mit dem Verkäufer zu klären. Dies ist auch allein sachgerecht; denn abgesehen von allen rechtstechnischen Schwierigkeiten[19] wäre es ein Unding oder - schärfer - ein völlig unverhältnismäßiger und damit ungerechtfertigter Eingriff in die Rechtsposition des Kreditgebers, wenn ihm der Gesetzgeber wirklich die Führung zahlreicher Prozesse über die behauptete Mangelhaftigkeit von Gegenständen hätte auferlegen wollen, die er weder kennt, noch auch nur im Besitz hat. Wenn man diese unvermeidliche Konsequenz[20] ganz konkret bedenkt, wird vielmehr deutlich, wie *unvertretbar* es wäre, dem Verbraucher zu Lasten der Kreditgeber jegliche Prozeßführungslast abzunehmen.

Es bleibt daher festzuhalten: Der Verbraucher kann - dies ist entgegen der bisherigen Rechtslage ein wesentlicher, auf § 9 Abs. 3 beruhender Fortschritt zu seinen Gunsten - im Fall der (zunächst nur behaupteten) Mangelhaftigkeit des Kaufgegenstandes die Zahlung weiterer Kreditraten sofort einstellen, während er nach bisheriger Rechtsauffassung zur Einstellung der Ratenzahlung erst dann berechtigt war, wenn er den Mängelprozeß gegen den Verkäufer geführt und gewonnen *und* sich dann bezüglich der sich daraus ergebenden Rückzahlungsansprüche beim Verkäufer nicht befriedigen konnte (sogenannte, jetzt beseitigte Subsidiarität des Einwendungsdurchgriffs). Damit ist den schutzwür-

19 Vgl. dazu eingehend *Dauner-Lieb*, WM 1991, Sonderbeil. 6, S. 26.

20 Die betreffenden Kreditverhältnisse können ja schwerlich im Schwebezustand der bloßen Rückzahlungsverweigerung bleiben; vielmehr muß - nach *Emmerich* durch den Kreditgeber!? - die Frage der Mangelhaftigkeit geklärt und gegebenenfalls die Rückabwicklung durchgeführt werden.

digen Interessen des Verbrauchers in angemessenem Maße entsprochen worden; darüber hinauszugehen ist jedenfalls de lege lata nicht möglich und de lege ferenda kaum vertretbar.

2. Für den Bereich des Finanzierungsleasing bleibt es damit bei dem oben genauer begründeten Ergebnis, daß der richtig verstandene § 9 Abs. 3 dem Verbraucher des VerbrKrG lediglich die Rechtsposition einräumt, die der (jeder!) Leasingnehmer schon aufgrund der bisherigen Rechtsprechung hat. Damit ist - mangels Regelungslücke - § 9 Abs. 3 VerbrKrG auf Verbraucherleasing weder anwendbar, noch kann er gar die leasingtypische Abtretungskonstruktion verdrängen.

V. *Rückforderungsdurchgriff bei Wandlung?*

Für den - rechtstatsächlich wahrscheinlich häufigsten - Fall der Wandlung hat *Emmerich* eine weitere Überraschung parat: Obwohl, wie *Emmerich* einräumt, der Rückforderungsdurchgriff vom Gesetzgeber nicht zur Verfügung gestellt worden ist, will er ihn nunmehr doch - aus § 813 BGB ableiten[21]. Dies ist ebenso kühn wie unzutreffend[22]. Außerordentlich zweifelhaft ist bereits, ob § 813 auch nur bei isolierter Betrachtung einschlägig ist. *Emmerich* hat das diesbezügliche Bedenken gesehen: Es könnte zunächst einmal darauf ankommen, ob die betreffende Einwendung schon im Zeitpunkt der Leistung bestanden haben muß oder aber auch erst später entstanden sein kann. *Emmerich* meint dazu, § 813 sei auch „bei nachträglichem Auftreten einer dauernden Einrede - wie hier"[23] anzuwenden. Dies ist zweifelhaft, die von *Emmerich* unvollständig zitierte herrschende Lehre[24] steht dem wohl entgegen. Bereits dies macht die Argumentation mit § 813 zweifelhaft. Noch zweifelhafter wird sie, wenn man den von *Emmerich* nicht erwähnten Aspekt berücksichtigt, daß die ganz herrschende Lehre ausgerechnet die Mängeleinrede des § 478 aus dem Geltungsbereich des Gesetzes herausnimmt und den Käufer statt dessen - zutreffend - auf den Wandlungsprozeß verweist[25]. Dem

---

21 *Emmerich,* aaO (Fn. 1), S. 82 f.

22 In Fn. 45 beruft sich *Emmerich* zur Unterstützung seiner Auffassung auf *Reinking/Nießen;* dies ist unzutreffend, da die genannten Autoren einen Einwendungsdurchgriff gerade ablehnen (so ganz deutlich ZIP 1991, 634, 638 l. Sp. [in Auseinandersetzung mit *Zahn*] und ZIP 1991, 79, 84 r. Sp.).

23 *Emmerich,* aaO (Fn. 1), S. 82.

24 Vgl. ergänzend *Reuter/Martinek,* Ungerechtfertigte Bereicherung, 1983, S. 173; *Koppensteiner/Kramer,* Ungerechtfertigte Bereicherung, 2. Aufl. 1988, S. 51; RGRK BGB, 12. Aufl. 1974, § 813 Rn. 3; meine eigene Kommentierung (MünchKomm, BGB, 2. Aufl., 1986, § 813 Rn. 2), auf die sich *Emmerich* beruft, ist insoweit noch nicht präzise genug.

25 Vgl. dazu nur MünchKomm-*Lieb,* aaO (Fn. 24), § 813 Rn. 7 mwN der ganz herrschenden Auffassung.

liegt die überzeugende Erwägung zugrunde, daß nicht schon die bloße Mängeleinrede (über § 813) die Rückforderbarkeit auslösen soll, sondern erst die durch Wandlungsvollzug erreichte Umgestaltung des Vertragsverhältnisses zum Abwicklungsschuldverhältnis der §§ 467, 346 ff. BGB. Diese Vorschriften gehen dem Bereicherungsrecht und damit auch dem § 813 aber bekanntlich vor!

Auch wenn sich demnach die bereicherungsrechtlichen Anleihen von *Emmerich* schon aus sich heraus widerlegen lassen, sollte man dabei trotzdem nicht stehenbleiben, erscheint doch der Versuch, die Lösung einer speziellen Rechtsfrage des Verbraucherkreditgesetzes im Bereicherungsrecht zu finden, eher konstruktiv und zufällig. Naheliegender und überzeugender ist es demgegenüber, auch insoweit noch einmal darauf hinzuweisen, daß das *Gesetz* die beiden Vertragsverhältnisse, in deren Zentrum der Verbraucher steht, eben *nur* durch den Einwendungsdurchgriff verknüpft, einen Rückforderungsdurchgriff dagegen nicht angeordnet hat. Eine solche Regelung wäre aber notwendig gewesen, wenn dem Verbraucher über die bloße Einredemöglichkeit des § 9 Abs. 3 hinaus auch noch Rückforderungsansprüche hätten zugebilligt werden sollen. Die (noch dazu bewußte) Negierung der betreffenden, im Vorfeld des Gesetzes oft genug geäußerten rechtspolitischen Verbraucherforderungen ist beredt genug.

Zu Korrekturen oder Ergänzungen bestünde allenfalls dann Anlaß, wenn insoweit ein deutliches unbefriedigtes Schutzbedürfnis des Verbrauchers festgestellt werden könnte. Das Gegenteil ist der Fall. Es ist oft genug hervorgehoben worden, daß das Schutzbedürfnis des Verbrauchers allein darin besteht, nicht *schlechter* gestellt zu werden wie im vergleichbaren Zweipersonenverhältnis[26]. Dort aber hätte der Verbraucher bei Leistungsunfähigkeit des Verkäufers - dem einzig kritischen Fall - seine Leistungen auch nicht zurückerhalten, sondern lediglich weitere Teilleistungen verweigern können. Den Verbraucher im Dreipersonenverhältnis *besser* zu stellen, indem man ihm für seine Rückforderungsansprüche in Gestalt des Kreditgebers einen zweiten, solventen Schuldner zur Verfügung stellt, besteht kein Anlaß.

Ergänzend meinte *Emmerich* ursprünglich[27], das - offenbar um jeden (dogmatischen) Preis angestrebte - Ergebnis des Rückforderungsdurchgriffs lasse sich auch über die condicto ob causam finitam (§ 812 Abs. 1 S. 2 BGB) oder - der Betrachtungsweise beim Finanzierungsleasing entsprechend - mit Hilfe der Lehre vom Wegfall der Geschäftsgrundlage erreichen. Ersteres erstaunt schon deswegen, weil zum einen ja zuvor der Wegfall des rechtlichen Grundes, des Darlehensvertrages, bei bloßer

---

26 Siehe dazu *Lieb*, aaO (Fn. 3), S. 102, sowie etwa noch *Canaris*, Bankvertragsrecht, 2. Aufl. 1981, Rn. 1451.

27 In der oben (S. 67 ff.) abgedruckten Fassung fehlen diese Passagen.

Mangelhaftigkeit des Kaufgegenstandes erst einmal begründet werden müßte und weil zum anderen die Behauptung, der rechtliche Grund sei weggefallen, mit dem primär herangezogenen § 813 deswegen in Widerspruch steht, weil diese Vorschrift nur dann zur Anwendung kommt, wenn der rechtliche Grund bestehen geblieben ist. Hier muß man sich entscheiden.

Nicht viel besser steht es mit der Behauptung, mit Wandlung des Kaufvertrags entfalle die Geschäftsgrundlage des Kreditvertrages; auch dies ist nicht mehr als eine ad-hoc-Konstruktion zwecks Erreichung eines erwünschten Ergebnisses: Es ist zwar richtig, daß die Rechtsprechung diese Konstruktion beim Finanzierungsleasing verwendet; sie ist dort aber allenfalls - weitergehende Bedenken sollen hier nicht verfolgt, sondern die Auffassung des BGH zugrunde gelegt werden[28] - deswegen vertretbar, weil sich aus der im Wandlungsprozeß rechtskräftig festgestellten Mangelhaftigkeit des Kaufgegenstandes zugleich die Mangelhaftigkeit des Leasinggegenstandes ergibt, für dessen Verwendbarkeit der Leasinggeber dem Leasingnehmer nach den Vorstellungen der Rechtsprechung einzustehen hat. Hinter der vorgeschobenen Konstruktion vom Wegfall der Geschäftsgrundlage steht daher letztlich - immer nach der Konzeption der Rechtsprechung - die eigene Gewährleistungsverpflichtung des Leasinggebers. Daraus ergibt sich die Unvergleichbarkeit der Rechtslage beim Finanzierungsleasing mit derjenigen beim finanzierten Kauf selbst dann, wenn man die dortige Geschäftsgrundlagenkonstruktion als richtig unterstellt[29], geradezu mit Evidenz; denn von einer eigenen Gewährleistungsverpflichtung des *Kreditgebers* gegenüber dem Verbraucher kann nun wirklich nicht die Rede sein. Die Rechtsprechung zum Finanzierungsleasing beruht daher allein auf der Eigenart der dortigen Vertragsverhältnisse; Parallelen lassen sich darauf nicht gründen.

Einzuräumen ist, daß Geschäftsgrundlagenkonstruktionen auch für den Bereich des finanzierten Kaufs auch schon bisher diskutiert wurden[29a], ohne sich freilich durchsetzen zu können; insbesondere hat sich die Rechtsprechung insoweit verweigert. Die Diskussion darüber kann hier nicht in aller Breite aufgenommen werden. Wichtig ist aber der Hinweis, daß etwa *Canaris,* ein Hauptvertreter der Geschäftsgrundlagenkonstruktion, die Folgen des Wegfalls der Geschäftsgrundlage zeitlich deutlich beschränkt, kam doch für ihn - zutreffend - lediglich eine ex-nunc-Wirkung mit der Folge in Betracht, daß ein Rückforderungsdurchgriff darauf gera-

---

28 Siehe dazu *Lieb,* aaO (Fn. 3), S. 100 ff.

29 Daß auch die Rechtsprechung mit ihrem Geschäftsgrundlagenansatz nicht ganz glücklich ist, zeigen etwa die Ausführungen von *Brunotte,* DRiZ 1990, 399.

29a Vgl. dazu nur die umfangreichen Nachweise zur allerdings meist auf das klassische B-Geschäft beschränkten Diskussion bei *Gernhuber,* Das Schuldverhältnis, 1989, § 31 (S. 708 ff., 726 ff.).

de nicht gestützt werden konnte[30]. *Canaris* begründete dies – insoweit übereinstimmend mit der hier vertretenen Auffassung – konsequent damit, daß das Aufspaltungsrisiko nur die noch ausstehenden Raten, nicht aber die bereits gezahlten Raten betreffe[31]. Im übrigen muß auch insoweit noch einmal betont werden, daß die Verknüpfung von Kauf- und finanzierendem Darlehensvertrag keine aus irgendwelchen Rechtsfiguren, wie etwa derjenigen der Geschäftsgrundlage, sozusagen automatisch folgende Selbstverständlichkeit ist, sondern daß eine solche Verknüpfung als Durchbrechung des zentralen Grundsatzes, daß der Verwendungszweck einer Vertragspartei die jeweils andere ganz grundsätzlich nichts angeht, in besonderem Maße begründungs- und rechtfertigungsbedürftig ist. Diesem Postulat genügt ein freihändiges Hantieren mit Geschäftsgrundlagenkonstruktionen sicherlich nicht. Und es ist zusätzlich darauf hinzuweisen, daß sich solche Verknüpfungen offenbar nicht generell aus der Eigenart der betreffenden Rechtsbeziehungen, nämlich des Verhältnisses von Kauf- und Darlehensvertrag, ergeben, sondern nach der gesamten Rechtsprechungs- und Gesetzesentwicklung nur bei Beteiligung bestimmter, für schutzbedürftig erachteter Personen sowie – wichtig – unter der *zusätzlichen* Voraussetzung, daß sich die mit ihrer Verknüpfung verbundene und angestrebte Risikoverlagerung durch besondere Umstände im Bereich der Rechtsbeziehungen zwischen Kreditgeber und Verkäufer rechtfertigen läßt. Diese doppelte – heute durch die Verbraucherdefinition des § 1 und die Tatbestandsmerkmale des § 9 Abs. 1 gesetzlich verankerte – Voraussetzung muß erfüllt sein, wenn die sonst nach wie vor zu respektierende Trennungstheorie überwunden werden soll. Davon war (im Bereich der früheren, auf § 6 AbzG beruhenden Rechtsprechung) und ist heute (im Bereich des VerbrKrG) die Verknüpfung abhängig; aus irgendwelchen (bekanntlich außerordentlich umstrittenen) Geschäftsgrundlagenlehren mit höchst unterschiedlicher Reichweite folgt dafür nichts; sonst hätte es all des Begründungsaufwands insbesondere zur zentralen Voraussetzung der wirtschaftlichen Einheit[32] nicht bedurft.

VI. *Nichtigkeit von Kauf- und Kreditvertrag*

Unstimmig sind die Vorschläge von *Emmerich* aber auch beim Fall der (Doppel-)Nichtigkeit von Kauf- und Kreditvertrag, also etwa nach Anfechtung wegen arglistiger Täuschung. *Emmerich* unterscheidet hier – im

30 *Canaris,* aaO (Fn. 26), Rn. 1450 ff.; im übrigen sollte nicht unbeachtet bleiben, daß *Canaris* die Bedenklichkeit seiner Geschäftsgrundlagenkonstruktion eingeräumt hat (AcP 190 [1990], 410 ff., 417 in Fn. 15).

31 *Canaris,* aaO (Fn. 26), Rn. 1451.

32 Dazu eingehend *Dauner-Lieb,* aaO (Fn. 19), S. 7 ff.

Ansatz zutreffend - zwischen den Fällen, in denen die Kaufsache dem Kreditgeber zur Sicherung übereignet wurde und solchen, in denen dies nicht der Fall ist, (Voll-)Eigentümer also unmittelbar der Verbraucher wurde und blieb[33]. Das Problem ist dabei jeweils die vom Verbraucher aus Eigenmitteln direkt an den Verkäufer erbrachte Anzahlung. *Emmerich* geht dabei für den Fall fehlenden Sicherungseigentums - bedauernd, aber zutreffend - davon aus, daß der Verbraucher die Anzahlung nur vom Verkäufer wiederbekommen kann - nach seiner Vorstellung Zug-um-Zug gegen Herausgabe der Sache an den (klagenden) Verkäufer. Wenn die Sache dagegen sicherungsübereignet wurde, sollen die *Kreditgeber* zur Rückzahlung (auch) der Anzahlung verpflichtet sein, „weil sie andernfalls insoweit grundlos (in sonstiger Weise) auf Kosten des Verbrauchers bereichert wären (§ 812 Abs. 1 S. 1 BGB)“[34]. Daran erstaunt zunächst das Ergebnis: Steht die Bank dann doch bei vermeintlich (qua Sicherungsübereignung) besserer Rechtsposition schlechter, weil sie dann dem Verbraucher Rückzahlung auch in Höhe der Anzahlung leisten müßte und infolgedessen auch insoweit das Konkursrisiko des Verkäufers tragen würde. Dies signalisiert Unrichtigkeit. Sie wird erkennbar, wenn man die Begründung von *Emmerich* für die angebliche Bereicherung des Kreditgebers (noch dazu - erneut Unrichtigkeit signalisierend - „auf sonstige Weise“!?) ins Auge faßt: *Emmerich*[35] meint dazu, die Bank sei bereichert, wenn und weil sie „die ganze Sache“ in Anspruch nehme[36]. Dies ist bereicherungsrechtlich unzutreffend: Bei der Frage nach der Bereicherung ist zunächst einmal nicht auf einen einzelnen Gegenstand und dessen Wert abzustellen, sondern auf die Gesamtvermögenslage des potentiellen Bereicherungsschuldners. Bei deren Berücksichtigung ist festzustellen, daß der Kreditgeber an Stelle des ausgereichten Darlehens selbst dann, wenn er wirklich Herausgabe der Sache verlangt und erreicht haben sollte, lediglich deren zweifelhaften Wert (die Sache wird ja in aller Regel mangelhaft sein!) und ebenso zweifelhafte, weil möglicherweise uneinbringliche Rückzahlungsansprüche gegenüber dem Verkäufer in seinem Vermögen hat, die ihm der Verbraucher abtreten muß[37]. Von Bereicherung kann daher zunächst keine Rede sein. Bereichert wäre die Bank allenfalls dann, wenn sie aufgrund abgetretenen Rechts vom (solventen) Verkäufer den *vollen* Kaufpreis, also einschließlich der Anzahlung des Verbrauchers, er-

---

33 *Emmerich,* aaO (Fn. 1), S. 81 ff.
34 *Emmerich,* aaO (Fn. 1), S. 82.
35 *Emmerich,* aaO (Fn. 1), S. 82.
36 *Emmerich* unterstellt dabei, daß der Käufer nicht seinerseits das Sicherungseigentum wegen Nichtigkeit der Sicherungsabrede kondizieren kann, sondern daß das Sicherungseigentum auch die Bereicherungsansprüche der Bank zu sichern bestimmt ist.
37 *Emmerich* ist darin zuzustimmen, daß die Bank ausnahmsweise nur die Kondiktionsansprüche des Verbrauchers kondizieren kann (sogenannte Kondiktion der Kondiktion); siehe dazu MünchKomm-*Lieb,* aaO (Fn. 24), Rn. 133 ff.

halten würde. Dann würde sie eventuell entsprechenden Bereicherungsansprüchen des Verbrauchers ausgesetzt sein. Dem kann sie entgehen, indem sie im Regreßprozeß gegenüber dem Verkäufer auf Rückzahlung der Anzahlung an den Verbraucher klagt[38]. Rückzahlungsansprüche des Verbrauchers bezüglich der Anzahlung gegenüber dem Kreditgeber scheiden daher unter jedem Aspekt aus. Die von *Emmerich* durchweg favorisierte Risikokumulierung zu Lasten des Kreditgebers läßt sich daher weder konstruktiv/dogmatisch noch wertend auch nur einigermaßen rechtfertigen.

---

38 Dazu genauer *Dauner-Lieb*, aaO (Fn. 19), S. 25 ff.

Tagungsbericht*

Dr. Mathias Habersack,
Wissenschaftlicher Assistent, Heidelberg

I. Bereits wenige Monate nach dem überraschend bereits zum 1. Januar d.J. erfolgten Inkrafttreten des VerbrKrG sieht sich die Bank- und Leasingpraxis mit einer Fülle von Auslegungsfragen im Zusammenhang mit Anwendung und praktischer Umsetzung des neuen Gesetzes konfrontiert. Für die im vorvergangenen Jahr gegründete Bankrechtliche Vereinigung - Wissenschaftliche Gesellschaft für Bankrecht e.V. war dies Anlaß genug, auf das Programm der am 28. Juni 1991 in den Räumen der Deutschen Bank AG abgehaltenen Vortrags- und Diskussionsveranstaltung ausschließlich Themen zum VerbrKrG zu setzen. Die überaus große Resonanz - anwesend waren mehr als 200 Teilnehmer, darunter neben namhaften Vertretern aus Wissenschaft und Bankpraxis nahezu sämtliche Mitglieder des für das Bankrecht zuständigen XI. Zivilsenats des BGH - sowie die lebhaften Diskussionen bestätigten den Veranstaltern, bei der Auswahl der Themen und Referenten eine glückliche Hand gehabt zu haben.

II. Nach einem Grußwort von *Prof. Dr. Dr. K. J. Hopt* gab *Prof. Dr. W. Hadding* einen Überblick zum VerbrKrG mit dem Ziel, sämtlichen Teilnehmern erleichterten Zugang zu den Folgefragen der übrigen Referate zu verschaffen. *Hadding* wies eingehend auf den *gestuften Anwendungsbereich* des Gesetzes hin, der es erforderlich mache, bei Anwendung des Gesetzes alsbald die spezielle Kreditart festzustellen, um den im konkreten Fall einschlägigen Normenkomplex des VerbrKrG zu ermitteln. Die Einordnung des jeweiligen Kredits entscheide insbesondere über das Eingreifen der strengen Vorschriften des § 6 VerbrKrG, wonach etwaige Verstöße gegen die qualifizierten Formerfordernisse des § 4 VerbrKrG zwar durch Auszahlung des Darlehens bzw. Inanspruchnahme des Kredits geheilt werden, in bestimmten Fällen damit allerdings die Ermäßigung des vertraglich festgelegten auf den gesetzlichen Zinssatz verbunden ist. So sind diese Bestimmungen beispielsweise nicht anwendbar auf Finanzierungsleasingverträge (§ 3 Abs. 2 Nr. 1 VerbrKrG) sowie auf die in § 5 geregelten Überziehungskredite, obwohl diese Vertragstypen anders als die in § 3 Abs. 1 genannten Verträge grundsätzlich vom VerbrKrG erfaßt werden. Gleiches gilt für das Widerrufsrecht nach § 7 VerbrKrG, das dem Verbraucher etwa bei Abschluß eines grundpfandrechtlich abgesicherten Kreditvertrag nach § 3 Abs. 2 Nr. 2 VerbrKrG nicht zusteht.

III. 1. Im Anschluß daran referierte der an der Entscheidung des Gesetzes maßgeblich beteiligte Regierungsdirektor *Dr. U. Seibert* über „Das

---

* Zusammenfassender Bericht über die Vortrags- und Diskussionsveranstaltung der Bankrechtlichen Vereinigung. Wissenschaftliche Gesellschaft für Bankrecht e.V. am 28. Juni 1991 in Frankfurt am Main zum Thema „Das neue Verbraucherkreditgesetz"; aus WM 1991, 1449 ff.

Verbraucherkreditgesetz, insbesondere die erfaßten Geschäfte, aus dem Blickwinkel der Gesetzgebung". *Seibert* betonte, daß das VerbrKrG von einem weiten Begriff des *Kreditgebers* ausgehe; mit Ausnahme der auf Anregung des BDI vorgenommenen Ausklammerung der Arbeitgeberdarlehen sei das Gesetz auf jeden außerhalb der Privatsphäre vergebenen Kredit anzuwenden. Allein der Anwendungsbereich des § 5 VerbrKrG, wonach Überziehungskredite von den strengen Formvorschriften des § 4 VerbrKrG freigestellt sind, sei vom Gesetzgeber bewußt auf *Kreditinstitute* beschränkt worden, was die Frage aufwerfe, ob auch Kreditkartenemittenten unter die Sondervorschrift fallen. Im übrigen aber spreche viel dafür, daß über den weiten Begriff des Kreditgebers das VerbrKrG auch von der öffentlichen Hand vergebene Kredite erfasse. Was den Begriff des *Verbrauchers* angeht, so liege dem Gesetz ein „klassenloser" Verbraucherbegriff zugrunde. Dem VerbrKrG gehe es deshalb auch um Anlegerschutz. Auf die Aufnahme einer Kreditobergrenze, jenseits derer das VerbrKrG nicht anzuwenden sei, habe der Gesetzgeber bewußt verzichtet, da es dann weiterer Ausnahmevorschriften namentlich für die auch oberhalb einer Betragsgrenze regelungsbedürftigen Umschuldungskredite bedurft hätte. Die Aufnahme der Existenzgründungsdarlehen in § 3 Abs. 1 Nr. 2 VerbrKrG sei als ein Entgegenkommen gegenüber dem Bundesrat zu verstehen, der im Gegensatz zur Bundesregierung Kleingewerbetreibende generell dem Schutz des Gesetzes unterstellen wollte.

Hinsichtlich des *sachlichen Anwendungsbereichs* wies *Seibert* nachdrücklich auf das Erfordernis der *Entgeltlichkeit* des Kredits hin. Dies habe Bedeutung für Zahlungsaufschübe in Form von Tilgungsstreckungen. Sofern lediglich die Fälligkeit einer bereits bestehenden, verzinslichen Schuld bei unveränderter Fortgeltung der Konditionen hinausgeschoben wird, sei das VerbrKrG nicht anwendbar, da es am Merkmal der Entgeltlichkeit des Zahlungsaufschubs fehle. Sodann kam der Referent auf die grundpfandrechtlich gesicherten Kredite zu sprechen, die durch § 3 Abs. 2 Nr. 2 nur partiell von der Anwendung des VerbrKrG ausgenommen sind. Demgegenüber sah noch der Regierungsentwurf in Übereinstimmung mit der Verbraucherkredit-Richtlinie eine weitgehende Freistellung der Immobilienkredite vor. Auf Verlangen des Bundesrats, der die mit dem VerbrKrG beabsichtigte Erhöhung der Markttransparenz gerade auch im Bereich der regelmäßig langfristigen Immobilienkredite für erforderlich hielt, sei es zu der Kompromißlösung des § 3 Abs. 2 Nr. 2 VerbrKrG gekommen. Infolge der regelmäßig langen Laufzeit eines grundpfandrechtlich gesicherten Kredits stellt nach Auffassung von *Seibert* namentlich die mit der Sanktion des § 6 Abs. 2 S. 2 VerbrKrG bewehrte Vorschrift des § 4 Abs. 1 S. 2 Nr. 1 lit. b VerbrKrG, wonach, „wenn möglich", der *Gesamtbetrag* aller vom Verbraucher zu entrichtenden Teilzahlungen einschließlich Zinsen und Kosten in der Kreditvertragsurkunde anzugeben ist, für diese Kreditart eine besondere Bedrohung dar. Da nicht auszuschließen sei, daß entgegen dem Willen des Gesetzgebers die Rechtsprechung die Gesamtbetragsangabe auch bei Verträgen mit variablen Konditionen verlange und damit die Vorschrift im Sinne eines „soweit möglich" auslege, werde im Bundesjustizministerium eine entsprechende Befreiung der Immobilienkredite vom Erfordernis des § 4 Abs. 1 S. 2 Nr. 1 lit. b VerbrKrG in Erwägung gezogen. Freilich entschärfe sich die Problematik dadurch, daß nach der die Sanktionen eines Formfehlers abschließend regelnden Vorschrift des § 6 VerbrKrG zwar an das *Fehlen* einer Gesamtbetragsangabe, nicht aber an dessen falsche Bezifferung Rechtsfolgen geknüpft sind.

2. In der sich anschließenden, von dem Vorsitzenden Richter am BGH *K.-D. Bundschuh* geleiteten Diskussion stand die von *Seibert* für möglich gehaltene Gesetzesänderung ganz im Vordergrund. Aus Kreisen der Verbraucherschutzzentralen wurde für ein Festhalten an dem Erfordernis der Gesamtbetragsangabe plädiert, da dem durchschnittlichen Verbraucher die Angabe des abstrakten Zinses wenig sage und die Verwirklichung der vom Gesetz angestrebten Transparenz deshalb ganz wesentlich von der betragsmäßigen Angabe der Gesamtbelastung abhänge. Ein Bankenvertreter erhob Bedenken gegen eine isolierte Freistellung der Immobilienkredite vom Gebot der Gesamtbetragsangabe. Vorzuziehen sei statt dessen eine Klarstellung der Vorschrift des § 4 Abs. 1 S. 2 Nr. 1 lit b in dem Sinne, daß unter diese nur Kreditverträge mit *fixen Konditionen* fallen; andernfalls bestünde die Gefahr, daß die partielle Freistellung von dieser Vorschrift den Rückschluß erlaube, diese sei im übrigen auf Kredite mit variablen Konditionen anwendbar. Dem entgegnete *Seibert,* gerade bei Realkrediten seien im Hinblick auf § 6 Abs. 2 schon jetzt verwirrende Vorsorgeangaben zu beobachten. Doch ließe sich auch über die geforderte Klarstellung des § 4 VerbrKrG reden. Dagegen aber gab ein Teilnehmer zu bedenken, daß auch bei Krediten mit variablen Konditionen, namentlich bei Immobilienkrediten, dem Erfordernis des § 4 VerbrKrG dadurch Rechnung getragen werden könne, daß die Gesamtbetragsangabe auf der Grundlage einer in der Praxis ohnedies üblichen *Abschnittsfinanzierung* errechnet und unter den Vorbehalt einer Konditionenanpassung gestellt werde. Im übrigen sei fraglich, ob die Falschangabe des Gesamtbetrags tatsächlich sanktionslos sei; vielmehr sei in diesem Fall ein auf culpa in contrahende gestützter Schadensersatzanspruch denkbar, der dem Verbraucher die Lösung vom Kreditvertrag ermögliche. Dem stimmte *Seibert* unter Hinweis darauf zu, daß ein Schadensersatzanspruch aus c.i.c. im Gegensatz zu dem Eingreifen der Rechtsfolgen des § 6 Abs. 2 VerbrKrG ein *Verschulden* des Kreditgebers voraussetzt.

IV. 1. *Prof. Dr. N. Reich* wies in seinem Referat über „Die Verwirklichung von Verbraucherschutz im Kreditbereich" auf die seiner Auffassung nach mit dem VerbrKrG verbundene Wiederbelebung des Gedankens eines Sonderprivatrechts für Verbraucher hin, deren Triebfeder freilich weniger der bundesdeutsche Gesetzgeber als der Erlaß einer Reihe europäischer Richtlinien und Richtlinienentwürfe sei. Entgegen manchem Mißverständnis gehe es der Lehre vom Sonderprivatrecht nicht um eine Ersetzung der Privatautonomie durch staatliche Imperative, sondern um eine Materialisierung der Vertragsfreiheit. Der dem VerbrKrG sowie sonstigen auf Verbraucher zugeschnittenen Sondergesetzen, wie etwa dem HaustürWG oder auch dem ProdHaftG, zugrunde liegende Verbraucherbegriff enthalte jeweils eine einheitliche „Kernsubstanz" als Grundlage des erwähnten Sonderprivatrechts. Sodann kam *Reich* auf den speziellen Verbraucherbegriff des § 1 Abs. 1 VerbrKrG zu sprechen. Dieser setze sich sowohl aus objektiven als auch aus subjektiven Momenten zusammensetze. Ein privater Verwendungszweck des Kredits und damit das Eingreifen des Gesetzes werde durch § 1 Abs. 1 VerbrKrG vermutet, was namentlich für die Beurteilung von Mischzwecken (Beispiel: Das Kfz des Rechtsanwalts, das für berufliche und private Fahrten genutzt wird) von Bedeutung sei. Das Gesetz sei in diesen Fällen nur dann nicht anwendbar, wenn der berufliche Anteil des mit dem Kredit verfolgten Zwecks eindeutig überwiege. Die Vermutung des § 1 Abs. 1 VerbrKrG erstrecke sich auch auf Existenzgründungsdarlehen, die im Zweifel nicht für eine *bereits ausgeübte* gewerbliche oder selbständig berufliche Tätigkeit bestimmt seien. Kritisch äußerte sich *Reich* zur Privilegierung des Versandhandels durch § 8 VerbrKrG, die keine Grundlage in der Verbraucherkredit-Richtlinie habe, sondern auf eine Protokollnotiz des Ministerrats zurückgehe. Eine solche Protokollnotiz legitimiere aber nicht eine *Einschränkung* der Richtlinie durch das nationale Ausführungsgesetz, sondern sei allenfalls bei dessen Auslegung heranzuziehen. Das dem Verbraucher unabhängig von einer entsprechenden Vorgabe der Verbraucherkredit-Richtlinie durch § 7 VerbrKrG eingeräumte Widerrufsrecht sei entgegen der daran geübten Kritik zu begrüßen. Die Vorschrift des § 7 Abs. 3 VerbrKrG, wonach eine wirksame Ausübung des Widerrufsrechts nur vorliegt, wenn der Verbraucher das bereits empfangene Darlehen binnen zweier Wochen nach Erklärung des Widerrufs oder nach Auszahlung des Darlehens zurückzahlt, schaffe eine gewisse Motivation auf seiten der Kreditgeber zur Auszahlung des Darlehens auch vor Ablauf der Widerrufsfrist und sei aus diesem Grund vertretbar. Im Schlußteil seines Referats wies *Reich* unter anderem auf eine drohende Schutzlücke hin, die sich daraus ergebe, daß die Vorschrift des Art. 29 EGBGB ihrem Wortlaut nach zweckfreie Kredite nicht erfasse. Dadurch laufe der Verbraucher Gefahr, bei wirksamer Wahl einer ausländischen Rechtsordnung den ihm durch das VerbrKrG gewährten Schutz zu verlieren. Dem sei entweder durch Heranziehung des Art. 34 EGBGB oder, was vom Referenten favorisiert wurde, durch erweiternde Auslegung des Dienstleistungsbegriffs in Art. 29 Abs. 1 EGBGB zu begegnen.

2. Die These des Referenten zum Sonderprivatrecht stieß in der anschlie-

ßenden, wiederum von *Bundschuh* geleiteten Diskussion auf scharfen Widerspruch. Dem deutschen Zivilrecht sei ein umfassendes Sonderprivatrecht auch unter Geltung des VerbrKrG nach wie vor unbekannt. Dies zeige sich schon an dem stark differierenden persönlichen Anwendungsbereich der in letzter Zeit erlassenen „Sondergesetze“. Aber auch der jeweils situations- oder vertragstypenbezogene sachliche Anwendungsbereich beweise, daß die geltende Rechtsordnung weit von der Position des Referenten entfernt sei. Ein anderer Teilnehmer wies in diesem Zusammenhang auf Zufälligkeiten des persönlichen Schutzbereichs des Gesetzes hin. So sei § 3 Abs. 1 Nr. 2 zwar anwendbar, wenn ein bislang angestellter Rechtsanwalt eine eigene Kanzlei eröffnen wolle, nicht dagegen, wenn dies ein als Sozius tätiger Anwalt vorhabe.

V. 1. Das anschließende Referat von *Prof. Dr. H.-J. Lwowski* über „Existenzgründungsdarlehen im Verbraucherkreditgesetz“ war der Ermittlung von Anwendungsbereich und Reichweite der Vorschrift des § 3 Abs. 1 Nr. 2 VerbrKrG gewidmet. Was zunächst die darin enthaltene Höchstgrenze von 100 000,– DM angeht, so sprach sich der Referent für die Maßgeblichkeit des *Gesamtkreditbedarfs* aus. Zeitlich nacheinander aufgenommene Kredite sollten also addiert werden mit der Folge, daß das VerbrKrG nicht mehr anwendbar ist, sobald die gesamte Kreditsumme den Höchstbetrag übersteigt. Andernfalls habe es der Kreditnehmer in der Hand, durch Aufspaltung des von ihm benötigten Darlehens entgegen § 3 Abs. 1 Nr. 2 in den Schutz des Gesetzes zu gelangen. Die Phase der Existenzgründung, mit deren Abschluß das Gesetz nicht mehr anwendbar ist, dauere bis zur Eröffnung des Geschäftslokals oder ersatzweise bis zum planmäßigen Angebot der Leistung des Betreibers des Unternehmens. Zur Begründung verwies *Lwowski* unter anderem auf die Rechtsprechung zum Schutz des eingerichteten und ausgeübten Gewerbebetriebs nach § 823 Abs. 1 BGB, wonach dieser ebenfalls an das Vorliegen der genannten Voraussetzungen anknüpfe. *Zweitgründungen* werden nach Auffassung des Referenten generell vom VerbrKrG nicht erfaßt. Die Finanzierung des Erwerbs von *Gesellschaftsanteilen* unterliege dem VerbrKrG stets und unabhängig von dessen § 3 Abs. 1 Nr. 2, wenn der Kauf der privaten Vermögensvorsorge dient. Dagegen sei das Gewerbe der Gesellschaft dem (künftigen) Gesellschafter zuzurechnen, wenn dieser eine unternehmerische Funktion übernimmt; das VerbrKrG sei in diesem Fall nur in den Grenzen des § 3 Abs. 1 Nr. 2 anwendbar. Kredite an Personenhandelsgesellschaften sowie an eine Vor-GmbH oder Vor-AG würden generell nicht vom VerbrKrG erfaßt, da dieses von einer natürlichen Person als Verbraucher ausgehe, die genannten Gesellschaftsformen aber allesamt teilrechtsfähig und damit selbst als Kreditnehmer anzusehen seien. Hinsichtlich der Kreditvergabe an eine Gesellschaft bürgerlichen Rechts hänge die Anwendbarkeit des VerbrKrG somit von deren rechtlicher Qualifizierung (teilrechtsfähige Organisation oder bloßes Sondervermögen der Gesellschafter) ab.

2. In der anschließenden Diskussion unter Leitung von *Prof. Dr. W. Werner* sprach sich ein Teilnehmer für eine Vorverlagerung des Abschlusses der Existenzgründung auf den Zeitpunkt des Erwerbs der *Geschäftsausstattung* aus, da von diesem Zeitpunkt an der Kreditnehmer nicht mehr als schutzwürdig anzusehen sei. Gegenüber der vom Referenten gesehenen Gefahr einer Erschleichung des Schutzes des Gesetzes durch Aufspaltung eines Existenzgründungsdarlehens in zwei zeitlich gestreckte isolierte Darlehen wies ein weiterer Redner darauf hin, daß nach der Vorschrift des § 3 Abs. 1 Nr. 2 VerbrKrG nicht der objektive Abschluß der Existenzgründungsphase, sondern der Zweck des fraglichen Kredits entscheidend sei. Sei der Kredit bereits zur *Ausübung* der gewerblichen oder beruflichen Tätigkeit bestimmt, so unterfalle er selbst dann nicht dem VerbrKrG, wenn er während der Gründungsphase aufgenommen wird. Auf Kritik stieß auch die These des Referenten zur Anwendung des Gesetzes auf Zweitgründungen. Jedenfalls dann, wenn die Zweitgründung *nach Aufgabe* der zunächst aufgenommenen gewerblichen oder selbständigen Tätigkeit erfolge, sei der Schutz des § 3 Abs. 1 Nr. 2 VerbrKrG geboten.

VI. 1. In seinem abschließenden Referat über „Verbundene Geschäfte einschließlich Finanzierungsleasing im Verbraucherkreditgesetz" gab *Prof. Dr. V. Emmerich* zunächst einen kurzen Überblick über die bisherige Rechtsprechung zu den finanzierten Abzahlungskäufen. Da der persönliche Anwendungsbereiche des VerbrKrG enger ist als der unter Geltung des AbzG auf der Grundlage des § 242 BGB entwickelte, entsprechend § 8 AbzG auch zugunsten von Minderkaufleuten angewandte Einwendungsdurchgriff, stelle sich die Frage, ob diese Rechtsprechung zugunsten der von § 9 Abs. 3 VerbrKrG nicht erfaßten Minderkaufleute fortgelte oder ob das VerbrKrG insoweit eine Sperrwirkung entfalte. *Emmerich* sprach sich unter Hinweis auf die diesbezügliche Rechtsprechung des österreichischen OGH zu der mit § 9 Abs. 3 VerbrKrG nahezu wortgleichen Vorschrift des § 18 Konsumentenschutzgesetz für die partielle Fortgeltung der BGH-Rechtsprechung aus. Die in § 9 Abs. 2 VerbrKrG angeordnete Abhängigkeit der Wirksamkeit des finanzierten Vertrags von der Nichtausübung des Widerrufsrechts nach § 7 VerbrKrG werfe Probleme auf, wenn Kreditvertrag und finanzierter Vertrag nicht gleichzeitig geschlossen werden. *Emmerich* vertrat die Auffassung, daß der Verbraucher kein Widerrufsrecht habe, wenn der finanzierte Vertrag nach Abschluß des Kreditvertrags und Ablauf der Widerrufsfrist des § 7 Abs. 1 VerbrKrG geschlossen werde. Anders sei dagegen im umgekehrten Fall zu entscheiden. Nicht geregelt hat das Gesetz die Abwicklung von finanziertem Vertrag und Kreditvertrag nach Geltendmachung von Einwendungen durch den Verbraucher nach § 9 Abs. 3 VerbrKrG. *Emmerich* plädierte für den Fall der Unwirksamkeit sowohl des Kreditvertrags als auch des Darlehensvertrags zwar für eine Rückabwicklung innerhalb der jeweiligen Leistungsbeziehungen; doch sei der Verbraucher dem Kreditgeber nach § 812 Abs. 1 S. 1 BGB mit Rücksicht auf die Wertungen des VerbrKrG lediglich zur Abtretung seines Kondiktionsanspruchs gegen den Verkäufer verpflichtet, so daß über den Weg einer Kondiktion der Kondiktion der Verbraucher sich lediglich mit dem Kreditgeber auseinanderzusetzen habe. Das Schicksal der vom Verbraucher geleisteten Anzahlung sowie der Kaufsache sei davon abhängig, ob letztere dem Kreditgeber zur Sicherung seiner Ansprüche übereignet wurde. Ist dies der Fall, so könne der Kreditgeber zwar Herausgabe der Kaufsache verlangen, sei aber seinerseits gegenüber dem Verbraucher verpflichtet, die von diesem an den Verkäufer geleistete Anzahlung zurückzuerstatten. Ist dagegen eine Sicherungsübereignung unterblieben, so habe sich hinsichtlich der Kaufsache sowie der Anzahlung die Abwicklung im Verhältnis zwischen Verkäufer und Verbraucher zu vollziehen. Die Frage, ob der Verbraucher bei Wandelung des Kaufvertrags im Wege des sog. Rückforderungsdurchgriff vom Kreditgeber Rückzahlung der bereits geleisteten Darlehensraten verlangen könne, bejahte *Emmerich* unter Hinweis auf die Vorschrift des § 813 BGB.

2. In der erneut von *Werner* geleiteten Diskussion machten mehrere Teilnehmer geltend, der vom Rechtsanwender dem Gesetzgeber geschuldete Gehorsam verbiete es, über § 9 Abs. 3 VerbrKrG hinaus einen Einwendungsdurchgriff auch zugunsten von Minderkaufleuten zuzulassen. Ein anderer Diskussionsteilnehmer hielt dem aber entgegen, daß man den unter Geltung des AbzG entwickelten Einwendungsdurchgriff als allgemeines zivilrechtliches Institut begreifen könne, wofür dessen Erstreckung auf finanzierte Dienstleistungen durch die vor Erlaß des VerbrKrG entwickelte Rechtsprechung spreche. Von daher sei eine Fortgeltung des Einwendungsdurchgriffs auch zugunsten von Minderkaufleuten denkbar. Dem von *Emmerich* befürworteten Rückforderungsdurchgriff des Verbrauchers wurde entgegengehalten, daß dadurch der Verbraucher gegenüber einem gewöhnlichen Teilzahlungskäufer, der hinsichtlich des Anspruchs auf Rückzahlung der bereits geleisteten Raten mit dem Risiko der Insolvenz des Verkäufers belastet ist, privilegiert würde. Schließlich vertrat ein Diskussionsteilnehmer die Auffassung, ungeachtet des weitgehenden Verzichts des Gesetzes auf die Subsidiarität des Einwendungsdurchgriffs sei der Verbraucher bei Solvenz des Verkäufers gehalten, diesen auf Rückzahlung des Kaufpreises zu verklagen; bereits mit Klageerhebung sei der Verbraucher freilich auch dem Kreditgeber gegenüber berechtigt, die Darlehensrückzahlung zu verweigern. Dieser Auffassung widersprach *Emmerich* unter Hinweis auf die Absicht des Gesetzgebers, die Rückabwicklung im Falle des Einwendungsdurchgriffs auf das Verhältnis zwischen Verbraucher und Kreditgeber einerseits und Kreditgeber und Verkäufer andererseits zu konzentrieren.

Gesetz über Verbraucherkredite, zur Änderung der Zivilprozeßordnung und anderer Gesetze

Vom 17. Dezember 1990
BGBl. I, S. 2840–2846 vom 22. Dezember 1990

Der Bundestag hat das folgende Gesetz beschlossen:

Artikel 1
Verbraucherkreditgesetz (VerbrKrG)

Erster Abschnitt
Anwendungsbereich

§ 1
Anwendungsbereich

(1) Dieses Gesetz gilt für Kreditverträge und Kreditvermittlungsverträge zwischen einer Person, die in Ausübung ihrer gewerblichen oder beruflichen Tätigkeit einen Kredit gewährt (Kreditgeber) oder vermittelt oder nachweist (Kreditvermittler), und einer natürlichen Person, es sei denn, daß der Kredit nach dem Inhalt des Vertrages für ihre bereits ausgeübte gewerbliche oder selbständige berufliche Tätigkeit bestimmt ist (Verbraucher).

(2) Kreditvertrag ist ein Vertrag, durch den ein Kreditgeber einem Verbraucher einen entgeltlichen Kredit in Form eines Darlehens, eines Zahlungsaufschubs oder einer sonstigen Finanzierungshilfe gewährt oder zu gewähren verspricht.

(3) Kreditvermittlungsvertrag ist ein Vertrag, nach dem ein Kreditvermittler es unternimmt, einem Verbraucher gegen Entgelt einen Kredit zu vermitteln oder ihm die Gelegenheit zum Abschluß eines Kreditvertrages nachzuweisen.

§ 2
Lieferung in Teilleistungen oder wiederkehrenden Leistungen

Die Vorschriften des § 4 Abs. 1 Satz 1 und Abs. 3, des § 7 Abs. 1, 2 und 4 und des § 8 gelten entsprechend, wenn die Willenserklärung des Verbrauchers auf den Abschluß eines Vertrages gerichtet ist, der

1. die Lieferung mehrerer als zusammengehörend verkaufter Sachen in Teilleistungen zum Gegenstand hat und bei dem das Entgelt für die Gesamtheit der Sachen in Teilleistungen zu entrichten ist;
2. die regelmäßige Lieferung von Sachen gleicher Art zum Gegenstand hat;

3. die Verpflichtung zum wiederkehrenden Erwerb oder Bezug von Sachen zum Gegenstand hat.

§ 3
Ausnahmen

(1) Dieses Gesetz findet keine Anwendung auf Kreditverträge und auf Verträge über die Vermittlung oder den Nachweis von Kreditverträgen,

1. bei denen der auszuzahlende Kreditbetrag (Nettokreditbetrag) oder Barzahlungspreis vierhundert Deutsche Mark nicht übersteigt;
2. wenn der Kredit für die Aufnahme einer gewerblichen oder selbständigen beruflichen Tätigkeit bestimmt ist und der Nettokreditbetrag oder Barzahlungspreis 100 000 Deutsche Mark übersteigt;
3. durch die dem Verbraucher ein Zahlungsaufschub von nicht mehr als drei Monaten eingeräumt wird;
4. die ein Arbeitgeber mit seinem Arbeitnehmer zu Zinsen abschließt, die unter den marktüblichen Sätzen liegen.

(2) Keine Anwendung finden ferner
1. § 4 Abs. 1 Satz 2 und 3, § 6, § 13 Abs. 3 und § 14 auf Finanzierungsleasingverträge;
2. die §§ 7, 9 und 11 bis 13 auf Kreditverträge, nach denen der Kredit von der Sicherung durch ein Grundpfandrecht abhängig gemacht und zu für grundpfandrechtlich abgesicherte Kredite üblichen Bedingungen gewährt wird; der Sicherung durch ein Grundpfandrecht steht es gleich, wenn von einer solchen Sicherung gemäß § 7 Abs. 3 bis 5 des Gesetzes über Bausparkassen abgesehen wird;
3. die §§ 4 bis 7 und 9 Abs. 2 auf Kreditverträge, die in ein nach den Vorschriften der Zivilprozeßordnung errichtetes gerichtliches Protokoll aufgenommen oder notariell beurkundet sind, wenn das Protokoll oder die notarielle Urkunde den Jahreszins, die bei Abschluß des Vertrages in Rechnung gestellten Kosten des Kredits sowie die Voraussetzungen enthält, unter denen der Jahreszins oder die Kosten geändert werden können.

Zweiter Abschnitt

Kreditvertrag

§ 4
Schriftform; erforderliche Angaben

(1) Der Kreditvertrag bedarf der schriftlichen Form. Die Urkunde muß angeben

1. bei Kreditverträgen im allgemeinen
   a) den Nettokreditbetrag, gegebenenfalls die Höchstgrenze des Kredits;
   b) wenn möglich den Gesamtbetrag aller vom Verbraucher zu entrichtenden Teilzahlungen einschließlich Zinsen und sonstiger Kosten;
   c) die Art und Weise der Rückzahlung des Kredits oder, wenn eine Vereinbarung hierüber nicht vorgesehen ist, die Regelung der Vertragsbeendigung;
   d) den Zinssatz und alle sonstigen Kosten des Kredits, die im einzelnen zu bezeichnen sind, einschließlich etwaiger vom Verbraucher zu tragender Vermittlungskosten;
   e) den effektiven Jahreszins oder, wenn eine Änderung des Zinssatzes oder anderer preisbestimmender Faktoren vorbehalten ist, den anfänglichen effektiven Jahreszins; zusammen mit dem anfänglichen effektiven Jahreszins ist auch anzugeben, unter welchen Voraussetzungen preisbestimmende Faktoren geändert werden können und auf welchen Zeitraum Belastungen, die sich aus einer nicht vollständigen Auszahlung oder aus einem Zuschlag zu dem Kreditbetrag ergeben, bei der Berechnung des effektiven Jahreszinses verrechnet werden;
   f) die Kosten einer Restschuld- oder sonstigen Versicherung, die im Zusammenhang mit dem Kreditvertrag abgeschlossen wird;
   g) zu bestellende Sicherheiten;
2. bei Kreditverträgen, die die Lieferung einer bestimmten Sache oder die Erbringung einer bestimmten anderen Leistung gegen Teilzahlungen zum Gegenstand haben,
   a) den Barzahlungspreis;
   b) den Teilzahlungspreis (Gesamtbetrag von Anzahlung und allen vom Verbraucher zu entrichtenden Teilzahlungen einschließlich Zinsen und sonstiger Kosten);
   c) Betrag, Zahl und Fälligkeit der einzelnen Teilzahlungen;
   d) den effektiven Jahreszins;
   e) die Kosten einer Versicherung, die im Zusammenhang mit dem Kreditvertrag abgeschlossen wird;
   f) die Vereinbarung eines Eigentumsvorbehalts oder einer anderen zu bestellenden Sicherheit.

Der Angabe eines Barzahlungspreises und eines effektiven Jahreszinses bedarf es nicht, wenn der Kreditgeber nur gegen Teilzahlungen Sachen liefert oder Leistungen erbringt.

(2) Effektiver Jahreszins ist die in einem Vomhundertsatz des Nettokreditbetrages oder des Barzahlungspreises anzugebende Gesamtbelastung pro Jahr. Die Berechnung des effektiven und des anfänglichen effektiven Jahreszinses richtet sich nach § 4 der Verordnung zur Regelung der Preisangaben.

(3) Der Kreditgeber hat dem Verbraucher eine Abschrift der Urkunde auszuhändigen.

§ 5
Überziehungskredit

(1) Die Bestimmungen des § 4 gelten nicht für Kreditverträge, bei denen ein Kreditinstitut einem Verbraucher das Recht einräumt, sein laufendes Konto in bestimmter Höhe zu überziehen, wenn außer den Zinsen für den in Anspruch genommenen Kredit keine weiteren Kosten in Rechnung gestellt werden und die Zinsen nicht in kürzeren Perioden als drei Monaten belastet werden. Das Kreditinstitut hat den Verbraucher vor der Inanspruchnahme eines solchen Kredits zu unterrichten über

1. die Höchstgrenze des Kredits;
2. den zum Zeitpunkt der Unterrichtung geltenden Jahreszins;
3. die Bedingungen, unter denen der Zinssatz geändert werden kann;
4. die Regelung der Vertragsbeendigung.

Die Vertragsbedingungen der Nummern 1 bis 4 sind dem Verbraucher spätestens nach der ersten Inanspruchnahme des Kredits schriftlich zu bestätigen. Ferner ist der Verbraucher während der Inanspruchnahme des Kredits über jede Änderung des Jahreszinses zu unterrichten. Die Bestätigung nach Satz 3 und die Unterrichtung nach Satz 4 können auch in Form eines Ausdrucks auf einem Kontoauszug erfolgen.

(2) Duldet das Kreditinstitut die Überziehung eines laufenden Kontos und wird das Konto länger als drei Monate überzogen, so hat das Kreditinstitut den Verbraucher über den Jahreszins, die Kosten sowie die diesbezüglichen Änderungen zu unterrichten; dies kann in Form eines Ausdrucks auf einem Kontoauszug erfolgen.

§ 6
Rechtsfolgen von Formmängeln

(1) Der Kreditvertrag ist nichtig, wenn die Schriftform insgesamt nicht eingehalten ist oder wenn eine der in § 4 Abs. 1 Satz 2 Nr. 1 Buchstabe a bis f und Nr. 2 Buchstabe a bis e vorgeschriebenen Angaben fehlt.

(2) Ungeachtet eines Mangels nach Absatz 1 wird der Kreditvertrag in den Fällen des § 4 Abs. 1 Satz 2 Nr. 1 gültig, soweit der Verbraucher das Darlehen empfängt oder den Kredit in Anspruch nimmt. Jedoch ermäßigt sich der dem Kreditvertrag zugrunde gelegte Zinssatz (§ 4 Abs. 1 Satz 2 Nr. 1 Buchstabe d) auf den gesetzlichen Zinssatz, wenn seine Angabe, die Angabe des

effektiven oder anfänglichen effektiven Jahreszinses oder die Angabe des Gesamtbetrages nach Buchstabe b fehlt. Nicht angegebene Kosten werden vom Verbraucher nicht geschuldet. Vereinbarte Teilzahlungen sind unter Berücksichtigung der verminderten Zinsen oder Kosten neu zu berechnen. Ist nicht angegeben, unter welchen Voraussetzungen preisbestimmende Faktoren geändert werden können, so entfällt die Möglichkeit, diese zum Nachteil des Verbrauchers zu ändern. Sicherheiten können bei fehlenden Angaben hierüber nicht gefordert werden; dies gilt nicht, wenn der Nettokreditbetrag 100 000 Deutsche Mark übersteigt.

(3) Ungeachtet eines Mangels nach Absatz 1 wird der Kreditvertrag in den Fällen des § 4 Abs. 1 Satz 2 Nr. 2 gültig, wenn dem Verbraucher die Sache übergeben oder die Leistung erbracht wird. Jedoch ist der Barzahlungspreis höchstens mit dem gesetzlichen Zinssatz zu verzinsen, wenn die Angabe des Teilzahlungspreises oder des effektiven Jahreszinses fehlt. Ist ein Barzahlungspreis nicht genannt, so gilt im Zweifel der Marktpreis als Barzahlungspreis. Die Bestellung von Sicherheiten kann bei fehlenden Angaben hierüber nicht gefordert werden.

(4) Ist der effektive oder der anfängliche effektive Jahreszins zu niedrig angegeben, so vermindert sich in den Fällen des § 4 Abs. 1 Satz 2 Nr. 1 der dem Kreditvertrag zugrunde gelegte Zinssatz, in den Fällen des § 4 Abs. 1 Satz 2 Nr. 2 der Teilzahlungspreis um den Vomhundertsatz, um den der effektive oder anfängliche effektive Jahreszins zu niedrig angegeben ist.

§ 7
Widerrufsrecht

(1) Die auf den Abschluß eines Kreditvertrages gerichtete Willenserklärung des Verbrauchers wird erst wirksam, wenn der Verbraucher sie nicht binnen einer Frist von einer Woche schriftlich widerruft.

(2) Zur Wahrung der Frist genügt die rechtzeitige Absendung des Widerrufs. Der Lauf der Frist beginnt erst, wenn dem Verbraucher eine drucktechnisch deutlich gestaltete und vom Verbraucher gesondert zu unterschreibende Belehrung über die Bestimmung nach Satz 1, sein Recht zum Widerruf, dessen Wegfall nach Absatz 3 sowie Namen und Anschrift des Widerrufsempfängers ausgehändigt worden ist. Wird der Verbraucher nicht nach Satz 2 belehrt, so erlischt das Widerrufsrecht erst nach beiderseits vollständiger Erbringung der Leistung, spätestens jedoch ein Jahr nach Abgabe der auf den Abschluß des Kreditvertrages gerichteten Willenserklärung des Verbrauchers.

(3) Hat der Verbraucher in den Fällen des § 4 Abs. 1 Satz 2 Nr. 1 das Darlehen empfangen, gilt der Widerruf als nicht erfolgt, wenn er das Darlehen nicht binnen zweier Wochen entweder nach Erklärung des Widerrufs oder nach Auszahlung des Darlehens zurückzahlt.

(4) Auf den Widerruf findet im übrigen § 3 des Gesetzes über den Widerruf von Haustürgeschäften und ähnlichen Geschäften Anwendung.

(5) Die Absätze 1 bis 4 finden keine Anwendung auf die in § 5 Abs. 1 Satz 1 genannten Kreditverträge, wenn der Verbraucher nach dem Kreditvertrag den Kredit jederzeit ohne Einhaltung einer Kündigungsfrist und ohne zusätzliche Kosten zurückzahlen kann.

§ 8
Sondervorschrift für Versandhandel

(1) Hat ein Kreditvertrag die Lieferung einer Sache oder die Erbringung einer anderen Leistung zum Gegenstand und gibt der Verbraucher das auf den Vertragsschluß gerichtete Angebot aufgrund eines Verkaufsprospektes ab, aus dem die in § 4 Abs. 1 Satz 2 Nr. 2 Buchstabe a bis e bezeichneten Angaben mit Ausnahme des Betrages der einzelnen Teilzahlungen ersichtlich sind, so findet § 4 keine Anwendung, wenn der Verbraucher den Verkaufsprospekt in Abwesenheit der anderen Vertragspartei eingehend zur Kenntnis nehmen konnte.

(2) Räumt in den Fällen des Absatzes 1 der Kreditgeber dem Verbraucher das uneingeschränkte Recht ein, die Sache innerhalb einer Woche nach Erhalt zurückzugeben, so entfällt das Widerrufsrecht nach § 7. Das Rückgaberecht wird durch den Verbraucher durch Rücksendung der Sache, bei nicht postpaketversandfähigen Sachen durch schriftliches Rücknahmeverlangen ausgeübt. Rücksendung und Rücknahme erfolgen auf Kosten und Gefahr des Kreditgebers. Zur Wahrung der Frist genügt die rechtzeitige Absendung der Sache oder des Rücknahmeverlangens. Der Lauf der Frist beginnt nur, wenn entweder der Verkaufsprospekt und das Bestellformular oder eine dem Verbraucher ausgehändigte besondere Urkunde eine drucktechnisch deutlich gestaltete Belehrung des Verbrauchers über das Rückgaberecht enthalten. Im übrigen finden § 2 Abs. 1 Satz 4 und § 3 des Gesetzes über den Widerruf von Haustürgeschäften und ähnlichen Geschäften Anwendung.

§ 9
Verbundene Geschäfte

(1) Ein Kaufvertrag bildet ein mit dem Kreditvertrag verbundenes Geschäft, wenn der Kredit der Finanzierung des Kaufpreises dient und beide Verträge als wirtschaftliche Einheit anzusehen sind. Eine wirtschaftliche Einheit ist insbesondere anzunehmen, wenn der Kreditgeber sich bei der Vorbereitung oder dem Abschluß des Kreditvertrages der Mitwirkung des Verkäufers bedient.

(2) Die auf den Abschluß des verbundenen Kaufvertrages gerichtete Willenserklärung des Verbrauchers wird erst wirksam, wenn der Verbraucher

seine auf den Abschluß des Kreditvertrages gerichtete Willenserklärung nicht gemäß § 7 Abs. 1 widerruft. Die nach § 7 Abs. 2 Satz 2 erforderliche Belehrung über das Widerrufsrecht hat den Hinweis zu enthalten, daß im Falle des Widerrufs auch der verbundene Kaufvertrag nicht wirksam zustande kommt. § 7 Abs. 3 findet keine Anwendung. Ist der Nettokreditbetrag dem Verkäufer bereits zugeflossen, so tritt der Kreditgeber im Verhältnis zum Verbraucher hinsichtlich der Rechtsfolgen des Widerrufs (§ 7 Abs. 4) in die Rechte und Pflichten des Verkäufers aus dem Kaufvertrag ein.

(3) Der Verbraucher kann die Rückzahlung des Kredits verweigern, soweit Einwendungen aus dem verbundenen Kaufvertrag ihn gegenüber dem Verkäufer zur Verweigerung seiner Leistung berechtigen würden. Dies gilt nicht, wenn der finanzierte Kaufpreis vierhundert Deutsche Markt nicht überschreitet sowie bei Einwendungen, die auf einer zwischen dem Verkäufer und dem Verbraucher nach Abschluß des Kreditvertrages vereinbarten Vertragsänderung beruhen. Beruht die Einwendung des Verbrauchers auf einem Mangel der gelieferten Sache und verlangt der Verbraucher aufgrund vertraglicher oder gesetzlicher Bestimmungen Nachbesserung oder Ersatzlieferung, so kann er die Rückzahlung des Kredits erst verweigern, wenn die Nachbesserung oder Ersatzlieferung fehlgeschlagen ist.

(4) Die Absätze 1 bis 3 gelten entsprechend für Kredite, die zur Finanzierung des Entgelts für eine andere Leistung als die Lieferung einer Sache gewährt werden.

§ 10
Einwendungsverzicht; Wechsel- und Scheckverbot

(1) Eine Vereinbarung, durch die der Verbraucher auf das Recht verzichtet, Einwendungen, die ihm gegenüber dem Kreditgeber zustehen, gemäß § 404 des Bürgerlichen Gesetzbuchs einem Abtretungsgläubiger entgegenzusetzen oder eine ihm gegen den Kreditgeber zustehende Forderung gemäß § 406 des Bürgerlichen Gesetzbuchs auch dem Abtretungsgläubiger gegenüber aufzurechnen, ist unwirksam.

(2) Der Verbraucher darf nicht verpflichtet werden, für die Ansprüche des Kreditgebers aus dem Kreditvertrag eine Wechselverbindlichkeit einzugehen. Der Kreditgeber darf vom Verbraucher zur Sicherung seiner Ansprüche aus dem Kreditvertrag einen Scheck nicht entgegennehmen. Der Verbraucher kann vom Kreditgeber jederzeit die Herausgabe eines Wechsels oder Schecks, der entgegen Satz 1 oder 2 begeben worden ist, verlangen. Der Kreditgeber haftet für jeden Schaden, der dem Verbraucher aus einer solchen Wechsel- oder Scheckbegebung entsteht.

§ 11
Verzugszinsen; Anrechnung von Teilleistungen

(1) Soweit der Verbraucher mit Zahlungen, die er aufgrund des Kreditvertrages schuldet, in Verzug kommt, ist der geschuldete Betrag mit fünf vom Hundert über dem jeweiligen Diskontsatz der Deutschen Bundesbank zu verzinsen, wenn nicht im Einzelfall der Kreditgeber einen höheren oder der Verbraucher einen niedrigeren Schaden nachweist.
(2) Nach Eintritt des Verzugs anfallende Zinsen sind auf einem gesonderten Konto zu verbuchen und dürfen nicht in ein Kontokorrent mit dem geschuldeten Betrag oder anderen Forderungen des Kreditgebers eingestellt werden. Hinsichtlich dieser Zinsen gilt § 289 Satz 2 des Bürgerlichen Gesetzbuchs mit der Maßgabe, daß der Kreditgeber Schadensersatz nur bis zur Höhe des gesetzlichen Zinssatzes verlangen kann.
(3) Zahlungen des Verbrauchers, die zur Tilgung der gesamten fälligen Schuld nicht ausreichen, werden abweichend von § 367 Abs. 1 des Bürgerlichen Gesetzbuchs zunächst auf die Kosten der Rechtsverfolgung, dann auf den übrigen geschuldeten Betrag (Absatz 1) und zuletzt auf die Zinsen (Absatz 2) angerechnet. Der Kreditgeber darf Teilzahlungen nicht zurückweisen. Auf die Ansprüche auf Zinsen finden die §§ 197 und 218 Abs. 2 des Bürgerlichen Gesetzbuchs keine Anwendung. Die Sätze 1 bis 3 sind nicht anzuwenden, soweit Zahlungen auf Vollstreckungstitel geleistet werden, deren Hauptforderung auf Zinsen lautet.

§ 12
Gesamtfälligstellung bei Teilzahlungskrediten

(1) Der Kreditgeber kann bei einem Kredit, der in Teilzahlungen zu tilgen ist, den Kreditvertrag wegen Zahlungsverzugs des Verbrauchers nur kündigen, wenn
1. der Verbraucher mit mindestens zwei aufeinanderfolgenden Teilzahlungen ganz oder teilweise und mindestens zehn vom Hundert, bei einer Laufzeit des Kreditvertrages über drei Jahre mit fünf vom Hundert des Nennbetrages des Kredits oder des Teilzahlungspreises in Verzug ist und
2. der Kreditgeber dem Verbraucher erfolglos eine zweiwöchige Frist zur Zahlung des rückständigen Betrags mit der Erklärung gesetzt hat, daß er bei Nichtzahlung innerhalb der Frist die gesamte Restschuld verlange.

Der Kreditgeber soll dem Verbraucher spätestens mit der Fristsetzung ein Gespräch über die Möglichkeiten einer einverständlichen Regelung anbieten.

(2) Kündigt der Kreditgeber den Kreditvertrag, so vermindert sich die Restschuld um die Zinsen und sonstigen laufzeitabhängigen Kosten des Kredits, die bei staffelmäßiger Berechnung auf die Zeit nach Wirksamwerden der Kündigung entfallen.

§ 13
Rücktritt des Kreditgebers

(1) Der Kreditgeber kann von einem Kreditvertrag, der die Lieferung einer Sache oder die Erbringung einer anderen Leistung gegen Teilzahlungen zum Gegenstand hat, wegen Zahlungsverzugs des Verbrauchers nur unter den in § 12 Abs. 1 bezeichneten Voraussetzungen zurücktreten.

(2) Auf den Rücktritt finden die für das vertragsmäßige Rücktrittsrecht geltenden Vorschriften der §§ 346 bis 354 und 356 des Bürgerlichen Gesetzbuchs entsprechende Anwendung. Der Verbraucher hat dem Kreditgeber auch die infolge des Vertrages gemachten Aufwendungen zu ersetzen. Bei der Bemessung der Vergütung von Nutzungen einer zurückzugewährenden Sache ist auf die inzwischen eingetretene Wertminderung Rücksicht zu nehmen.

(3) Nimmt der Kreditgeber die aufgrund des Kreditvertrages gelieferte Sache wieder an sich, gilt dies als Ausübung des Rücktrittsrechts, es sei denn, der Kreditgeber einigt sich mit dem Verbraucher, diesem den gewöhnlichen Verkaufswert der Sache im Zeitpunkt der Wegnahme zu vergüten. Satz 1 gilt auch dann, wenn ein Vertrag über die Lieferung einer Sache mit einem Kreditvertrag zu einer wirtschaftlichen Einheit verbunden ist (§ 9 Abs. 1) und der Kreditgeber die Sache an sich nimmt; im Falle des Rücktritts bestimmt sich das Rechtsverhältnis zwischen dem Kreditgeber und dem Verbraucher nach Absatz 2.

§ 14
Vorzeitige Zahlung

Erfüllt der Verbraucher vorzeitig seine Verbindlichkeiten aus einem Kreditvertrag, der die Lieferung einer Sache oder die Erbringung einer anderen Leistung gegen Teilzahlungen zum Gegenstand hat, so vermindert sich der Teilzahlungspreis um die Zinsen und sonstigen laufzeitabhängigen Kosten, die bei staffelmäßiger Berechnung auf die Zeit nach der vorzeitigen Erfüllung entfallen. Ist bei einem Kreditvertrag ein Barzahlungspreis gemäß § 4 Abs. 1 Satz 3 nicht anzugeben, so ist der gesetzliche Zinssatz zugrunde zu legen. Zinsen und sonstige laufzeitabhängige Kosten kann der Kreditgeber jedoch für die ersten neun Monate der ursprünglich vorgesehenen Laufzeit auch dann verlangen, wenn der Verbraucher seine Verbindlichkeiten vor Ablauf dieses Zeitraums erfüllt.

Dritter Abschnitt
Kreditvermittlungsvertrag

§ 15
Schriftform

(1) Der Kreditvermittlungsvertrag bedarf der schriftlichen Form. In der

Vertragsurkunde ist insbesondere die Vergütung des Kreditvermittlers in einem Vomhundertsatz des Darlehensbetrags anzugeben; hat der Kreditvermittler auch mit dem Kreditgeber eine Vergütung vereinbart, so ist auch diese anzugeben. Die Vertragsurkunde darf nicht mit dem Antrag auf Hingabe des Darlehens verbunden werden. Der Kreditvermittler hat dem Verbraucher eine Abschrift der Urkunde auszuhändigen.

(2) Ein Kreditvermittlungsvertrag, der den Anforderungen des Absatzes 1 Satz 1 bis 3 nicht genügt, ist nichtig.

§ 16
Vergütung

Der Verbraucher ist zur Zahlung der Vergütung nur verpflichtet, wenn infolge der Vermittlung oder des Nachweises des Kreditvermittlers das Darlehen an den Verbraucher geleistet wird und ein Widerruf des Verbrauchers nach § 7 Abs. 1 nicht mehr möglich ist. Soweit das Darlehen mit Wissen des Kreditvermittlers der vorzeitigen Ablösung eines anderen Kredits (Umschuldung) dient, entsteht ein Anspruch auf die Vergütung nur, wenn sich der effektive Jahreszins oder der anfängliche effektive Jahrezins nicht erhöht: bei der Berechnung des effektiven oder des anfänglichen effektiven Jahreszinses für den abzulösenden Kredit bleiben etwaige Vermittlungskosten außer Betracht.

§ 17
Nebenentgelte

Der Kreditvermittler darf für Leistungen, die mit der Vermittlung des Darlehens oder dem Nachweis der Gelegenheit zum Abschluß eines Darlehensvertrages zusammenhängen, außer der Vergütung nach § 16 Satz 1 ein Entgelt nicht vereinbaren. Jedoch kann vereinbart werden, daß dem Kreditvermittler entstandene, erforderliche Auslagen zu erstatten sind.

Vierter Abschnitt
Allgemeine und Schlußvorschriften

§ 18
Unabdingbarkeit; Umgehungsverbot

Eine von den Vorschriften dieses Gesetzes zum Nachteil des Verbraucher abweichende Vereinbarung ist unwirksam. Dieses Gesetz ist auch anzuwenden, wenn seine Vorschriften durch anderweitige Gestaltungen umgangen werden.

Artikel 2
Änderung des Bürgerlichen Gesetzbuchs

§ 609 a des Bürgerlichen Gesetzbuchs in der im Bundesgesetzblatt Teil III, Gliederungsnummer 400-2, veröffentlichten bereinigten Fassung, das zuletzt durch Artikel 1 des Gesetzes vom 17. Dezember 1990 (BGBl. I S. 2839) geändert worden ist, wird wie folgt geändert:

1. Absatz 3 wird wie folgt gefaßt:
   „(3) Eine Kündigung des Schuldners nach den Absätzen 1 oder 2 gilt als nicht erfolgt, wenn er den geschuldeten Betrag nicht binnen zweier Wochen nach Wirksamwerden der Kündigung zurückzahlt."
2. Der bisherige Absatz 3 wird Absatz 4.

Artikel 3
Änderung des Gesetzes über den Widerruf von Haustürgeschäften und ähnlichen Geschäften

§ 5 des Gesetzes über den Widerruf von Haustürgechäften und ähnlichen Geschäften vom 16. Januar 1986 (BGBl. I S. 122) wird wie folgt geändert:

1. In Absatz 2 werden die Worte „Gesetz betreffend die Abzahlungsgeschäfte" durch das Wort „Verbraucherkreditgesetz" ersetzt.
2. In Absatz 3 Satz 2 werden die Worte „§ 1 b Abs. 5 des Gesetzes betreffend die Abzahlungsgeschäfte" durch die Worte „§ 8 Abs. 2 Satz 1 bis 5 des Verbraucherkreditgesetzes" ersetzt.

Artikel 4
Änderung des Fernunterrichtsschutzgesetzes

§ 9 des Gesetzes zum Schutz der Teilnehmer am Fernunterricht vom 24. August 1976 (BGBl. I S. 2525), das durch Artikel 9 Nr. 20 des Gesetzes vom 3. Dezember 1976 (BGBl. I S. 3281) geändert worden ist, wird wie folgt gefaßt:

„§ 9
Anwendung des Verbraucherkreditgesetzes

§ 7 des Verbraucherkreditgesetzes findet auf das Rechtsverhältnis zwischen dem Veranstalter und dem Teilnehmer keine Anwendung. Ist das Rechtsverhältnis zwischen dem Veranstalter und dem Teilnehmer ein Kreditvertrag, so beginnt der Lauf der Frist nach § 4 Abs. 2 dieses Gesetzes erst, wenn dem Teilnehmer eine Abschrift ausgehändigt ist, die auch die in § 4 Abs. 1 Satz 2 Nr. 2 des Verbraucherkreditgesetzes genannten Angaben enthält."

Artikel 5
Änderung des Gesetzes gegen den unlauteren Wettbewerb

§ 13 a Abs. 3 Satz 1 des Gesetzes gegen den unlauteren Wettbewerb in der im Bundesgesetzblatt Teil III, Gliederungsnummer 43-1, veröffentlichten bereinigten Fassung, das zuletzt durch Artikel 8 des Gesetzes vom 7. März 1990 (BGBl. I S. 422) geändert worden ist, wird wie folgt gefaßt:

„Die Folgen des Rücktritts bestimmen sich bei beweglichen Sachen nach § 3 Abs. 1, 3 und 4 sowie § 5 Abs. 3 Satz 1 des Gesetzes über den Widerruf von Haustürgeschäften und ähnlichen Geschäften."

Artikel 6
Änderung der Zivilprozeßordnung

Die Zivilprozeßordnung in der im Bundesgesetzblatt Teil III, Gliederungsnummer 310-4, veröffentlichten bereinigten Fassung, zuletzt geändert durch Artikel 3 des Gesetzes vom 17. Dezember 1990 (BGBl. I S. 2809), wird wie folgt geändert:

1. § 688 Abs. 2 wird wie folgt gefaßt:
   „(2) Das Mahnverfahren findet nicht statt:
   1. für Ansprüche des Kreditgebers, wenn der nach dem Verbraucherkreditgesetz anzugebende effektive oder anfängliche effektive Jahreszins den bei Vertragsabschluß geltenden Diskontsatz der Deutschen Bundesbank zuzüglich zwölf vom Hundert übersteigt;
   2. wenn die Geltendmachung des Anspruchs von einer noch nicht erbrachten Gegenleistung abhängig ist;
   3. wenn die Zustellung des Mahnbescheids durch öffentliche Bekanntmachung erfolgen müßte."

2. An § 690 Abs. 1 Nr. 3 wird folgender Halbsatz angefügt:
   „Haupt- und Nebenforderungen sind gesondert und einzeln zu bezeichnen, Ansprüche aus Verträgen, für die das Verbraucherkreditgesetz gilt, auch unter Angabe des Datums des Vertragsabschlusses und des nach dem Verbraucherkreditgesetz anzugebenden effektiven oder anfänglichen effektiven Jahreszinses".

3. § 691 wird wie folgt gefaßt:

   „§ 691

   (1) Der Antrag wird zurückgewiesen:
   1. wenn er den Vorschriften der §§ 688, 689, 690, 703 c Abs. 2 nicht entspricht;

2. wenn der Mahnbescheid nur wegen eines Teiles des Anspruchs nicht erlassen werden kann.

Vor der Zurückweisung ist der Antragsteller zu hören.

(2) Sollte durch die Zustellung des Mahnbescheids eine Frist gewahrt oder die Verjährung unterbrochen werden, so tritt die Wirkung mit der Einreichung oder Anbringung des Antrags auf Erlaß des Mahnbescheids ein, wenn innerhalb eines Monats seit der Zustellung der Zurückweisung des Antrags Klage eingereicht und diese demnächst zugestellt wird.

(3) Gegen die Zurückweisung findet die Beschwerde statt, wenn der Antrag in einer nur maschinell lesbaren Form übermittelt und mit der Begründung zurückgewiesen worden ist, daß diese Form dem Gericht für seine maschinelle Bearbeitung nicht geeignet erscheine. Im übrigen sind die Entscheidungen nach Absatz 1 unanfechtbar."

Artikel 7
Änderung des Gesetzes zur Regelung der Wohnungsvermittlung

§ 5 des Gesetzes zur Regelung der Wohnungsvermittlung vom 4. November 1971 (BGBl. I S. 1745, 1747) wird wie folgt geändert:

a) In Satz 1 wird die Bezeichnung „Abs. 2" durch die Bezeichnung „Satz 2" ersetzt.
b) Satz 2 erhält folgende Fassung:
„Der Anspruch verjährt in vier Jahren von der Leistung an."

Artikel 8
Änderung der Gewerbeordnung

Die Gewerbeordnung in der Fassung der Bekanntmachung vom 1. Januar 1987 (BGBl. I S. 425), zuletzt geändert durch das Gesetz vom 9. November 1990 (BGBl. I S. 2442), wird wie folgt geändert:
§ 56 Abs. 1 Nr. 6 erhält folgende Fassung:
„6.der Abschluß sowie die Vermittlung von Rückkaufgeschäften (§ 34 Abs. 4) und die für den Darlehensnehmer entgeltliche Vermittlung von Darlehensgeschäften."

Artikel 9
Übergangsvorschriften

(1) Auf Kreditverträge, die vor dem Inkrafttreten dieses Gesetzes geschlossen worden sind, ist weiterhin das bisherige Recht mit Ausnahme der §§ 6 a

und 6 b des Gesetzes betreffend die Abzahlungsgeschäfte (ausschließlicher Gerichtsstand) anzuwenden.

(2) Auf Darlehen, die der Schuldner noch vor dem Inkrafttreten dieses Gesetzes gekündigt hat, ist § 609 a des Bürgerlichen Gesetzbuchs in seiner bisherigen Fassung weiterhin anzuwenden.

(3) Für das Mahnverfahren gelten die bisherigen Vorschriften, wenn der Antrag auf Erlaß des Mahnbescheids vor dem Inkrafttreten der Änderung eingereicht worden ist.

Artikel 10
Inkrafttreten; Aufhebung des Abzahlungsgesetzes

(1) Dieses Gesetz tritt mit Ausnahme des Artikels 6 am 1. Januar 1991 in Kraft. Gleichzeitig tritt das Gesetz betreffend die Abzahlungsgeschäfte in der im Bundesgesetzblatt Teil III, Gliederungsnummer 402-2, veröffentlichten bereinigten Fassung, zuletzt geändert durch Artikel 9 Nr. 3 des Gesetzes vom 3. Dezember 1976 (BGBl. I S. 3281), außer Kraft.

(2) Artikel 6 tritt am 1. Januar 1992 in Kraft.

Kolibri 360 GmbH
Ferdinand-Jühlke-Straße 7
99095 Erfurt, Deutschland
produktsicherheit@kolibri360.de